Knud Rasmussen

Unter Jägern und Schamanen

Zu diesem Buch

1921 beginnt eines der größten Abenteuer der Polarforschung: Der Grönländer Knud Rasmussen bricht zusammen mit einer Gruppe von Wissenschaftlern auf, um die bislang unerforschten Regionen Nordkanadas zu bereisen und vor allem den Menschen zu begegnen und ihre Mythen und Geschichten aufzuzeichnen. Während eineinhalb Jahren besucht er verschiedene Inuit-Siedlungen, und er lernt den letzten großen Schamanen der Region kennen. Aber Vertreter der Handelskompanien, christliche Missionare und die kanadische Polizei dringen immer weiter nach Norden vor. Das Leben der Inuit steht vor dem großen Umbruch.

Ab 1923 führt Knud Rasmussens große Forschungsreise entlang der legendären, fast 6000 Kilometer langen Nordwestpassage bis zur Beringstraße. Nur mit Hundeschlitten unterwegs, ist die dreiköpfige Expeditionsgemeinschaft ganz auf sich gestellt.

Der Autor

Knud Rasmussen (1879–1933) war Ethnologe und Polarforscher und gilt bis heute als einer der großen Pioniere in der Erforschung der Arktis. Er wurde in Grönland geboren und verbrachte einen Teil der Kindheit bei seinen Inuit-Verwandten, wo er die traditionelle Lebensweise kennenlernte. Nach Ausbildungsjahren in Dänemark kehrte er nach Grönland zurück und unternahm bis zu seinem Tod zahlreiche Expeditionen. Im Zentrum seines Interesses stand die Kultur der Inuit.

Der Übersetzer

Friedrich Sieburg (1893–1964), Schriftsteller und Publizist, war von 1926 bis 1939 Auslandskorrespondent der *Frankfurter Zeitung* in Paris und in London. 1942 kehrte er nach Deutschland zurück. Nach 1948 wandte er sich der Literatur- und Kulturkritik zu und wurde 1956 Leiter der Literaturbeilage der *Frankfurter Allgemeinen Zeitung*. Sieburg war einer der bedeutendsten, aber auch umstrittensten Kritiker seiner Zeit.

Mehr über den Autor und sein Werk auf *www.unionsverlag.com*

Knud Rasmussen

Unter Jägern und Schamanen

Tagebuch der Thule-Fahrt

Aus dem Dänischen
von Friedrich Sieburg

Unionsverlag

Die Originalausgabe erschien 1925–1926 in zwei Bänden unter dem Titel
Fra Grønland til Stillehavet: rejser og mennesker fra 5. Thule-Ekspedition 1921–24 beim Verlag Gyldendal, Kopenhagen.

Die deutsche Erstausgabe in der Übersetzung von Friedrich Sieburg ist leicht gekürzt und erschien 1926 in einem Band unter dem Titel *Rasmussens Thulefahrt. 2 Jahre im Schlitten durch unerforschtes Eskimoland* bei der Frankfurter Societäts-Druckerei G.m.b.H., Frankfurt am Main.

Die vorliegende Neuausgabe in zwei Bänden folgt der deutschen Erstausgabe. Die Schreibweise wurde den Regeln der neuen Rechtschreibung angepasst.

Im Internet
Aktuelle Informationen, Dokumente und Materialien
zu Knud Rasmussen und diesem Buch
www.unionsverlag.com

Unionsverlag Taschenbuch 371
Übernahme der Übersetzung von Friedrich Sieburg
mit freundlicher Genehmigung.

Neptunstrasse 20, CH-8032 Zürich
Telefon +41 44 283 20 00
mail@unionsverlag.ch

Reihengestaltung: Heinz Unternährer
Umschlagfoto: aus der Verfilmung »The Journals of Knud Rasmussen«
© 2006 Igloolik Isuma Productions Inc.
Druck und Bindung: Clausen & Bosse, Leck
www.unionsverlag.com/produktsicherheit
ISBN 978-3-293-20371-6
4. Auflage, Februar 2026

Der Unionsverlag wird vom Bundesamt für Kultur mit einem Verlagsförderungs-Strukturbeitrag für die Jahre 2026–2028 unterstützt.

Inhaltsverzeichnis

Einleitung

Ostkap von der Beringstraße aus gesehen.

Es ist ein früher Morgen auf dem Gipfel des steilen Ostkaps, welches Sibiriens äußerstes Vorgebirge nach Osten bildet.

Der erste Neuschnee ist bereits über den Gipfeln gefallen und streift die Gedanken mit dem ersten kühlen Hauch des Herbstes. Die Luft ist scharf und klar, nicht eine Brise kräuselt die Beringstraße, wo das Packeis langsam nordwärts mit dem Strome gleitet.

Die Landschaft hat eine ruhige Gewalt über sich; weit draußen schimmert im Sonnenrauch des Horizontes die Insel Groß-Diomedes auf, welche hier in der Straße als Grenzscheide zwischen Amerika und Asien steht. Von der Stelle, wo ich stehe, sehe ich von Weltteil zu Weltteil, denn hinter Groß-Diomedes dämmert eine andere Insel hervor wie eine blaue Nebelbank; es ist Klein-Diomedes, sie gehört zu Amerika.

Alles vor mir steht im starken Licht der Sonne und des Meeres gebadet und wirkt wie ein blendender Gegensatz zum Lande hinter mir. Hier liegt die flache, sumpfige Tundra, scheinbar ein Land in toter Einförmigkeit, in Wirklichkeit aber ein Steppenreich voll Leben und Lauten und Wild, ein Flachland, das, von keinem Höhenzug unterbrochen, durch eine Welt von Flüssen und Seen geht zu Breiten von fremdem Klange, zum Lena-Delta und weiter, weiter am Kap Tscheljuskin vorbei zu Gegenden, die nicht weit von meinem eigenen Lande liegen.

Am Fuße des Felsens, den ich bestiegen habe, sehe ich eine Schar von Tschuktschen-Weibern, gekleidet in Tierfelle von sonderbarem Schnitt; auf dem Rücken tragen sie Beutel von Rentierhaut, welche sie mit Kräutern und Beeren füllen. Sie fügen sich als Einzelheiten so malerisch in diese große Weite ein, dass ich nicht aufhören kann, ihnen nachzuschauen, bis sie zwischen den grünen Halden des Tales verschwinden.

Auf einer schmalen Landzunge mit Packeis zur einen Seite und dem blanken Wasser der Lagune zur anderen liegt das Dorf Whalen. Es beginnt erst jetzt zu erwachen, und nach und nach werden die Kochfeuer in den kuppelförmigen Zelten aus Walrosshaut angezündet.

Nicht weit vom Küstendorf, in scharfer Silhouette über die Rundung eines Hügelkammes hin zieht eine Herde zahmer Rentiere und knabbert an dem Moos, während rufende Hirten sie umringen und zu neuen Futterplätzen treiben.

Für all die Menschen ist dies heute ein gewöhnlicher Werktag, ein Glied in ihrem täglichen Leben – für mich ein Erlebnis, an das ich kaum zu glauben wage. Denn diese Landschaft und diese Geschöpfe bedeuten für mich, dass ich in Sibirien bin, westlich vom letzten Eskimostamm, und dass die Expedition durchgeführt ist.

Die hohe Klippe, auf der ich stehe, und die reine Luft, die mich umgibt, schafft mir eine weite Schau, und ich sehe unsere Schlittenspur im weißen Schnee, hin über den Rand des Erdkreises, durch die äußersten Länder der Menschen im Norden.

Ich sehe die tausend kleinen Wohnplätze, welche der Reise ihren Inhalt gegeben haben, und eine große Freude erfüllt mich; wir sind dem Abenteuer begegnet, das immer auf den wartet, der es zu ergreifen versteht, und Abenteuer waren alle unsere bunten Erlebnisse unter dem sonderbarsten Volk der Welt.

Langsam haben wir uns auf ungebahnten Wegen vorwärts gearbeitet, und überall haben wir unser Wissen vermehrt.

Wie lange hat unsere Schlittenreise wohl gedauert – unser Weg vorwärts, unsere Fahrten über das Land und hinaus über

Kaj Birket-Smith Therkel Mathiassen Helge Bangsted
Peder M. Pedersen Knud Rasmussen Peter Freuchen Jakob Olsen
Die dänischen Mitglieder der Expedition, fotografiert bei Godthaab.

eisbedeckte Meere, die Jagd auf Wild, die Suche nach Menschen! 20 000 Meilen, den halben Umkreis der Erde? Wie gleichgültig, denn es waren nicht die Entfernungen, auf die es uns ankam.

In meiner Freude über das Schicksal der Schlittenreise schweifen meine Gedanken unwillkürlich zu dem Tage in Alaska hin, wo im Frühling alle auf den Besuch kühner Flieger von der anderen Seite des Erdballes warteten.

Und ich segne von Herzen das Schicksal, das mich zu einer Zeit auf die Welt kommen ließ, wo die Polarforschung mit Hundeschlitten noch nicht veraltet ist.

Denn alle unsere Erlebnisse liegen ja gerade in der Süße und Abwechslung vieler Lager und in der Aufenthalte Vielzahl mit ihrem Anlass zu lernen; und zum zweiten Male sehe ich deutlich vor mir die schmale Linie der Schlittenspur durch den weißen Schnee.

Doch bei einer ruhigeren, abwägenderen Rückschau auf die lange Reise mischt sich Bedauern in die Freude. Denn indem ich den Bericht meiner Erlebnisse auf den Umfang eines Buches beschränke, muss so vieles wegfallen, oft Dinge von größtem Interesse.

Vor allem aber muss ich die Berichte meiner Expeditionsgefährten auslassen, denn zu Anfang war ich lediglich Leiter einer Gruppe, der einige der besten dänischen Wissenschaftler angehörten. Während des ersten Jahres hatten wir ein Standquartier an der Ostküste Kanadas; in kleinen Gruppen reisten wir in verschiedene Gegenden und kehrten jeweils zurück, um unsere Ergebnisse zusammenzutragen. Vor allem beschäftigten wir uns mit der Ethnografie, meine Gefährten zudem mit Archäologie, Geologie, Botanik und Kartografie. Sie leisteten grundlegende Arbeit beim Kartografieren unerforschter Regionen, und sie führten Grabungen durch in den Überresten früherer Eskimokulturen; ihre Arbeit trug wesentlich bei zu unseren Kenntnissen der Vergangenheit. Ausführliche Darstellungen ihrer Forschungsergebnisse sind unter ihrem jeweils eigenen Namen veröffentlicht worden. Mein Hinweis muss deshalb eine allgemeine Anerkennung bleiben, denn im vorliegenden Buch beschränke ich mich auf das Material, das ich selbst gesammelt habe, sowohl gemeinsam mit meinen Gefährten als auch später alleine auf meiner Reise zu den Eskimos im arktischen Norden Amerikas.

Ich genoss das Privileg einer grönländischen Kindheit, denn mein Vater, Prediger bei den Eskimos, hatte eine Frau geheiratet, die stolz auf ihre eskimoischen Vorfahren war. Die Bahn meines Lebens führte mich unwillkürlich zur Erforschung der Arktis: Ich wurde mit der eskimoischen Sprache geboren, die andere arktische Forscher sich erst mühsam haben aneignen müssen, meine Spielkameraden waren Eskimos, und ich lebte mit grönländischen Jägern zusammen, sodass Reisen, selbst unter den schwierigsten Verhältnissen, für mich eine natürliche Form der Arbeit wurde. Mit acht Jahren erhielt ich mein eigenes Hundegespann und mit zehn Jahren ein Gewehr. Meine späteren Forschungsreisen waren also nichts anderes als die glückliche Fortsetzung meiner Kindheit und Jugend.

Später, als mir – u. a. durch die Studien des berühmten Forschers Dr. H.J. Rink über die Eskimos und ihre Länder – bewusst wurde, von welchem Interesse die Kultur und die Geschichte der Eskimos für die Wissenschaft sind, verbrachte ich achtzehn Jahre in Grönland und erarbeitete durch die Erforschung eines einzelnen Stammes die Grundlage für eine umfassende Studie über alle Völker der Arktis.

Mit der Teilnahme an der dänischen literarischen Grönland-Expedition 1902 bis 1904 unter Leitung von Ludvig Mylius-Erichsen nahm meine ethnografische und geografische Arbeit ihren Anfang. Bereits im Jahre 1909 wurden in verschiedenen geografischen Zeitschriften zum ersten Male die Hauptumrisse jener Reise veröffentlicht, welche später die fünfte Thule-Expedition hieß. Der Plan dazu wurde zusammen mit Professor H.P. Steensby ausgearbeitet, einem Manne, dessen große Tüchtigkeit und geduldige Hilfsbereitschaft für mich von außerordentlich großer Bedeutung war. Aber erst 1910, als ich den Ingenieur M. I. Nyeboe kennenlernte, kam feste Form in meine Pläne. Ich kann nicht dankbar genug dafür sein, dass mein Schicksal mich einem Manne begegnen ließ, dessen Fantasie und dessen Weitblick augenblicklich zur Verständigung und zur Zusammenarbeit führten. Durch seine Hilfe wurde eine arktische Station Wirklichkeit; sie erhielt den Namen »Thule«, denn es war die nördlichste Station der Welt, im eigentlichen Sinne das Ultima Thule. Von dort aus führte ich in zehn Jahren vier Expeditionen in Grönland durch, die ich alle »Thule-Expeditionen« nannte.

1920 hatte ich meine Vorhaben in Grönland erfüllt, und es war der Zeitpunkt gekommen, sich der großen, grundlegenden Frage, der Frage nach dem Ursprung der Eskimos, zuzuwenden.

Die Mittel für die Expedition wurden durch eine Staatsunterstützung von hunderttausend Kronen, wozu später dreißigtausend Kronen als Deckung für Verluste durch den Schiffbruch der *Bele* kamen, und durch private Beiträge bereitgestellt. Natürlich konnte eine so umfassende Reise nicht mit diesem Betrag allein durchgeführt werden, Erträge aus der Handelsstation Thule mussten deshalb für die übrigen Summen eintreten.

Im Sommer 1921 nahm das Unternehmen, das mich von Grönland bis zum Pazifik führen sollte, konkrete Gestalt an. Zu Beginn arbeiteten wir von einem Standquartier aus, das auf der Däneninsel westlich von Baffinland lag, führten Grabungen durch in Ruinen ehemaliger Eskimozivilisationen und besuchten die Inland- oder Ureskimos in der Gegend von Barren Grounds. Später reiste ich mit zwei Eskimobegleitern und dem Hundeschlitten weiter über den ganzen Kontinent bis zur

Beringstraße. Unterwegs besuchte ich alle Stämme, lebte von dem, was das Land an Nahrung bot, und teilte das Leben der Menschen. Was ich auf meiner Reise erlebte, ist der Inhalt dieses Buches.

Die eigentlichen Helden sind die Eskimos. Ihre Geschichte, ihre heutige Kultur, die Härten ihres Alltags, ihr geistiges Leben stehen im Zentrum, und nicht die lange Hundeschlittenreise. Alles lediglich Persönliche muss weggelassen werden, ebenso wie die wissenschaftlichen Forschungsergebnisse meiner Gefährten. Und selbst von den Eskimos gäbe es noch weit mehr zu erzählen, als hier Platz finden kann, doch war ich gezwungen, aus dreißig Tagebüchern und zwanzigtausend Illustrationen eine Auswahl zu treffen.

Und auch auf der Tüchtigkeit meiner Gefährten und ihrem Gefühl für Zusammenhalt hat die Expedition beruht. Indem ich sie im Folgenden nenne, nenne ich gewissermaßen meine Mitautoren: Peter Freuchen, Kartograf und Naturwissenschafter, Therkel Mathiassen, Archäologe und Kartograf, Kaj Birket-Smith, Ethnograf und Geograf, Helge Bangsted, wissenschaftlicher Assistent, Jakob Olsen, Assistent und Übersetzer, und außerdem Peder M. Pedersen, Kapitän des *Seekönigs,* des Motorschoners der Expedition.

Nicht weniger wichtig für die Annehmlichkeiten und den Erfolg der Expedition war der Beitrag, den die Eskimo-Gefährten aus Grönland leisteten sowie Menschen, die unterwegs für kürzere Zeit zu uns stießen. Mit uns kamen Iggianguaq und seine Frau Arnarulunguaq, Arquioq und seine Frau Anaranguaq, Nasaitordluarsuk (im Folgenden »Bootsmann« genannt) mit seiner Frau Aqatsaq und nicht zuletzt ein junger Mann namens Miteq oder »Eidervogel«, ein Cousin von Arnarulunguaq.

Iggianguaq starb weit weg von zu Hause an der Grippe. Seine Frau Arnarulunguaq zusammen mit ihrem Cousin »Eidervogel« begleiteten mich bis zum Ende der langen Reise. Ihre Aufgabe war es, die Pelzkleider instand zu halten, zu kochen und die Hunde zu treiben. Die Männer fuhren die Schlitten, jagten und bauten Schneehütten an unseren Rastplätzen.

Arnarulunguaq ist die erste Eskimofrau, die so weit gereist ist; zusammen mit »Eidervogel« ist sie die Einzige, die alle Stämme ihres Volkes besucht hat. Die beiden hatten einen größeren Anteil am glücklichen Ausgang der Reise, als ich hier darlegen kann.

Es ist ein sicheres Frühlingszeichen, wenn die Jungen mit Bogen und Pfeilen zu spielen beginnen.

I

Grönland – Hudsonbai 1921

Die im Jahre 1910 begründete Handelsstation Thule am Fuß des Umanaq-Berges in Grönland.

Am 7. September 1921 reisten wir mit unseren eskimoischen Begleitern auf dem kleinen Motorschoner *Seekönig* von Upernivik an der Ostküste Grönlands ab, kämpften uns elf Tage lang mit schadhaftem Motor durch das frühe Herbsteis, das sich fester und fester um uns schloss, ließen die Baffinbucht hinter uns, überquerten die Hudsonbai und landeten schließlich am 18. September an einem unbekannten Gestade.

Wir warfen Anker vor einem freundlichen Tal mit offenem Strand nach der See zu, sonst aber von Klippen umgeben. Sobald das Schiff vertaut ist, eilen wir an Land. Wir finden frische Bärenspuren im Sand unmittelbar an der Stelle, wo wir das Haus hinbauen wollen, und als wir die Klippen ersteigen, treffen wir einen Hasen, der so zahm ist, dass wir wirklich den Versuch machen, ihn mit den Händen zu fassen.

Die höchste Klippe wird bestiegen, und von hier sehen wir unten auf einer kleinen Ebene ein einsames Rentier. Auch dies kommt auf uns zugelaufen und scheint durchaus nicht bange zu sein. Niemals habe ich auf einem neuen Wohnplatze eine solche Gastfreiheit bei den Tieren getroffen. Und als wir endlich an der anderen Seite der Insel Ausblick über das offene Wasser bekommen, sehen wir die schwarzen blanken Köpfe von Walrossen, welche auftauchen, um zu blasen.

Es war, als sollte der Widerstand all der langen Monate ausklingen in reichen Versprechen für die kommende Zeit, aber wo wir waren, das wussten wir nicht, denn die Karten gingen nicht so ins Einzelne, dass wir die Insel hätten bestimmen können, auf der wir uns niederlassen wollten.

Wir gaben ihr den Namen »Däneninsel«, und sie wurde der Ausgangspunkt für die fünfte Thule-Expedition.

Nach unserer Landung gingen wir augenblicklich daran, die

Ladung des *Seekönigs* zu löschen. Gleichzeitig machten wir uns an den Bau des Hauses. Am 23. September war alles Stückgut an Land und das Gerüst zum Haus errichtet, sodass der *Seekönig* mit gutem Gewissen am 24. ganz früh morgens seine Anker lichten konnte.

Die Expedition war nun allein und ganz sich selbst und den Arbeiten der kommenden Tage überlassen. Es war verlockend, augenblicklich mit der Erkundung zu beginnen, denn wir wussten weiter nichts, als dass wir uns auf der einen oder anderen Stelle in der Nähe von Lyonförde befanden. Wir liegen auf einer kleinen Insel und sind durch einen schmalen Sund von einem offenbar großen Land getrennt. Aber ob dies Land eine Insel oder ein Festland ist, wissen wir nicht.

Wir hatten sofort nach der Ankunft ein Zeltlager errichtet und wohnten darin, solange die Arbeit mit dem Hause im Gange war. Schon am 26. haben wir ein Dach über dem Kopf, und die Inneneinrichtung des Hauses ist so weit gediehen, dass wir des Königs Geburtstag unter Dach feiern können. Es war ein gemütliches kleines Haus, welches sogleich den Namen »Blasebalg« erhielt. Es zeigte sich nämlich schnell, dass es an der Stelle unseres Hauses sehr stark blies, und da das Material trotz aller Umsicht, welche auf Dichtungen verwandt wird, niemals zureichend sein kann, so deutet der Name darauf hin, dass es uns kaum möglich sein würde, den Durchzug draußen zu halten, solange die Schneewehen sich nicht in solchem Umfange angesammelt hatten, dass wir unser Haus in sie einbauen konnten.

Der Schnee ist indessen früh im Jahr gefallen, und die Erkundung kann bereits am 1. Oktober in Gang gesetzt werden. Wir fahren mit drei Hundeschlitten quer über die Däneninsel, passieren den kleinen Sund hinter uns, der aus dicht

Der *Seekönig* bei der Däneninsel; im Vordergrund das Gerüst für das Überwinterungshaus der Expedition.

zusammengepresstem Polareis besteht, und kommen danach auf ein neues Land hinüber, welches ganz und gar von großen Flächen, nur unterbrochen von einzelnen Höhenzügen, erfüllt zu sein scheint. Es dauert nicht lange, bis wir die Spuren von früheren Eskimobauten finden, besonders die charakteristischen Rentiersperren mit gewaltigen Systemen von Steinwarten und Verstecken für Jäger. Sie sind von Bogenschützen benutzt worden, deren Jagdweise darin bestand, dass man die Rentierherden in den verschiedenen Tälern gegen die schmalen Pässe trieb; dort saßen dann die Jäger und schossen aus den steinernen Verstecken heraus die Tiere mit Pfeilen nieder.

Überall finden wir Bärenspuren, und keiner von uns erinnert sich, sie jemals so zahlreich auf Land gesehen zu haben, denn in unseren altgewohnten Jagdgründen treiben sich die Bären am liebsten auf Neueis herum. Oben auf einer Hochebene bekommen wir das erste Rentier zu Gesicht, aber da wir gern einen Punkt finden wollen, von dem aus wir mehr Überblick haben, folgen wir einem Höhenzug die größte Berggruppe hinauf, welche vor uns liegt. Das Meereis rund um die Däneninsel hatte sich noch nicht geschlossen, und wir hofften deshalb, dass das große Land, auf welches wir nun gekommen waren, zum Festland gehören möchte, sodass wir möglichst schnell mit der Suche nach Menschen beginnen konnten. Leider sollte es nicht so sein. Sobald wir oben ankamen, fiel unser Auge auf einen breiten, noch nicht zugefrorenen Sund und dahinter wieder auf ein schneebedecktes Land, welches zu erreichen vorläufig kaum in unserer Macht stand. Die Aussicht war großartig und wild, aber wir waren mehr davon benommen, dass wir nur offenes Wasser nach allen Seiten gewahren konnten und deshalb bis auf weiteres damit rechnen mussten, abgesperrt zu sein.

Wir errichten das Lager an einem kleinen See, und während das frisch geschossene Rentier zerlegt und gekocht wird, genießen wir die Stimmung, die immer über Neuschnee und mildem Herbstfrost liegt.

Wir bleiben auf der vermuteten Vansittart-Insel eine gute Woche und benutzen die Zeit zur Jagd. In den letzten Tagen ist ziemlich viel Schnee gefallen, und da die Schneebahn nicht die beste ist, teilen wir uns in verschiedene Trupps und starten von unserem Zelt aus, welches wir weiter ins Land hinein verlegt haben. Hier gibt es viele Rentiere, aber sie scheinen unglaublich scheu zu sein und sind deswegen sehr schwer jagdbar auf diesen Flächen, die dem Jäger überhaupt keine Deckung bieten.

Im Anfang des Novembers unternahmen wir eine neue wohlorganisierte Jagd- und Exkursionsreise ins Innere der

Vansittart-Insel; diese Reise brachte eine endgültige Orientierung. Wir liegen auf einer kleinen Insel östlich von der Vansittart-Insel genau 65° 54' nördlicher Breite und 83° 50' westlicher Länge. Das Eis um uns ist immer noch nicht befahrbar, und es ist uns bis jetzt unmöglich gewesen, bis zum Abschluss der Gorebai zu gelangen: Im Übrigen fliegt uns die Zeit schnell dahin. Das Reisen in unbekannten Gebieten bringt immer die Spannung mit sich, dass man auf alles vorbereitet sein kann; unsere bisherigen Erlebnisse widersprechen in jeder Weise dem, was wir von Grönland her gewöhnt sind. Wir jagen Eisbären im Innern des Landes, Berge hinauf und Schluchten hinab, und als wir eines Abends alle im Blasebalg versammelt sind, entdecken wir plötzlich zwei große Rentiere draußen im Presseis vor unserem Hause. Die Hunde sehen sie, und ein ohrenbetäubendes Gebell verhindert, sie zu beruhigen. Sie müssen ihren Willen haben, und bald sehen wir das gewaltige Geweih der Böcke zwischen den Eisblöcken verschwinden, nur hin und wieder einige Sekunden sichtbar, wenn sie über die großen Presseisblöcke im Sprung hinwegsetzen.

Gerade ist Neuschnee über die Insel gefallen, und als wir am nächsten Tage erwachen, ist der Schnee oben bei dem Wassersee hinter dem Haus und auf den Bergen vollständig von Rentierspuren zertrampelt.

So ist alles um uns gefüllt mit reichen Jagdversprechen. Die Natur lächelt uns zu, und sobald sich das Eis geschlossen hat, werden wir wohl unsere Fleischgruben mit Speck und Hundefutter füllen können.

Übrig bleibt nur, die Menschen zu finden, um derentwillen wir hierhergekommen sind und mit denen wir zusammenleben wollen.

II

Erste Begegnung mit Menschen

26. November bis 12. Dezember 1921

Vor mir sah ich einen großen, wohlgebauten Mann, das Gesicht und das lange Haar mit Reif bedeckt – den ersten Mann, den ich traf im neuen Land.

Ende November sind die Reiseverhältnisse endlich so gut, dass wir uns auf die erste größere Reise machen können. Zwei Schlitten mit Peter Freuchen und dem Bootsmann und zwei Hilfsschlitten mit Arqioq und »Eidervogel«, welche nur das erste Stück des Weges mitfahren sollten, gehen voraus, um das Eis bei einer der Nunariarssuaq-Inseln zu untersuchen. Am folgenden Tage starte ich.

Am 26. November ist Nebel und Schneetreiben. Wir schlagen uns mit dem Presseis herum und können das neu gebildete glatte Wintereis nicht finden, auf dem wir sonst durch die Gorebai fahren. Wir plagen uns den lieben langen Tag.

Am folgenden Tage verfolgen wir den gleichen Weg auf den Hurdkanal zu, ohne Land zu sehen, aber doch im Klaren über die Richtung; bis zur Dunkelheit glückt es, uns bis nach der Georgina-Insel vorzuarbeiten.

Der Hurdkanal ist der schmale Sund, welcher die Vansittart-Insel vom Festland trennt. Festes Wintereis liegt nur in den Buchten an jedem Ende des Kanals, wo der Strom mit einer solchen Kraft durchschießt, dass schwere Eisschollen von dem noch offenen Roe's Welcome mit fünf bis sechs Meilen Fahrt angesegelt kommen.

Die hohen Berge, welche auf unserem Wege liegen, sind unpassierbar, und am nächsten Morgen müssen Arqioq und ich mit ein paar Schlitten hinaus, um einen Pass zu finden. Es ist eigentlich für Landfahrt zu früh im Jahre, der Schnee ist noch weich, noch haben sich keine festen Wehen über die steinigen Vorsprünge gelegt; manche Stellen, wo man im Winter eine gute Bahn findet, sind jetzt noch unwegsam; aber mit leeren Schlitten hat es keine Not. Die Hunde glauben sich draußen auf einem Jagdausflug und wittern mit den Nasenlöchern, wie wenn sie Hunderte von Gerüchen mit jeder kleinen Brise auffingen, die über uns dahinstreicht. Sie spitzen die Ohren, und sobald die Schlittenkufen gegen festen Schnee knirschen, fährt ein Zittern durch ihre jagdgestählten Körper.

Wir kommen über eine lange, schroffe Kluft und arbeiten uns zwischen großen Steinen vorwärts, bis wir ein flaches Hochplateau erreichen, wo ein See sich hinter dem anderen ausbreitet, nur abgetrennt durch schmale, höckerige Grate, welche unter den schlingernden Sätzen der Schlitten unsere Eingeweide unbarmherzig durcheinanderschütteln. Winde scheinen in diesen Pässen nicht selten zu sein. Deshalb sind die Seen noch blank und ohne Schnee; die Hunde, welche unaufhörlich in starken Galopp fallen wollen – toll und ausgelassen, weil die Schlitten so leicht sind –, breiten sich zu einem großen Fächer aus und nehmen im Laufen so gewaltsamen Abstoß mit den Pfoten, dass ihre Krallen sich durchs harte Eis wie Messer hindurchstoßen.

Die heutige Fahrt ist das, was wir eine Situationsfahrt nennen – sie geht durch neues Land, und niemals wissen wir, wann wir plötzlich am Rande eines Abgrundes halten müssen. Unaufhörlich wechselt das Terrain – hin über Seen, hinauf über Schluchten und wieder hinab mit der gleichen Fahrt und mit der gleichen zündenden Stimmung.

Aber plötzlich verstehen wir, ein jeder auf seinem Schlitten, dass etwas die Nasen der Hunde gestreift haben muss. Sie senken die Schwänze, ihre Hälse werden lang, und die Schnauzen fahren dicht über dem Schnee hin, um sich mit der neuen Entdeckung vollzusaugen. Bisher fuhren die Schlitten nebeneinander, sodass wir miteinander sprechen konnten, jetzt aber ist bald der eine vorne, bald der andere, die Fahrt wird ungleichmäßig. Wir poltern über einen Hügel, zu einem kleinen Sund hinunter, und da stehen die Hunde plötzlich und blicken sich verwirrt um. Sie haben die Geruchspur durchquert; jetzt können sie nichts mehr wittern und haben keine Hoffnung mehr, das Wild oder das Futter aufspüren zu können, gegen das sie vorher ihre Schnauzen richteten. Aber wir müssen das Rätsel lösen. Wir springen vom Schlitten und laufen zu einem Steinhaufen hin, wo das Geheimnis der Hunde sich wohl verbergen muss. Wir springen von Stein zu Stein, und nun können selbst unsere schwachen Nasen einen süßen Duft auffangen. Es ist verwesendes Fleisch, und richtig: Wir finden einen ganzen Seehund vom letzten Frühjahr fein säuberlich in einem Fleischdepot von mächtigen Dimensionen niedergelegt.

Ich glaube, der größte Reiz beim Reisen ist der, dass wir in den Begebenheiten des Tages eine unverdorbene Kindlichkeit bewahren, eine Fähigkeit, frisch und ursprünglich zu erleben, und deshalb sehen Arqioq und ich uns jetzt an und rufen bloß die selbstverständlichen Worte: »Endlich, endlich Menschen!«

Und wir wiederholen dies immer wieder lachend und ausgelassen, denn jeden Tag, der vergangen ist, seit wir im September hierhergekommen sind, während der Jagden im Oktober und November, sind Menschen unser einziger Gedanke gewesen. Wir waren nicht hierhergekommen, um das grönländische Leben fortzusetzen und dieselben Jagdabenteuer zu erleben, unter denen wir in unserem alten Lande aufgewachsen sind. Menschen waren es, die wir finden wollten, und zusammen mit neuen Menschen wünschten wir neue Schicksale dem täglichen Leben hinzuzufügen.

Eine wohlgefüllte Fleischgrube ist aber noch lange kein Wohnplatz; doch sind wir auf dem richtigen Wege, und als die

Freude abgekühlt war und die roten Rachen der Hunde sich im kalten Schnee gekühlt hatten, setzten wir unsere Reise weiter über Land fort, um den Pass zu finden, von dem aus wir die Strecke für den nächsten Tag übersehen konnten.

Als die Sonne am höchsten stand, waren wir endlich so weit gekommen, dass wir Übersicht über die offene Frozenstraße nach der Southamptoninsel hatten; wir konnten sehen, dass ein schmaler Streifen neu gebildeten Wintereises sich wie eine weiße Kante die ganze Küste entlang nach Westen zog. Die Fahrt zum Eis hinab würde leicht sein, und wir würden in weniger als einem Tage die Halbinsel durchqueren können.

Dann wandten wir uns mit der fröhlichen Botschaft zu den Kameraden zurück. Wir nahmen das letzte Presseis draußen vor der kleinen Bucht, wo wir die Schneehütte gebaut hatten, mit der gleichen Geschwindigkeit, mit der wir abgefahren waren, und als die Kameraden herauskrabbelten, um uns in Empfang zu nehmen, sahen wir an ihren Armbewegungen, dass auch sie eine große Neuigkeit für uns hatten: Freuchen hatte einen Schlitten von dem berühmten Hudsonbaityp gefunden, und zwar auf Land bei einer kleinen Bucht gleich gegenüber unserer Schneehütte. Ein fantastischer Schlitten, sechs Meter lang, drei viertel Meter breit und so schwer, dass man sich überhaupt nicht vorstellen konnte, wie gewöhnliche Hunde ihn ziehen sollten. Außerdem war die ganze Gegend um das Lager voll von Steinwällen, Warten und Zeltringen, und selbst wenn diese auch einige hundert Jahre alt sein konnten, so zeigte doch der Schlitten, welcher noch frische Bindungen hatte, und ein Depot von Rentierhaut und Kleidern, welches sich daneben fand, dass wir uns jetzt bei den Verkehrswegen der neuen Eskimos befinden mussten.

In diesem gewichtigen Stoff von Neuigkeiten ertrank die Mitteilung vollständig, dass der Hurdkanal voll von Seehunden war und dass sowohl »Eidervogel« als auch der Bootsmann jeder mit einem specktriefenden Fang heimgekommen war. In dieser Nacht nahmen wir in unserer Fantasie einen großen Vorschuss auf die Freuden der kommenden Expeditionsjahre, und keiner von uns ging zur Ruhe, bevor es Morgen war und ein fegender Schneesturm vorläufig jeden Gedanken an Aufbruch unmöglich gemacht hatte.

Der Schneesturm, welcher uns zu einem Zeitpunkt aufhielt, wo Untätigkeit ein wirklicher Schmerz war, währte vierundzwanzig Stunden. Als wir dann endlich unsere Last auf die andere Seite der großen, hügeligen Halbinsel transportiert hatten, hatte der Wind sich derart in die Eiskante gefressen, welche am Tage der Erkundung so vielversprechend vor uns gelegen war, dass wir mit Enttäuschung alle Landzipfel in dunkle, aus dem offenen Wasser steigende Frostnebel eingehüllt sahen. An manchen Stellen hatte massenhaft neu geborstenes Wintereis sich quer vor unseren Weg gelegt; da es mit all seinen nackten Zacken schneefrei war, mussten wir oft einander helfen, um unsere Schlitten nicht in tausend Stücke zu fahren. Und doch geschah es einmal während einer solchen schwierigen Passage, dass die Hunde wegen einer Herde Rentiere auf dem Eis wild wurden: Freuchen wurde zu einem unfreiwilligen Hindernislauf gezwungen, welcher damit sein Ende fand, dass sein Schlitten von einer hohen Eisscholle aus einen Luftsprung machte. Der Schlitten fiel wie ein Schiff, welches gegen die Klippen geschleudert wird, und zerschmetterte. Nach einer vorläufigen Reparatur mussten wir daher vor einer großen Bucht, wie wir später entdeckten, der Havilandbai, Lager suchen; hier wurde eine Schneehütte gebaut und der Schlitten repariert.

Währenddessen ging ich bergauf, um einen Überblick über die Strecke zu erhalten. Die Bucht war so breit, dass man knapp das flache Land auf der anderen Seite gewahren konnte. Ihr Abschluss war von hohen, vorspringenden Vorgebirgen verdeckt. Bis aufs offene Wasser hinaus war es nicht weit, das Fördeneis, welchem wir folgen sollten, um nach der Repulsebai zu kommen, war flach und leicht befahrbar. Nicht mehr als fünfzehn Kilometer vor uns stand gegen Nordwest eine lotrechte weiße Mauer, die ich erst für Nebel hielt. Ich verstand die Erscheinung nicht und richtete meinen scharfen Feldstecher dahin, und nun entdeckte ich jagende, wirbelnde Schneesäulen, welche sich wie weiße Haare auf den umliegenden Berggipfeln sträubten. Es musste ein Schneesturm sein, welcher ein kleines Stück vor uns raste, und damit war mein Ärger über den abgebrochenen Reisetag aus meinen Gedanken verscheucht.

Wir lagen in einer milden Bucht, wohlbeschützt nach allen Seiten. Es begann zu dämmern, ein vollständig klarer, blauer Himmel wölbte sich über uns. Der Neumond stieg über einer der Landzungen hervor und goss sein Licht über die frische Weiße des Tales. Das offene Meer vor uns begann sich im Neueis nahe der Mündung der breiten Förde zu stauen. Nur weiter draußen, wo der Wind noch zufassen konnte, leuchtete der schmächtige Mond über Wogen hin, die noch nichts vom Winter wissen wollten.

Ich saß auf einem großen Stein und schaute zu, wie Schneeblock auf Schneeblock sich zusammenfügte, um ein Obdach für die Nacht zu bilden. Sobald ich mir vollständig klar über den Kurs war, welchem wir am nächsten Tage folgen sollten, ging ich zu meinen Kameraden zurück, um die Hunde zu füttern und alles für die Nacht fertig zu machen.

Es war kalt geworden. Während der vorhergehenden Tage hatte Grauwetter die Temperatur unten gehalten, sodass das Thermometer ständig zwischen –10 und 15 Grad Celsius geschwankt hatte. Nun kam die Kälte mit dem tiefen, blauen, sternenklaren Himmel; bevor wir zur Ruhe gingen, hatten wir über 30 Grad Kälte.

Den nächsten Morgen ganz früh erwachten wir im Sternenschein und nahmen bereits um fünf Uhr eine Tasse starken Kaffee zu uns. Wir schnitten ein Loch in die Hausmauer und entdeckten, dass der Schneesturm sich gelegt hatte; ausnahmsweise schien es hauchstill zu sein. Das Thermometer zeigte –40 Grad, was uns überraschte, weil es erst Anfang Dezember war. Eine merkwürdige Unruhe beherrschte uns; keiner von uns verbarg, dass wir heute Menschen zu treffen erwarteten. Das wurde zwar im Scherz gesagt, aber trotzdem wollten wir alle, ausgenommen der Bootsmann, der ein geborener Phlegmatiker ist, unsere neuen Pelze anlegen. Selbst während arktischer Reisen entgeht man seiner Eitelkeit nicht; Schmutz und Unreinlichkeit sind Überbleibsel von einer Zeit, da wir nicht zu reisen verstanden.

Um sieben Uhr konnten wir nicht länger warten. Der weiße Schein des Tages stieg langsam den Himmel hinauf, dessen Dunkelblau lichter und lichter wurde. Die Sterne sahen nicht länger wie erleuchtete Fensterscheiben aus, sie erblassten nach und nach und verschwanden; in jenem Licht, welches eine lange Tagesreise verkündet, beluden wir die Schlitten und spannten die Hunde vor.

Das kälteste Wetter ist Hauchstille mit niedriger Temperatur, denn dann schafft jede Vorwärtsbewegung eine winzige kleine Brise, welche wie ein Messer in die Nase schneidet; es gibt keinen Ausweg, wenn weder Kutscher noch Hunde ortskundig sind. Front nach vorwärts! Und während das Angesicht gespießt wird und die Haut trotz allem Auftauen mit klammen Fingern jeden Augenblick wieder weiß und hart wird, muss man seine Hunde den Kurs lenken, dem man folgen will.

In ebener Fahrt ging es über Havilandbai Stunde auf Stunde dahin. Freuchens entzweigefahrener Schlitten hatte wieder verstärkt werden müssen, aber da sie zu zweien waren, hatte ich nicht gewartet; sie blieben schnell zurück. Wir sollten weit vorwärts heute, und es ist der vordere Schlitten, welcher die Länge der Tagesreise bestimmt.

Quer gegen die Brise gewandt, schaute ich über das offene Meer draußen am Horizont, wo die Frostnebel langsam zu roten Flammen wurden, die in dünnen, leichten Wolken wie Rauch von einem Brand verdämmerten. Ich setzte mich auf meine Fausthandschuhe und deckte das Gesicht mit den Händen, damit es aufgetaut würde. So saß ich eine Weile, bis wieder Wohlbehagen in mir war.

Eine Pfeife Tabak half mit – die Eskimos behaupten ja, dass der warme Rauch die Lippen auftaut, und das konnte heute wohl nötig sein.

So genoss ich die süße Sünde, welche immer in der Unaufmerksamkeit liegt, als die Hunde plötzlich einen Satz machten, sodass ich in die Höhe fuhr.

Es konnte nicht der geringste Zweifel über das sein, was wir gehört hatten – ein Schuss hatte die Stille um uns zerrissen. Ich blickte sofort nach meinen Kameraden zurück im Glauben, dass sie mich veranlassen wollten, zu warten, weil ihr Schlitten Scherereien machte, und ich gewahrte sie schnell als zwei kleine, dunkle Punkte weit hinter mir, beide in guter Fahrt. Sie konnten also nicht geschossen haben. Dann sah ich nach vorwärts, und ganz wie ein nervöser Mensch, der unter dem Einfluss einer brutalen Sinnesbewegung plötzlich ruhig wird, blieb ich unangefochten sitzen, ohne irgendetwas von all dem Unüberlegten vorzunehmen, das, wie ich geglaubt hatte, über mich kommen würde, wenn ich meiner ersten Begegnung mit kanadischen Eskimos gegenüberstand. Drei bis vier Kilometer voraus gewahrte ich eine schwarze Linie, welche sich über das Eis draußen in der Förde hinzog. Ich hielt augenblicklich inne, denn es konnte keine schneefreie Schäre sein. Den Feldstecher heraus! Und nun begann ich zu unterscheiden: eine ganze Reihe Schlitten mit vielen Hunden, welche haltgemacht hatten und nun den einzelnen Schlitten beobachteten, welcher südlich von ihrem eignen Kurs angefahren kam. Ein Mann hatte sich von der Schlittenreihe losgelöst und kam über das Eis gelaufen, rechtwinklig auf meine Richtungslinie zu. Ich sollte also aufgehalten werden, selbst wenn ich das nicht freiwillig wollte. Ab und zu wurde aus dem Menschenhaufen bei den Schlitten ein Schuss abgefeuert.

Ich wusste, dass ich vor einem der großen Augenblicke der Expedition stand. Diese Menschen waren es, denen meine Reise galt, und ob nun die Schüsse oder der Mann, der mit einer Harpune in der Hand auf mich zugelaufen kam, um mich aufzuhalten, Freundschaft oder Feindschaft bedeuteten – meine Ungeduld war größer als das Versprechen, welches wir Kameraden uns gegeben hatten, aufeinander zu warten und die Begegnung gemeinsam zu erleben. Ohne mich einen

Augenblick zu bedenken, sprang ich auf den Schlitten und gab den Hunden das Fahrtsignal, indem ich ihnen den Mann zeigte, der über das Eis gelaufen kam. Sie fassten ihn augenblicklich als flüchtendes Wild auf und sprengten mit einer Fahrt dahin, welche meinem Herzklopfen entsprach.

Als sie ihn endlich erreichten, wurden sie ganz wild. Alles an ihm war fremd für sie, sein Geruch und seine Kleidertracht, und sein sonderbarer Tanz, um ihren zwölf offenen Rachen zu entgehen, schien sie auch nicht gerade zu beruhigen.

»Steh still!«, rief ich, und gleichzeitig warf ich mich in einem mächtigen Satz vom Schlitten zwischen die Hunde, um ihn zu umarmen. Die Hunde hielten augenblicklich still, und da sie diesen Ausdruck von Freundschaft sahen, schlichen sie mit hängenden Ohren hinter den Schlitten, wo sie sich in einem Haufen zusammenlegten.

Wie ein Blitz war es durch mein Gehirn gegangen, dass der Mann jedes einzelne Wort verstanden hatte, das ich ihm zugerufen hatte.

Als ich endlich Zeit bekam, ihn näher in Augenschein zu nehmen, sah ich vor mir einen großen, wohlgebauten Mann, das Angesicht und die langen Haare mit Reif bedeckt, mit großen, weißen Zähnen im Munde, strahlend, lachend, atemlos, nach Luft schnappend vor lauter Gemütsbewegung.

So Hals über Kopf machte sich meine erste Begegnung mit den neuen Menschen.

Sobald meine Kameraden dichter herangekommen waren, fuhr ich näher auf den Menschenhaufen zu, welcher die Umarmung aufmerksam beobachtet hatte.

Der Mann hieß Papik (Steuerfeder) und hatte seinen Wohnplatz im Hinterlande bei Lyonförde. Viel mehr bekam

Frauen und Kinder lagen neben den Schlitten behaglich in den Schnee gestreckt, ganz als ob sie auf einer Wiese seien.

ich nicht zu wissen, denn belehrt von Erfahrungen, wünschte ich die Hunde festzuhalten, bevor wir allzu nahe bei den Fremden waren. Nun kamen alle Männer auf uns zu, nur Weiber und Kinder blieben neben den Schlitten behaglich in den Schnee gestreckt, ganz als ob sie sich auf einem Grasplan am Sommertag befänden. Flüchtig sah ich, dass mehrere von den Frauen mit ihren halb nackten Säuglingen im Schoße dasaßen und ihnen die Brust reichten. Die Sonne fiel über ihre braunen, lächelnden Gesichter; ich konnte plötzlich nicht verstehen, dass es das gleiche Wetter war, welches mich noch vor einer halben Stunde gezwungen hatte, meine Nase zu liebkosen.

Dies also waren die Akilinermiut, die Menschen von der anderen Seite des großen Meeres, von denen ich gehört hatte, seit ich mich als halberwachsener Junge für die eskimoischen Sagen zu interessieren begonnen hatte. Ich hätte sie unter keinen malerischeren Formen treffen können – eine ganze Karawane hier mitten auf dem Eis. Männer, Weiber und Kinder, gekleidet in fantastische Trachten, lebendige Illustrationen zu den grönländischen Erzählungen von den berühmten Inlandbewohnern. Jede Faser an ihnen war aus Rentierfell gemacht, aus feinen kurzhaarigen Fellen, welche während der ersten Herbstzeit erbeutet wurden. Die Frauen trugen große Pelzhauben und flatternde Schöße, welche sowohl vorne wie hinten über die Beinkleider fielen. Die sonderbaren Pelze der Männer waren wie zum Laufen geschaffen, vornezu kurz und hinten mit einem langen Schwanz. Das alles war so verschieden von den Trachten, die ich bis jetzt erlebt hatte, dass ich mich mit einem Schlage in eine ganz andere Zeit versetzt fühlte, in eine Sagenzeit voll von Erinnerungen, und zudem wieder in eine Neuzeit voll von Versprechungen auf Menschen und Verhältnisse, die für mich ganz fremd waren.

Mitten in diesem Überschwang von Eindrücken gab es jedoch ein Ding, welches uns augenblicklich altbekannt machte und uns aneinander knüpfte: die Sprache. Wohl hatten wir immer gewusst, dass es dieselbe Sprache war, aber niemals hatte ich geahnt, dass der Unterschied so gering war, dass wir uns sofort miteinander verständigen konnten. Sie hielten uns denn auch für ferne Stammesgenossen oben aus dem Baffinland.

Obwohl sie gerade mit Sack und Pack aufgebrochen waren und sich auf dem Wege zu den Herbstplätzen im Hinterlande von Lyonförde befanden, waren sie dennoch genau wie alle anderen Eskimos in einem solchen Grade Augenblicksmenschen, dass jeder Gedanke an Reise vorläufig aufgegeben wurde; unser Aufbruch galt deswegen nur einigen größeren Schneewehen in der Nähe, wo wir ein Schneehüttendorf errichten wollten, um die erste Begegnung zu feiern.

Man hat, wenn man einem unbekannten Volk begegnet, das gleiche Gefühl, wie wenn man durch ein ganz neues Land reist: Man erwartet unausgesetzt, dass irgendetwas geschehen soll, was über das Gewohnte hinausgeht. So sollte es auch hier geschehen. Etwas so ganz Alltägliches wie der Bau von Schneehütten, etwas, was wir selbst auf Hunderten von Reisen unternommen hatten, wurde hier zu einer Art von Überrumpelung. Niemals hatten wir ein Haus so schnell aus dem Schnee aufschießen sehen wie hier. Unter den Kap Yorkern rechnet man es als eine Arbeit, welche zwei Männer beansprucht; der eine schneidet die Blöcke und reicht sie dem anderen zu, welcher das Haus baut. Hier dagegen vollzog es sich so, dass ein einzelner Mann nur einige Ausschnitte an der Stelle der Schneewehe machte, die ihm für die Wohnung geeignet schien, und dann schnitt er die Blöcke aus, legte sie gleichzeitig zurecht und baute auf; das alles erfolgte in einem Tempo, das uns sprachlos machte. Unterdessen nahm die Frau eine große und merkwürdige Schneeschaufel, die nicht nur einen Handgriff, sondern auch einen Henkel auf dem Schaufelblatt selbst besaß, und schaufelte losen Schnee über die Mauer in demselben Maße, wie diese in die Höhe wuchs. Die lose Schneelage deckte alle Undichtheiten zu und machte das Haus bei jedem Wetter behaglich.

Zwei rein technische Dinge imponierten unseren Kap Yor-

In weniger als drei viertel Stunde erhob sich ein ganzes Dorf aus den Schneewehen.

kern, die selbst große Sachverständige im Bauen von Schneehäusern waren. Das eine war der weiche Schnee, den man zu verwenden wagte, das andere das stark flachgedrückte Dach, dem man doch Tragfähigkeit zu geben vermochte; denn je steiler man im Allgemeinen die Kuppel einer Schneehütte aufbaut, umso leichter können die Schneeblöcke sich selbst tragen. In weniger als drei viertel Stunde waren drei große Schneehütten errichtet, und fast zur selben Zeit waren die Schneebänke zugeschnitten, die Specklampe angezündet und das Haus angewärmt.

Wir drei Kameraden zogen nun jeder in seine Schneehütte, um uns der Gastfreundschaft nach Möglichkeit zu erfreuen; sobald all unser Kram in Ordnung gebracht war, nahmen wir unseren Bankplatz in Besitz. Dann wurde Rentierfleisch über das Kochfeuer der großen Tranlampe gesetzt; sie besaßen sogar

Tee und Mehl, die sie sich bei einem weißen Mann irgendwo in Repulsebai, nicht weit vom Lagerplatz, erhandelt hatten.

Diese Neuigkeit war von großer Bedeutung für uns, weil sie eine Möglichkeit eröffnete, Post im Frühjahr nach Hause zu senden.

Mein Wirt war ein freundlicher und sympathischer Mann mit Namen Pilakavsak; sein Weib Hanna war häuslich damit beschäftigt, alles so schön wie möglich zu machen; binnen kurzer Zeit war das Rentierfleisch gekocht, und ein kochheißer Teetopf stand dampfend vor uns.

Während der Mahlzeit erhielt ich eine Menge wertvoller Aufschlüsse darüber, wie die Gegend bewohnt ist. Es zeigte sich, dass wir in beinah allen Richtungen von unserem Hauptquartier aus Wohnplätze finden konnten, und wenn sie auch nicht überwältigend an Zahl waren, so interessierte uns doch ihre Zusammensetzung. In einer Entfernung von einigen Tagesreisen von der Däneninsel befanden sich nicht nur die Igdluliker von der Fury-and-Hecla-Straße, sondern auch die Aiviliker, die sich besonders in der Gegend von Repulsebai und Lyonförde aufhalten, und die Netsiliker von den Ländern um die Nordwestpassage. Eine halbe Tagesreise vom Lager konnte ich sogar eine Familie von Pondsförde an der Nordküste von Baffinland treffen.

Sonst wurde das Gespräch ziemlich allgemein gehalten, prüfend, probend, wie zwischen Leuten, die einander nicht kennen. Aber dank dem Glück, dass wir die Sprache unserer Wirte sprechen konnten, und dank dem Zutrauen, das sich hieraus ergab, ließen sich trotzdem religiöse Fragen in einem solchen Umfange streifen, dass ich schnell darüber im Klaren war, dass diese Menschen trotz ihrem Tee und ihrem Mehl und ihrer beginnenden Emaillewarenkultur noch ganz ursprünglich in ihrem Denken und in ihrer Lebensbetrachtung mit der Religion ihrer Vorväter verknüpft waren.

Durch dieses Erlebnis stand plötzlich ein neues und gewaltiges Land vor uns offen mit neuen Arbeiten und neuen Aufgaben. Diese Menschen sprachen dieselbe Sprache, die ich seit meiner Kindheit gesprochen hatte, und sie hatten uns sofort als Stammesgenossen von fernen Landen empfangen. Alles lag nun so vor uns, wie wir es gehofft hatten.

Aber es galt in allererster Linie weiterzukommen und zu erfahren, ob es wirklich im Laufe des Frühjahres eine Postverbindung mit der Umwelt gab. Am nächsten Morgen brachen wir daher auf.

Es war noch heller Tag, als wir am 5. Dezember zu der Stelle kamen, wo nach der Erzählung der Eskimos der weiße Mann wohnen sollte. Am Abschluss einer kleinen Bucht hinter einigen großen Presseisstücken gewahrten wir ein dunkles und unansehnliches Gebäude, das von einer ganzen Kolonie von Schneehäusern umgeben dalag. Es erwies sich bald als der äußerste Ausläufer der berühmten Hudson Bay Company, einer der ältesten und größten Handelskompanien der Welt.

An einer Stelle, wo der Eissockel des Hauses zurechtgehauen war, bogen wir ein und fuhren vor die Auffahrt; kaum hatten wir haltgemacht, als schon die Tür aufsprang und der Leiter der Station, Kapitän Cleveland, uns aufs Herzlichste empfing.

Während er hineinging, um zu brötzeln und die Festmahlzeit vorzubereiten, wandten wir uns zu den Schlitten zurück, um unser Hab und Gut in Ordnung zu bringen. Der alte Kapitän schien ein ebenso schneller wie vorzüglicher Koch zu sein; ehe wir uns versahen, kam er zurück und führte uns von der

Gruppe Einwohner fort, die sich neugierig um uns versammelt hatte. Sein ganzes Auftreten war von dem selbstsicheren Wesen des alten Seemannes geprägt, und ohne viele Worte ließ er uns fühlen, dass man es hier zu schätzen wusste, aus der Einförmigkeit des Alltages herausgerissen zu werden. Die Stube im Hause war wie eine Schiffsmesse aufgebaut; die Einrichtung bestand daher nur aus einem langen Esstisch mit Stühlen ringsherum. Mitten auf dem Tisch dampfte eine Riesenschüssel mit frischen, saftigen Rentierfilets, und ringsum auf dem Tuch standen gleich Blumen verschiedene Sorten von eingekochten Kalifornia-Früchten.

George Washington Cleveland war ein alter Walfänger, der vor mehr als einem Menschenalter hier an der Küste gestrandet war und sich seitdem unter den Eskimos so wohl befunden hatte, dass er niemals den Entschluss fand, wieder nach Hause zu reisen.

Gäste waren nicht alltäglich unter diesem Himmelsstrich; deshalb wünschte unser Wirt die Begebenheit durch einen Tanz zu feiern. Zu diesem Zweck wurde freigebig an alle Frauen des Wohnplatzes Schirtingstoff verteilt, und diese nähten in großer Hast Ballkleider daraus. Der Kapitän hatte nämlich mitten in seiner Stube einen großen Kachelofen von merkwürdiger Becherform aufgestellt, einen rot glühenden Mohn, der tüchtig wärmte, sodass es den Frauen unmöglich gewesen wäre, in ihren warmen Tierfellen zu tanzen.

Es war ein großer Abend für uns alle, als das Grammofon, welches überall in der Fußspur des weißen Mannes zu kratzen scheint, aufspielte und als Cleveland mit seinen sechzig Jahren sich zwischen die Tanzenden warf und die alten Walfängertänze anführte, welche die Eskimos unterdessen gelernt hatten.

Diese hielten sich sonst zu Hause in ihren Schneehütten konservativ an ihre Trommeltänze und Geisterweisen. Aber bei Cleveland hatten sie diese ihnen ganz fremde Form der Bewegung schätzen gelernt. Die Reigen wurden so gewaltsam getanzt, dass es manchmal aussah, als ob der Ball in eine Schlägerei ausarten solle. So verging der erste Abend auf dem Wohnplatze des weißen Mannes.

In der Nacht, als Handgemenge und Ofenwärme endlich alle Energie getötet hatten, gingen wir in unsere Schneehütten und fanden hier eine erquickende Kühle vor, die uns wieder zu Menschen machte. Wir sind neugierig, wir hätten gern etwas über Land und Leute erfahren, aber da wir die eskimoischen Lokalnamen noch nicht kennen und uns an die Ortsbezeichnungen auf den alten englischen Karten halten müssen, geht es nur langsam. Bis wir unerwartete Hilfe bekommen.

Ein alter Mann mit langem, weißem Bart und roten Augen, die von all den vielen Schneestürmen ganz geschwächt sind, entpuppt sich als der Geograf des Stammes. Wir nehmen Papier und Bleistift vor, und zu meiner großen Überraschung zeichnet dieser »Wilde« ohne Zögern eine Küstenstrecke von ein paar hundert Meilen Ausdehnung von Repulsebai bis hinauf nach Baffinland. Als die Karte fertig ist, zählt er mir alle eskimoischen Namen auf; endlich ist es uns möglich, ein sachliches Gespräch über die Bevölkerung der Gegend und die Verteilung der Wohnplätze zu führen. Und nun erlebe ich etwas Merkwürdiges. Die allermeisten Namen, die ich niederschreibe, Naujarmiut, Pitorqermiut, Nagssugtormiut und viele andere, sind ganz die gleichen wie die Namen rings um meine Geburtsgegend in Grönland, und obwohl ich Hunderte von Meilen gereist und in ein fremdes Land gekommen bin,

Ivaluartjuk, der alte Sagenerzähler und Liedersänger.

wo die Bevölkerung ein Jahrtausend lang keinerlei Verbindung mit den Grönländern gehabt hat, klingt es doch heimelig für mich. Ich fühle mich wie ein Kopenhagener, zu dem man über Charlottenlund, Klampenborg und Skodsborg spricht.

Ich fühle, dass die Luft um mich voll von Erlebnissen ist, und will jetzt sofort in all den neuen Stoffen untertauchen, während wir noch die Wärme und Freude des Tanzes in uns haben. Um selbst den Anfang zu machen, erzähle ich einige alte Sagen von Grönland. Nun zeigt sich, dass alle sie kennen. Es erregt eine solche Verwunderung, dass ein fremder Mann, der gerade zu ihrem Wohnplatz gekommen ist, sofort einige von den Märchen erzählen kann, die sie allein zu kennen glauben, dass das Haus sich plötzlich mit Menschen füllt.

Meine Vermutung, dass der alte Kartenzeichner Ivaluartjuk eine der Quellen werden würde, aus denen ich später schöpfen kann, erwies sich nicht als Irrtum. Obwohl er sich erst etwas im Hintergrunde hielt, schien er bald zu fühlen, dass die Sachkenntnis, womit wir die Vorzeiterinnerungen seines Stammes erörterten, ihm das Recht gab, vorzutreten. Er setzt sich an meine Seite. Hier ist etwas, das ihn ergreift, die Sagen und die alten Sänge. Mit seinem langen Bart ist er selbst eine Sagenfigur, die stille Stimme ist wie der Ton in einer Sage. Er ist der Älteste im Hause und einer der Ältesten des Stammes.

Er wäre schon längst Witwer gewesen, sagte er, ohne Amt unter den Menschen, aber er hatte sich wieder mit seiner Pflegetochter verheiratet und ein Kind gekauft für einen seiner Hunde, einen schwarzen Hund. So können die Menschen dem Dasein helfen und das Schicksal weicher machen; wenn er zurückdachte in seine Kindheit und die alten Erinnerungen wieder durchlebte, so konnte die Jugend vor ihm stehen wie eine Zeit, in der alles Fleisch noch saftig und rot war und kein Wild zu schnell. Jeder Tag war ein Anfang, und alle Abende endeten in der Morgenröte. Nun aber waren ihm nur noch Sagen und Sänge geblieben.

Alle baten ihn zu singen; er machte keine Einwendungen, sondern zog sich nur ein Stück auf der Bank zurück; unterdessen sang sein Weib mit klarer Stimme vor. Sofort fielen alle anderen Weiber ein, und hinaufgetragen von einförmigen Tönen, die bald stiegen als Ruf und bald hinsanken als Flüstern, sprach Ivaluartjuk folgenden Gesang, der eine Erinnerung aus seiner Jugend war:

Mück' und Kälte,
Diese Plagen
Kommen nie zugleich.
Sieh, ich breite mich aufs Eis hin,
Breite mich auf Schnee und Eis hin,
Bis die Kiefer klappern.
Das bin ich,
Aja – aja – ja.

Ist es Kunde
Von der Zeit her,
Von der Zeit her,
Wo die Mück' schwärmt,
Von der Zeit her,
Wo der Frost beißt,
Der den Sinn betäubt und trüb macht,
Während ich die Glieder breite
Auf das Eis hin –!
Das bin ich,
Aja – aja – ja.

Ach, mein Sang
Bedarf der Stärke,
Und ich suche
Nach den Worten,
Ich, aja – aja – ja.

Aj, ich erspähe und sehe,
Was ich nun will singen:
Rentier mit den breiten Schaufeln.
Aj, ich schleuderte mit Vollkraft
Meinen Beinspieß mit dem Wurfholz.
Und die Waffe ward genagelt
Mitten durch des Bockes Becken,
Und er bebte ob der Wunde,
Bis er hinsank
Und verstummte.

Aj, mein Sang
Bedarf der Stärke,
Und ich suche
Nach den Worten.
Ja, ein Sang ist's,
Ein Gedenken,
Und der singt,
Das bin nur ich:
Aja – aja – haja – haja.

Dieser Ausbruch eines alten Mannes, der verstand, dass er längst auf der anderen Seite des Lebensgipfels war, machte uns stumm.

Das war die erste Begegnung mit Menschen. Nach einem einzigen Ruhetag nahmen wir am 7. Dezember Abschied von unseren neuen Freunden. Freuchen reiste unserer Verabredung entsprechend weiter nach Wagerbai zu Kapitän Berthie, während der Bootsmann und ich nach Hause zum »Blasebalg« fahren wollten. Als wir Havilandbai passiert hatten, fanden wir zufällig eine alte Schlittenspur und beschlossen, ihr auf neuen Wegen zu folgen.

III

Takornaoq, die Menschenscheue

Dezember 1921

Sobald wir den Wohnplatz sichteten, kamen die Einwohner aus den Schneehütten, um uns zu empfangen.

Mitten auf einem großen See stand ein altes Eskimoweib und fischte Forellen. Obgleich der Winter noch kaum eingesetzt hatte, war das Eis doch schon so dick, dass es ihr nur mit Aufbietung aller Kräfte geglückt war, ein Loch hineinzuschlagen, durch das sie die Angelschnur hindurchwerfen konnte. Ab und zu nahm sie eine große Schneeschaufel und schob die Eisstücke fort, die im Wege lagen. Darauf legte sie sich auf den Bauch nieder, um besser heranzukommen, und presste den Oberkörper durch die Öffnung, sodass wir nur ein Paar pelzbekleidete, krumme Beine zwischen den Schneewehen in der Luft zappeln sahen. Plötzlich fuhr ein Hündlein, das im Schnee beinahe begraben lag, auf und begann wild zu kläffen. Das alte Weib sprang von ihrem Fischloch verwirrt in die Höhe und entdeckte den Bootsmann und mich beinahe unmittelbar vor ihrer Nase. Unsere Hunde, welche sie und das Hündlein schon lange gesehen hatten, wollten sie umzingeln.

Sie stieß sofort einen scharfen Schrei aus, fasste ihr erschrockenes Hündlein im Nacken und begann aus allen Kräften heimwärts zu laufen. Aber diese panische Flucht machte unsere Hunde nur noch wilder; außerdem hatten sie bereits Witterung von dem Wohnplatz und fuhren mit einer solchen Schnelligkeit los, dass ich gerade noch Zeit bekam, die Flüchtende zu ergreifen und sie ein wenig unsanft zu mir auf die Schlittenlast zu reißen.

Da saß sie nun, die Augen mit Schrecken erfüllt. Ich musste lachen, aber kaum hatte ich angefangen zu lachen, als ihre Augen schon voll Tränen standen, so überrascht war sie, so froh, weil sie sich unter Freunden befand.

Es war die alte Takornaoq, die Menschenscheue; wie oft

haben wir nicht seitdem über die kräftige Art lachen müssen, in der wir miteinander Bekanntschaft schlossen.

Da saß sie, die Arme krampfhaft um ihr Hündlein geschlungen, das beständig winselte, während wir vorwärts sausten. Plötzlich hörte ich durch das Hundegeheul einen neuen Laut, der mich stutzen ließ. Ich beugte mich gegen sie und lüftete vorsichtig ihren Pelz in die Höhe; tief im Pelz, fest an ihren nackten Hals geklammert, entdeckte ich einen Säugling, der mit der Pflegemutter und dem Pflegebruder um die Wette heulte.

Bald darauf bekamen wir den Wohnplatz in Sicht und gelangten zu drei vereinzelten Schneehütten. Die Bewohner kamen herausgestürzt, ohne recht zu wissen, ob sie auf uns zu oder davonlaufen sollten. Sobald sie die eifrige und lachende Takornaoq erblickt hatten, kamen sie uns entgegen und schlugen in freudigem Erstaunen einen Kreis um uns. Die Menschenscheue passte nur schlecht zu ihrem Namen. Mit einer Zungenfertigkeit, die ihre Nerven zu beruhigen schien, erzählte sie alle die Neuigkeiten, mit denen wir sie erfüllt hatten, und machte so den Wohnplatz erst tüchtig neugierig. Wir seien richtige lebende Menschen, sagte sie, aber von einem Land, das weit, weit weg liege, drüben auf der anderen Seite des Meeres.

Takornaoq, die sich nun inmitten ihrer Wohngenossen stark fühlte, stellte mich ihnen mit einer handfesten Mütterlichkeit vor. Da war Inernerunassuaq (der allzu hurtig Geschaffene), ein alter Geisterbeschwörer, der von der Gegend beim magnetischen Nordpol stammte. Seine Augen kniff er während der Konfrontation ganz zu dünnen Strichen zusammen und verfehlte nicht, mich auf seinen Geisterbeschwörergürtel aufmerksam zu machen, der von allen möglichen mystischen Tierknochen rasselte.

Sein Weib Oemmerten war fett und einfältig, wie man sein soll, wenn man sein Schicksal an einen Spezialisten für heimliches Wissen knüpft. Sie hatten einen Schwarm von Kindern, welcher sich an uns hing. Keines von ihnen war schon so alt, dass es bereits einen Namen hatte, und wenn die Eltern sie ermahnen wollten, zeigten sie einfach mit den Fingern auf sie.

Da war der Talerortalik (der Flossenmann), welcher mit der Tochter des Geisterbeschwörers Uvtukitsoq (der schmale Schoß) verheiratet war. Sie sahen recht unbedeutend aus, aber später zeigte es sich, dass sie es waren, welche den weisen Mann und seine Familie am Leben erhielten. Dann war da endlich Peqingassoq (der Krumme), ein Krüppel; Takornaoq erzählte mir, er sei ein so eifriger Forellenfischer, dass er immer Eis auf dem Schurz seines Pelzes habe, weil er so viel neben dem Fangloch auf dem Bauche liege. Bei diesen Worten schaute er mich mit den klugen Augen an, die für alle Krüppel so charakteristisch sind.

Es waren noch viele da, aber diese wurden nur flüchtig genannt, denn nun wollte die Menschenscheue mich in ihr Haus haben, eine wohlgehaltene Schneehütte, aber ein wenig kalt, bis wir die Specklampe in Brand setzten.

Sobald der Bootsmann und ich in die warmen Rentierfelle der Schneebank gekrochen waren und das Fleisch zum Kochen aufgestellt war, setzte sich die Wirtin mitten zwischen uns mit der überraschenden Bemerkung, dass sie nun mit uns beiden verheiratet sei, weil ihr Mann, den sie übrigens liebe, auf der Reise sei. Darauf zog sie den Säugling aus dem Rückenbeutel hervor und legte ihn mit mütterlichem Stolz in einen Beutel aus Hasenfell. Der Säugling heiße Qasitsoq (der Diskant), erzählte sie, und sei nach einem Berggeist benannt. Das Kind war ursprünglich ein Zwillingssohn von einem gewissen Nagsuk (das Horn); es hatte sie einen Hund und eine Bratpfanne gekostet. Das war eigentlich eine allzu hohe Bezahlung für das klapperdürre, kleine Wesen, und sie konnte es nicht unterlassen, sich darüber zu beklagen, dass »das Horn« sie geprellt und selbst den fetteren der Zwillinge behalten habe.

Die Menschenscheue sprach ununterbrochen, und es dauerte nicht lange, bis wir einen wirklichen Eindruck von ihr hatten. Sie war stolz auf ihre Abstammung, denn sie gehörte zum Igdlulik-Stamm bei der Fury-and-Hecla-Straße, von dem die besten Fänger und die besten Frauen stammen, und sie sah es ungern, wenn man ihren Stammbaum mit dem ihrer Wohnplatzgenossen verwechselte. So hielten sie und ihre Familie Nachttöpfe, während die anderen sich damit begnügten, ihr Wasser in der Schneehütte zu lassen.

»Mein Vater und meine Mutter bekamen oft Kinder, welche starben«, erzählte sie. »Mein Vater war ein großer Geisterbeschwörer, und da er sehr gern Kinder haben wollte, ging er über Land zu einem Eisvogel und bat ihn um Hilfe. Mein Vater und meine Mutter erzählten, dass ich mit Hilfe des Eisvogels geboren wurde, eines Vogels, der bald Vogel war und bald Menschengestalt annehmen konnte. So kam ich zur Welt, und ich blieb am Leben.

Einige Zeit nach meiner Geburt schlug dic Jagd fehl, und alle litten Not. Mein Vater ging aufs Eis zu einer Wuhne, und hier, so erzählt man, sprach er folgendermaßen zu der Wuhne: ›Wenn meine Tochter leben soll, wirst du bleiben, wie du bist; wenn meine Tochter sterben soll, wirst du dich schließen und alle Seehunde von uns fernhalten. Gib mir dieses Zeichen.‹

Die Wuhne rührte sich nicht. Das Eis schob sich nicht zusammen über dem Wasser, und mein Vater begann Seehunde zu fangen, denn er wusste, dass ich nicht sterben sollte.

So begann ich mein Leben zu leben und nahte dem Alter, wo man manchmal gleichsam wach liegt, manchmal gleichsam schläft. Ich konnte beginnen, mich zu erinnern und zu vergessen. Ich erinnere mich eines Tages, wo ich einen Schwarm Kinder hinauslaufen und spielen sah und große Lust bekam, mit ihnen zusammen zu spielen. Aber mein Vater, welcher die verborgenen Dinge verstand, fand bald heraus, dass ich mit den Seelen meiner toten Geschwister spielte. Er bekam Angst, dass dieses Spiel für mich gefährlich werden könne, und befragte seine Hilfsgeister; später, wenn ich hingehen und mit den Kindern spielen wollte, schoss immer eine Wand aus der Erde auf und stellte sich zwischen sie und mich, sodass ich nicht zu ihnen gelangen konnte.

Das nächste, an das ich mich erinnern kann, war, dass ich Leute von bösen Geistern sprechen hörte, welche um uns sein sollten, von bösen Geistern, welche uns ins Unglück bringen und den Fang verderben würden. Als ich das hörte, wurde mir sehr bange und ich weinte. Dann erinnere ich mich, dass wir alle zusammen aufbrachen, um neues Land zu suchen; wir reisten und reisten, bis wir nach Qeqertaq kamen (Ship Harbour bei Havilandbai). Hier sah ich zum ersten Male weiße Männer, und erst später erfuhr ich, dass es Walfänger waren. Ich erinnere mich an eine alte Frau, welche ein Hündlein an die weißen Männer verkaufen wollte, aber diese wollten es nicht kaufen, und das tat mir sehr leid für die alte Frau. Ich erinnere mich auch, dass sie versuchte, die weißen Männer zu verzaubern.

Dann vergesse ich alle meine Erlebnisse an diesem Ort, und ich komme erst wieder zu mir selbst bei Malugsitaq (Lyonförde), wo wir Land genommen hatten. Ich beobachtete, wie meine Mutter immer einen Nachttopf als Kopfkissen gebrauchte, wenn sie schlafen wollte. Das tat sie, um Fang zu schaffen. Ich kam zu einem großen Essgelage und sah, wie ein Vater und ein Sohn sich schlugen. Mir wurde bange, und ich lief meines Weges.

An alles dies, was ich hier erzählt habe, erinnere ich mich nur wie durch einen Nebel. Meine erste scharfe Erinnerung ist, dass wir Land bei Uvkusigssalik (Wagerbai) hatten und dass mein Vater starb. Kurz nach seinem Tode verheiratete meine Mutter sich mit Manapik (der in hohem Grade Gegenwärtige), aber sie konnten nicht zusammenleben, und es dauerte nicht lange, bis sie geschieden wurden, und meine Mutter verheiratete sich mit einem Manne, welcher Sigsik (Murmeltier) hieß.

Bald darauf brachen wir auf und nahmen Land bei Orsorioq (Marmorinsel). Damals lebten dort viele Menschen, und es war lustig zu leben. Die Männer übten sich oft im Faustkampf, und der ganze Wohnplatz hielt große Gesangsfeste ab. Damals sah ich zum ersten Male ein altes Weib von Qaunermiut (Bakersee). Man erzählte mir, dass diese Frau die Erste war, welche gesehen hatte, wie die Marmorinsel zu Land wurde. Vor der Zeit war die Insel nur eine Welle Presseis. Es war erst später, dass das Eis zu Quarz wurde. Ich erinnere mich, als wir das erste Mal nach der Marmorinsel kamen, mussten wir die Insel hinaufkriechen. Wir durften uns nicht aufrichten, bevor wir oben auf dem Gipfel waren. Das tat man und das tut man noch bis zum heutigen Tage, sonst wird nämlich das Quarz wieder zu Eis, und wir fallen alle hinein und ertrinken.

Zu dieser Zeit trieben viele Menschen mit dem Eis aufs Meer hinaus und kamen niemals wieder.«

Als das Fleisch vom Feuer genommen war und der Tee kochte, erreichte die Freude der Menschenscheuen über den unerwarteten Besuch einen solchen Grad, dass ihre Erzählung in einen kleinen Gesang überging, den sie auf der Schneebank zwischen dem Bootsmann und mir improvisierte. Ihre Stimme besaß die Patina von mindestens sechzig Wintern, trotzdem wurde der Gesang in seiner rührenden Unschuld von der alten Stimme nur verschönert.

> Ajaija – aja – jaija.
> Die Lande rings um mein Heimfeld
> Werden schöner
> Am Tage, da mir die Gnade wird,
> Zu schauen in Menschengesichter,
> Die niemals zuvor wir gesehn.
> Alles wird schöner,
> Alles wird schöner
> Und das Leben ein Dankgeschenk.
>
> Meine Gäste hier
> Verherrlichen mein Haus.
> Ajaija – aja – jaija.

Darauf machten wir uns an die Mahlzeit, aber die Menschenscheue aß nicht mit. Dies Opfer brachte sie dem jungen »Diskant«, denn in ihrem Stamme muss jedes Weib, das ein Kind säugt, seine eigenen Kochgeräte haben, von denen niemand anders essen darf.

Sobald wir gegessen haben, öffnet sie einen Nebenraum in der Schneehütte und holt ein Rentier hervor. Sie blickt uns mit ihrem guten Lächeln an, zeigt auf das Tier und sagt:

»Ich tue nur, was mein Mann getan hätte, wenn er zu Hause wäre. Geht hinaus und gebt dies euren Hunden.«

Der Schamane Patdloq.

Takornaoq, die Menschenscheue.

Das war das erste Mal in unserem Leben, dass wir Hundefutter von einem Weib bekamen.

Wir begannen nun von Patdloq (der, der auf dem Bauch liegt) zu sprechen, ihrem Mann, und von ihren vielen Ehen.

»Als ich so groß geworden war, dass ich anfangen konnte, mit jungen Männern zu spielen, wurde ich verheiratet. Er hieß Angutianuk (der nicht ganz Mann ist). Die Ehe war sehr kurz, wir wurden geschieden, und kurz darauf starb er vor Hunger.

Es dauerte nicht lange, bis ich wieder verheiratet wurde. Er hieß Quivapik, und alle hatten Bange vor ihm, denn er drohte immer damit, sie totzuschlagen. Er zog ins Land hinein auf die Rentierjagd, und ich zog mit ihm, um ihm zu helfen und das Fleisch zu tragen. Wir lebten ganz allein, fern von Menschen, und ich weinte oft darüber. Dort blieben wir den ganzen Sommer. Feuer konnten wir nur mit dem Feuerstein (Schwefelkies) machen. Aber einmal ging uns der Feuerstein verloren, und wir konnten kein Feuer anzünden. Da beschwor er die Geister und sagte zu mir: ›Du sollst die Augen schließen und in die Luft greifen!‹ Das tat ich, und als die Feuersteine durch die Luft geflogen kamen, griff ich sie, und wir konnten wieder Feuer machen.

Der Sommer ging. Es wurde Herbst, und als die Dunkelheit kam, konnten wir manchmal Wesen in Menschengestalten sehen, aber wir wussten nicht, was das war. Uns wurde bange vor ihnen, und wir reisten heim nach unserem Wohnplatz, wo damals Not herrschte. Nicht lange darauf wurde ein Walross gefangen, und dann war wieder Fleisch da.

Messer waren damals sehr selten, und es geschah oft, dass die Männer sie verloren. Mein Mann musste dann eine Geisterbeschwörung abhalten, auf diese Weise fand er die verlorenen Messer wieder.

Als wir auf der Southamptoninsel waren, wurde er einmal durch das eine Auge und durch einen Schenkel harpuniert, sodass die Harpunenspitze auf der anderen Seite herauskam. Er war ein so großer Geisterbeschwörer, dass er nicht daran starb.

Einmal versuchte er, einen Toten einzufangen, der zurück zum Leben wollte. Es war schwer, ihn zu fassen, und er nahm deshalb einen anderen Geisterbeschwörer mit sich. Mein Mann sagte, dass es leicht für ihn gewesen wäre, den Toten zum Leben zurückzubringen, wenn bloß der Mond die Erlaubnis dazu gegeben hätte, aber die Mutter des Toten hatte auf der Marmorinsel Kleider von neuen Rentierfellen genäht, und das durfte man auf dieser Insel nicht; deshalb wollte der Mond ihrem Sohn nicht die Erlaubnis geben zurückzukehren.

Ein andermal waren wir draußen auf dem Lachsfang, und ich konnte keinen Lachs fangen. Da kam mein Mann und nahm den Lachshaken mit der Schnur und legte den Haken zwischen seine Geschlechtsteile, und nachdem er ihn dort eine Weile gehalten hatte, schluckte er ihn und zog ihn aus dem Nabel heraus und holte die Schnur auf demselben Wege hervor. Danach fing ich viele Lachse.

Ich war sieben Jahre mit ihm verheiratet, aber dann wurde er von Leuten erschlagen, die Bange vor ihm hatten. Ein Mann, welcher Ikumaq (die Flamme) hieß, stach ihn mit einem Schneemesser nieder; danach nahm er mich zum Weib. Er war nicht sehr lange mein Mann; als ich wieder verheiratet wurde, geschah es mit Patdloq. Bei uns nennen wir unsere Männer nicht beim Namen, und ich nenne Patdloq Umaga (den, der das Leben in mir erhält).«

Der Abend wurde lang und inhaltsreich. Die Lagergenossen kamen hie und da herein, um am Gespräch teilzunehmen, und da die Vertraulichkeit der Menschenscheuen gegen uns sie alle angesteckt hatte, bekamen wir viele zuverlässige Aufschlüsse.

Als die Gäste endlich gegangen und der Bootsmann in Schlaf gefallen war, erzählte das alte Weib mir sein größtes Erlebnis. Das ganze Lager war ruhig, und im Halbdämmer der Schneehütte sah ich die alten, verschlissenen Gesichtszüge. Ich sah das Weib, das mir vom Leben in seiner brutalsten Form erzählte:

»Von meiner Kindheit bis in mein Alter habe ich viele Länder gesehen, und während all der Zeit war mein Leben nicht von gleicher Art. Es gab Zeiten, da lebte ich in Wohlstand, und andere Zeiten, da lebte ich in Not.

So habe ich auch einmal ein Weib getroffen, das hatte sich dadurch am Leben erhalten, dass es seinen Mann und seine Kinder gefressen hatte. Mein Mann und ich waren auf der Reise von Igdlulik (bei der Fury-and-Hecla-Straße) nach Pondsförde, als er eines Tages von einem Freund träumte, der von seinen Angehörigen gefressen worden war. Am nächsten Tage brachen wir auf, und es geschah das Wunderbare, dass unser Schlitten immer und immer wieder festfuhr, aber wenn wir nachsahen, was im Wege lag, war nichts da. So reisten wir den ganzen Tag, und am Abend nahmen wir Land bei Aunerit (den geschmolzenen Stellen). Am Morgen ging ein Schneehuhn übers Zelt; ich warf einen Walrosszahn nach ihm, traf aber nicht, dann warf ich ein Beil, das traf auch nicht. Wir brachen auf, und es lag so tiefer Schnee, dass wir beim Ziehen des Schlittens mithelfen mussten.

Dann hörten wir einen Laut, den wir nicht verstehen konnten. Es klang, als ob er von einem sterbenden Tiere käme, dann wieder klang er wie eine ferne Stimme. Als wir näher kamen, verstanden wir, dass es Worte waren. Erst konnten wir sie nicht verstehen, es war, als ob sie von weither kämen. Es waren Worte, die nicht wie Worte klangen, und die Stimme war geborsten. Wir lauschten und lauschten weiter, um die einzelnen Worte voneinander unterscheiden zu können, und zum Schluss verstanden wir, was es war, das da rief. Die Stimme brach zwischen den Worten zusammen, versuchte aber doch zu sagen:

›Ich bin eine, die unter Menschen nicht mehr leben kann; ich habe die Meinen gefressen.‹

Mein Mann und ich konnten hören, dass es ein Weib war, und wir blickten einander an.

›Eine Menschenfresserin! Was wird nun geschehen?‹, sagten wir.

Wir sahen uns um und gewahrten einen kleinen Unterschlupf aus Schnee und Stücken einer Rentierdecke gebaut. Am Hause stand etwas, was einem Menschen glich, wir entdeckten bald, dass es ein Gewehr war, welches im Schnee stak. Immer wieder hörten wir die Stimme wimmern. Als wir näher kamen, sahen wir ein abgenagtes Menschenhaupt. Dann kamen wir zu dem Unterschlupf, hier hockte ein Mensch und wandte sein Angesicht zu uns hin. Es blutete in den Augenwinkeln, so viel hatte es geweint.

›Kikaq (du mein abgenagtes Bein)‹, sagte sie, ›ich habe meinen älteren Bruder und meine Kinder gefressen.‹

Sie nannte ihren Mann ihren älteren Bruder, meinen Mann nannte sie Kikaq.

Sie bestand nur aus Knochen und trockener Haut, und es schien kein Blut mehr in ihr zu sein; sie hatte nur wenig an, weil sie ihre Kleider gegessen hatte, sowohl die Ärmel als auch das Unterteil. Mein Mann beugte sich über sie, sie sagte:

›Ich habe deinen Kameraden vom Sängerwettstreit gefressen.‹

Und mein Mann antwortete: ›Du hast den Willen zum Leben gehabt, und deshalb lebst du.‹

Wir schlugen sofort das Zelt in der Nähe ihres Obdachs auf, schnitten ein Stück von unserem Vorhang ab und errichteten daraus ein kleines Zelt für sie. Sie war unrein und konnte nicht mit uns im gleichen Zelt wohnen. Sie versuchte sich aufzurichten, fiel aber im Schnee um. Wir gaben ihr gefrorenes Rentierfleisch zu essen, aber als sie ein paar Bissen geschluckt hatte, begann sie über den ganzen Körper zu zittern und hörte auf zu essen.

Danach suchten wir in der Nähe ihres Verschlages und fanden die Hirnschalen von ihrem Mann und ihren Kindern. Es war kein Gehirn mehr darin. Wir fanden auch abgenagte Knochen.

Wir gaben unsere Reise auf und nahmen sie mit zurück nach Igdlulik, weil sie dort einen Bruder hatte. Sie ist nun mit dem Großfänger Igtussarssua verheiratet, dessen Lieblingsfrau sie geworden ist, obwohl er schon ein anderes Weib hat.

Das ist das unheimlichste Erlebnis in meinem Leben.«

Die Menschenscheue war die Erste, die ich unter den neuen Menschen kennenlernte. In einer einzigen Nacht öffnete sie ihren Sinn mit seiner wilden Mischung von Einfalt und Heidentum, und selbst wenn ich sie auch später vielmals wiedertraf, so werde ich niemals die erste schlaflose Nacht vergessen, wo sie mich, den Fremden, in ihr Vertrauen zog.

Am nächsten Morgen fuhren der Bootsmann und ich weiter nach dem »Blasebalg«.

IV

Bei dem Geisterbeschwörer Aua

23. Januar bis 16. Februar 1922

Auas Schneehüttenlager.

In unserem Standquartier »Blasebalg«, das täglich an Behaglichkeit gewann, vergingen die Winterwochen mit Fertigstellung der Ausrüstung, mit mancherlei Jagdstreifen in die Umgebung und vor allem mit der Vorbereitung und einer genauen Planung der kommenden Unternehmungen. Bald begann das Licht zurückzukehren, und die Tage wurden länger; es war keine Zeit zu verlieren, wenn wir den Plan für das erste Jahr wirklich durchführen wollten. Birket-Smith und Jakob Olsen befanden sich bereits auf Langfahrt; es war uns wichtig, möglichst schnell die Anordnungen für die Abreise der Baffinland-Gruppe zu treffen. Therkel Mathiassen hatte bei Repulsebai einige alte Leute getroffen, die ihm interessante Aufschlüsse über die heute ausgestorbene Bevölkerung auf der Southamptoninsel geben konnten. So blieb er denn bei Kapitän Cleveland, um von dort aus die Reise nach Baffinland anzutreten. Freuchen hatte den Auftrag, unterdessen im »Blasebalg« zu bleiben und die nötigen Vorbereitungen zu treffen. Ihre Begleiter sollten die Kap Yorker Arqioq und Bootsmann sein, beide mit ihrer Frau.

Wir hatten einen nicht geringen Vorrat an Menschen- und Hundepemmikan, der die Grundlage für die Verpflegung bildete; er musste nur noch durch frisches Fleisch und entsprechendes Hundefutter ergänzt werden. Man hatte uns erzählt, dass Kap Elisabeth, einige Tagesreisen nördlich von der Lyonförde, ein ausgezeichneter Fangplatz für Walrosse sein solle, und zwar gerade in dieser Jahreszeit. Deshalb fuhr ich mit »Eidervogel« und zwei Leuten des hiesigen Stammes, namens Usuqtaoq und Taparte, zu einem Lager, Itibleriang, um die Jagd zu versuchen. Später sollte sich die ganze Baffinland-Gruppe dort mit uns treffen.

Die Abreise fand am 23. Januar statt; trotz des bösen Schneegestöbers wurden die ersten Tage der Reise durch einige muntere Rentierjagden auf dem Eise belebt. Die Temperatur betrug ungefähr –50 Grad Celsius; jedesmal, wenn wir mit den Gewehren in den entblößten Händen liefen, blieb die Haut am kalten Stahl hängen.

Wir hatten in der Lyonförde einige Fleischdepots gekauft, mit deren Bergung einige Tage vergingen. Darauf nahmen wir den Kurs nach Norden, um Wohnplätze zu finden. Wo diese liegen konnten, wusste eigentlich niemand von uns, da die Leute noch nicht an die Küste übergesiedelt waren, sondern ein Stück landeinwärts, wo sie gerade die Herbstjagd auf Rentiere beendet hatten, Lager hielten.

Am 27. Januar war sternklarer Himmel und schönes Wetter. Trotzdem war die Tagesreise lang und sauer gewesen. Wir wünschten aufrichtig, in ein Haus zu kommen, ohne selbst eines bauen zu müssen.

Da schießt plötzlich aus der Dunkelheit vor uns ein langer Schlitten hervor mit dem wildesten Gespann, das ich je gesehen habe. Fünfzehn weiße Hunde in rasender Fahrt mit sechs Mann auf dem Schlitten. Sie fahren so dicht und mit solcher Wucht an uns vorbei, dass wir das Sausen vernehmen. Ein kleiner, wildbärtiger Mann, dessen Gesicht vollständig vereist ist, springt ab und kommt auf uns zu. Er bleibt stehen, gibt mir nach der Art weißer Männer die Hand und deutet über das Land in Richtung seiner Schneehütte. Seine klugen Augen ruhen warm auf mir, er bietet mir seinen Gruß in klangvollem Qujangnamik: »Bedankt sei der Gast, der da kommt!«

Das ist der Geisterbeschwörer Aua.

Als er sieht, dass meine Hunde nach der langen Tagesreise

müde sind, bittet er mich, auf seinem Schlitten Platz zu nehmen. In ruhiger und würdiger Weise befiehlt er einem der jungen Leute, meinen Schlitten zu übernehmen. Auas Hunde heulen vor Fresslust und Heimweh, bald sausen wir auf seinen Wohnplatz zu. Wie gut ist doch ihr Eisbeschlag! Der Schlitten ist sieben Meter lang. Unter jeder Kufe befindet sich eine Schicht gefrorenen Torfbreis mit einer dünnen Kruste Eis darüber. Während unsere Stahlkufen schwer und kreischend über den Schnee gleiten, der in der starken Kälte zu Sand zerrieben wird, überwindet Auas großer und schwerer Schlitten jeden Reibungswiderstand spielend und schießt fast wie von selbst übers Eis hin. Bei einem kleinen Flussbett erreichen wir das Land; nach einer kurzen, aber halsbrecherischen Fahrt gelangen wir an einen großen See, wo die Darmhautfenster der Schneehütten uns mit ihrem warmen, rotgelben Schimmer entgegenleuchten.

Die Frauen des Lagers empfangen uns herzlich, Auas Weib Orulo führt mich sogleich ins Haus. Es ist das erste Mal, dass ich in einen großen Komplex kunstfertig miteinander verbundener Schneehütten komme; zum ersten Male erlebe ich also eine Art Schneearchitektur. Die fünf kuppelförmigen Hütten erheben sich in kühnen Wölbungen; an einen langen Verbindungsflur sind die zahlreichen Vorratskammern angeschlossen, die wiederum in selbstständigen Hallen ausgebaut sind. Ein System von Gängen verästelt sich von Raum zu Raum, sodass man Besuche machen kann, ohne ins Freie zu müssen. Hier wohnen sechzehn Menschen, in verschiedene Hütten verteilt. Orulo geht von Bank zu Bank und erzählt mir von den verschiedenen Bewohnern. Sie haben hier bereits längere Zeit gehaust, infolge der reichlichen

Auas Schneehauskomplex
1. Vorhof ohne Überdachung. 2., 4. und 8. Vorhallen zur Aufbewahrung von Fleisch, Ledergeschirr und Pelzzeug. 3., 5., 6., 7. und 9. Wohnhäuser für je eine Familie. Der schraffierte Teil stellt die erhöhten Sitz- und Schlafbänke dar. Die weißen Felder sind Bodenflächen, die in den Schnee hineingeschnitten sind. 10. Vorratskammer für Fleisch mit Eingang von der Bank aus. (0,85 cm = 1 m)

Wärme ist die innere Schneelage krustenweise aufgetaut und abgebröckelt. Lange, blinkende Eiszapfen hängen von den Eingangsportalen herab und erstrahlen im gedämpften Licht der Specklampen. Das Ganze wirkt eher wie eine Tropfsteinhöhle als wie eine Schneehütte; der Eindruck wäre ein recht frostiger, wenn die vielen Bänke nicht mit dicken, weichen Rentierfellen ausgestattet wären, die sich mollig ausnehmen.

Durch verzweigte Labyrinthe, die alle von kleinen, sparsam brennenden Specklampen erleuchtet waren, ging man von Raum zu Raum und begrüßte sich. Da war Auas ältester Sohn, Nataq, und seine junge Frau Kingutivkarsuk (die Kleinzähnige) und ihr jüngster Sohn, Ujarak (der Stein), der mit seiner fünfzehnjährigen Geliebten Eqatdlijoq (der Lachs) zusammenlebte. Dann hauste da Auas alte Schwester Natseq (die Seehündin) mit Sohn, Schwiegertochter und Kindern und endlich in dem verlängerten Auslauf des Hausganges der muntere Kuvdlo (der Daumen) samt Frau und einem neugeborenen Kind.

Es war das erste Mal, dass ich in eine größere Eskimofamilie kam. Die patriarchalischen Verhältnisse beeindruckten mich stark. Aua war der uneingeschränkte Hausherr, der über alle und alles verfügte. Der Ton im Hause war ganz auf die scherzhafte und herzliche Art abgestimmt, in welcher er und seine Frau miteinander sprachen und den Hausgenossen ihre Aufträge übermittelten.

Nach der kalten Tagesreise tat es gut, warmen Tee zu sich zu nehmen. Da wir gleich darauf einen fetten, frisch gekochten Hasen vorgelegt bekamen, dauerte es nicht lange, bis ein dösiges Wohlbehagen sich unser bemächtigte und wir in die weichen und wohlriechenden Rentierfelle auf den Schlafbänken krochen.

Wir sagten, dass wir gekommen seien, um Walrosse zu jagen. Diese Mitteilung wurde von Auas Hausstand sogleich mit großer Freude aufgenommen. Sie hatten selbst daran gedacht; das ganze Lager war daher bereit, aufzubrechen und nach einigen Schneewehen bei dem flachen Kap Elisabeth überzusiedeln. Der Sommer war mit der Landjagd hingegangen, infolgedessen gab es noch viele gute Fleischdepots rings in der Nachbarschaft. Auch an Tran mangelte es noch nicht, um das kalte Haus behaglich zu machen, nur der letzte Speckbeutel zeigte bald den Boden. Wir beschlossen daher, gemeinsam auf die Eisjagd zu gehen.

Am Tage der Übersiedelung waren alle zeitig auf den Beinen. Aus den Hausgängen wurden Haufen von Kochgeschirr und Schüsseln ins Freie gebracht, dazu große Bündel Rentierfelle und mächtige Stapel von Männertrachten, Frauenkleidern und Kinderzeug. Im Halbdunkel der Schneehütten schien das alles nichts gewesen zu sein, da hatte sich jedes Ding in den Werktag eingeordnet und für den Gebrauch seinen bestimmten Platz innegehabt. Aber draußen im Freien herrschte die gleiche unbarmherzige Stimmung über dem Durcheinander wie daheim bei einem Umzugstag.

Als die Schlitten endlich mit der manneshohen Ladung bepackt und bespannt waren, wurde ich Zeuge, wie man hier oben ein Neugeborenes seine erste Schlittenreise antreten lässt.

Im Hintergrunde des Hauses wurde ein Loch gemacht, da hindurch kroch »Daumens« Frau mit der kleinen, neugeborenen Tochter im Arm. Dann stellte sie sich vor der Schneehütte auf und wartete. Aua, der als Zauberer eine Art Seelsorge für sie alle ausübte, ging behutsam an das Kind heran, entblößte das Köpfchen und sprach, den Mund dicht an das Gesicht des Kindes gelegt, ein heidnisches Morgengebet:

Ich hebe mich vom Lager mit Gebärden,
Die gleichen eines schnellen Raben Flügelschlag.
Ich hebe mich,
Den Tag zu grüßen,
Wa – wa.

Mein Antlitz wendet sich ab vom Dunkel der Nacht
Und schaut zum Morgenrot,
Das weiß wird.

Es war die erste Reise des Kindes; diese Hymne an den Tag hatte die Kraft einer Zauberformel, die ihm allezeit Glück geben sollte im Leben.

Zu dem neuen Lagerplatz drunten bei den Schneewehen war nicht mehr als eine Stunde Fahrt, trotzdem verging der Rest des Tages mit dem Hausbau und der Einrichtung. Nichts macht mehr Freude, als Schneehütten zu bauen, es wäre denn der Augenblick des Einzuges, wenn die Specklampe angezündet wird und das spiegelnde, glitzernde Licht sich in der weißen Deckenkuppel bricht. Niemals wohl werde ich müde werden, von der Traulichkeit in diesen primitiven Hütten zu reden, von der Wärme und Festlichkeit, die ich nirgends anderswo je so stark gefühlt habe.

Noch ein Tag musste auf das Nachsehen der Gerätschaften für den Eisfang verwandt werden, dann konnten wir endlich zum Meere ziehen.

Eine gute Meile vom Lande entfernt befindet sich die Grenze für das feste Wintereis, unmittelbar davor treibt das Packeis mit Wind und Strom auf und nieder. Ein schwacher Landwind öffnet bereits einige Waken; das ist der Strich, dem die

Walrosse mit Vorliebe folgen, um auf Grund zu tauchen und zu fressen.

Aua und ich hatten gleich den anderen Jägern hinter einem großen Presseisblock Lee gesucht und besaßen eine gute Aussicht über das Terrain. Stets ereignete sich da draußen etwas, das uns alte Jagderinnerungen ins Gedächtnis rief. An der Kante des festen Wintereises lag schweres Packeis und scheuerte gegen jedes Hindernis, sodass stöhnende und seufzende Laute vom Meere zu uns drangen. Sobald sich eine Wake öffnete, schlug der Frostrauch wie ein blauer Nebel hoch, dort konnten wir die schwarzen Walrossrücken erkennen, die aus dem Meere aufschossen. In langen Atemzügen holten sie Luft – wie ein Pusten klang es –, dann tauchten sie wieder zu ihren Futterplätzen unter See.

»Tier und Mensch stehen einander nah«, sagt Aua, »deswegen glaubten unsere Vorväter, dass man bald Tier, bald Mensch sein könne.«

Kurz vor Einbruch der Dunkelheit erlegten wir ein Walross. Das gab eine große Freude im Lager. Ein ausgewachsenes Walross bedeutet Fleisch und Speck für lange Zeiten, und wir waren nur einen Tag auf Jagd gewesen. Wohlstand war ins Haus gekommen. Wir brauchten nicht länger mit dem Speck für die Lampe zu sparen, nun gab es Nahrung für uns und unsere Hunde.

Wir feierten den Walrossfang mit einer Festmahlzeit, die aus Herz, Leber und den fetten Bruststücken des Tieres bestand, dazu trank man eine Fleischbrühe, die uns warm durch den Körper rieselte. Aua war ein hervorragender Erzähler, trotzdem hatte ich auf dem Wunsch bestanden, dass unsere Bekanntschaft unter Wahrung aller Formen und ohne jede

Dringlichkeit von meiner Seite eingeleitet werden sollte. Dennoch regte es sich wie eine Versuchung in mir zu wissen, ich brauchte bloß zu fragen, und sofort würden diese Menschen die Tiefen ihrer Seele öffnen und schlicht und aufrichtig mit primitiver Weisheit von vielen wunderlichen Dingen erzählen, die aus der Wiegenzeit der Menschheit stammten. Es ist ein Erlebnis, das mich immer wieder überwältigt, dass man in unseren gehetzten Tagen wirklich noch auf Menschen stoßen kann, die soeben aus der Hand der Natur gekommen zu sein scheinen.

Aua und ich sind ganz oben auf die Bank geklettert, halb nackt, nur in ein paar weiche Kalbsfelle gehüllt, und rauchen beide Tabak. Alle übrigen Hausgenossen haben sich im offenen Kreis um uns gelagert. Aua hat mir gestattet, nach allem zu fragen, und sich verpflichtet, auf alles Antwort zu geben. Gastfreier kann ein Wirt nicht sein. Und hier sitze ich nun und plage ihn mit ernsthaften Fragen, nur weil ich mir vollends klar werden will, ob die Grundlinien in ihrer Religion auch ganz die gleichen wie die in Grönland sind. Ob Aua wohl je einen seltsameren Gast gehabt hat?

Die Herrscherin der Seetiere auf dem Meeresgrund ist es, die sie vor allem fürchten. Sie trägt die Schuld an allen Konflikten im Leben. Wie oft habe ich nicht von ihr in Grönland gehört! Und nun frage ich Aua:

»Was weißt du von der Mutter der Seetiere?«

Aua setzt sich zurecht. Mit lebhaften Handbewegungen und mit einer Stimme, die sich hebt und senkt und durch ihren Rhythmus uns alle in Atem hält, beginnt er von den tiefsten Wahrheiten zu erzählen.

»Es war einmal ein Mädchen, das wollte nicht vermählt werden. Sie lebte zu Hause bei ihrem Vater und verschmähte alle Männer, die zu ihr kamen. Eines Tages, als der Vater auf der Jagd war, kam ein Mann im Kajak und legte an ihrem Wohnplatz an. Er rief zum Hause hinauf:

›Die nicht heiraten will, soll herauskommen!‹

›Das muss wohl ich sein‹, sagte die Jungfrau, und sie, die sonst immer Nein zu allen Aufforderungen gesagt hatte, holte ohne ein Wort ihre kleine Tasche heraus, welche aus dem Gewebe bestand, das die Walrossniere zusammenhält, und stieg zu dem fremden Mann in den Kajak. Er saß hoch im Sitz und hatte Brillen vor den Augen. Sie setzte sich oben auf den Kajak, und er ruderte mit ihr fort. Als sie ein Stück hinausgekommen waren, legte er bei einer kleinen Eisscholle an, und indem er ausstieg, begann er sie auszuhöhnen:

›Siehst du nun, dass ich auf einem Schemel sitze? Siehst du nun meine Augen?‹ Und das Mädchen sah, dass seine Augen rot und hässlich waren und dass ein kleiner Mann vor ihr stand, der nur groß aussah, weil er auf einem Schemel saß. Sie brach in Tränen aus, aber der Mann verlachte sie. Er war ein Sturmvogel in Menschengestalt.

Danach entführte er sie zu seinem Wohnplatz, und hier lebte sie in seinem Zelt, das aus lauter blanken schwarzen Häuten von jungen Robben genäht war, die in der Sonne strahlten. Nach einiger Zeit bekam sie ein Kind.

Der Vater des Mädchens sorgte sich um seine Tochter, und er reiste aus und fand sie eines schönen Tages, während der Sturmvogel draußen auf Jagd war, und nahm sie mit sich nach Hause. Der Sturmvogel entdeckte jedoch die Flüchtenden und holte sie ein.

Da der Vater ihn kommen sah, deckte er die Tochter mit

einer Haut zu, sodass sie ganz verborgen blieb. Aber der Sturmvogel umkreiste sie und rief:

›Lass mich doch nur die lieben, kleinen Händchen sehen!‹

Der Vater erwiderte höhnend: ›Hat denn so einer wie du Frauen mit kleinen Händchen? Du bist ja lauter Schemel, du bist ja lauter Brille!‹

Da wurde der Sturmvogel böse und flog über das Frauenboot hin. So stark schlug er mit den Flügeln, dass ein Sturm zu blasen anhob. Die See bäumte sich hoch, und das Boot zog Wasser.

Wiederum rief der Sturmvogel: ›Nur ihre Hände, ihre lieben kleinen Hände muss ich sehen dürfen!‹

Aber niemand antwortete.

Da flog der Sturmvogel wieder rund ums Frauenboot, und als er mit steifen, ausgebreiteten Schwingen darüber hinfuhr, ging ein solcher Windstoß von seinen Schwingen aus, dass das Boot zu kentern begann. Da wurde dem Vater bange, und er warf seine Tochter über Bord. Als sie sich an den Bootsrand klammerte, schlug er ihr das äußerste Glied der Finger ab. Als die Glieder ins Wasser fielen, tauchten ums Boot Seehunde auf, und da sie sich immer noch mit den Stümpfen ihrer Hände anklammerte, schlug er mehrere Glieder von den Händen ab; diesmal tauchten bärtige Seehunde und Walrosse auf. Schließlich hatte sie nur noch die Armstümpfe übrig; da konnte sie sich nicht länger festhalten und sank unter. Sie sank auf den Grund des Meeres, dort wurde sie zum Weibe, das über die Seetiere herrscht. Wir nennen sie Takanalukarnaluk (das Weib in der Tiefe).

Der Vater, der bereute, dass er seine Tochter geopfert hatte, ging nach Hause, legte sich auf den Strand und ließ sich von der Flut hinwegspülen. Auf diese Weise kam er zu ihr hinab. Während das Mädchen sich an den Menschen rächt, indem sie ängstlich über alle Fangtiere wacht, liegt ihr Vater auf der Schlafbank und straft alle die Menschenseelen, die hier im Leben gesündigt haben. Sie müssen auf dem Meeresgrund erst geläutert werden, ehe sie ins Land der Toten kommen.«

»Das Land der Toten, wo ist denn das? Wohin kommen die Menschen, wenn sie sterben?«, frage ich.

»Wenn die Menschen sterben, verlassen ihre Seelen die Erde. Es gibt zwei Orte, zu denen sie fahren können. Einige kommen in den Himmel und werden Uvdlormiut, Tagvolk. Ihr Land liegt gegen Tagesgrauen. Andere kommen unter das Meer hinab, wo sich ein schmales Land mit Meer zu beiden Seiten befindet. Sie werden Qimiujarmiut genannt, das Volk des schmalen Grates. An beiden Orten ist es gut sein, und es herrscht immer Überfluss an Nahrung.

Ins Tagland kommen nur die Menschen, die im Meer ertrunken sind, oder diejenigen, die durch Mord gefallen sind. Es ist das Land der frohen und glücklichen Menschen, groß und mit vielen Rentieren; das Volk lebt dort nur um der Freude willen. Sie spielen beinahe immer Ball, Fußball mit dem Schädel eines Walrosses, scherzend, lachend und singend. So geschickt spielen die Leute von Tagland, dass der Walrossschädel nach dem Tritt immer auf die Stoßzähne fällt. Dies Spiel der Seelen mit dem Walrossschädel sehen wir von der Erde aus als Nordlicht. Darum hat das Nordlicht auch einen Laut, einen flötenden, zischenden, pfeifenden Laut. Das ist die Bewegung der Seelen. Wenn man in einer Nordlichtnacht draußen steht und hört diesen Laut, so braucht man nur zu flö-

Alle Jungen haben ihre eigenen kleinen Schlitten, und mit ihnen rodeln sie den ganzen Tag die Eishügel beim Wohnplatz hinab.

ten, dann werden alle Nordlichter zusammenströmen und gleichsam näher kommen.

Die großen Geisterbeschwörer unseres Landes besuchen das Tagvolk oft und stets nur um der Freude willen. Wir nennen einen solchen Zauberer Pavungnartut (der zum Himmel aufsteigt). Wenn er auf diese Reise geht, setzt er sich hinten auf eine Bank, ein Vorhang aus Tierhaut muss ihn vor allen Menschen verbergen, die im Hause versammelt sind. Zuvor muss er gebunden werden. Seine Hände sollen auf den Rücken geschnürt, sein Kopf muss an die Kniegelenke geschnallt werden. Er darf nur Hosen anhaben, sodass sein Oberkörper und die Beine nackt sind. Wenn das geschehen ist, nimmt der Mann, der ihn gebunden hat, ein wenig Glut von der Lampe auf eine Messerspitze und fährt damit über seinen Kopf, zeichnet Ringe in die Luft und sagt: ›Niorruarniartoq aifale‹ (der jetzt auf die Reise soll, mag abgeholt werden!).

Danach werden alle Lampen ausgelöscht, und alle Gäste im Hause schließen die Augen. So sitzt man lange, ein tiefes Schweigen liegt über dem Hause. Endlich, nach einer Stunde, dringen allmählich fremde Laute ans Ohr der Gäste, man hört ein Zischen, das hoch, hoch aus der Luft zu kommen scheint: schnurrende, flötende Laute, plötzlich ruft der Geisterbeschwörer aus allen Kräften:

›Halala – halalale, halala – halalale!‹

Im gleichen Augenblick sollen alle Gäste des Hauses mit aller Kraft rufen: ›Alé-alé-alé.‹ Wie ein Sausen geht es durch die Schneehütte, alle wissen, dass nun eine Pforte für die Seele des Geisterbeschwörers offen steht, eine Öffnung gleich dem Atemloch eines Seehundes; durch diese fliegt die Seele gen Himmel, und alle Sterne, die einmal Menschen waren, helfen ihr dabei. Alle Seelen fahren nun auf dem Wege der Seele auf und nieder, um ihn für den Zauberer offen zu halten, einige fahren abwärts, andere fliegen auf, und die ganze Luft hallt von Flöten und Sausen wider:

›Pfft–pfft–pfft!‹

Das sind die Sterne, die für die Seele des Geisterbeschwörers flöten; die Gäste des Hauses sollen jetzt versuchen, die Menschennamen der Sterne zu erraten, die Namen, die sie trugen, als sie noch auf Erden lebten. Wenn das gelingt, so hört man zwei kleine, kurze Pfiffe: ›Pfft, pfft‹, und danach einen dünnen, schrillen Laut, der sich hoch im Himmelsraum verliert.

Das ist die Antwort der Sterne und ihr Dank dafür, dass man ihrer noch gedenkt. Oft bleibt ein Geisterbeschwörer lange fort auf Besuch, dann pflegen seine Gäste sich selbst zu unterhalten und alte Lieder zu singen, immer mit geschlossenen Augen. Man erzählt, dass im Taglande die Freude groß ist, wenn ein Zauberer auf Besuch kommt. Sie gewahren ihn nicht sofort, denn sie sind mit ihrem Spiel, ihrem Gelächter, ihren Ballkämpfen beschäftigt. Plötzlich hört man den Ruf: ›Niorruarsiut – niorruarsiut!‹ (Besuch, Besuch) über das Feld erschallen, und sogleich stürzen alle Leute aus den Häusern. Die Hütten haben keinen Hausgang, keinen Ein- oder Ausgang, deshalb kommen die Seelen überall heraus, wo sie Lust haben, durch die Wand, durch das Dach. Sie steigen geradeswegs durch das Haus, und obwohl man sie sieht, sind sie doch nichts, und wo sie herauskommen, da sind keine Löcher im Haus. Sie eilen dem Ankömmling entgegen, froh, ihm zu huldigen, froh, ihm Willkommen zu bieten, weil sie glauben, er sei eines toten Mannes Seele wie sie selbst. Erst wenn er sagt: ›Putdlaliuvunga‹ (ich bin noch aus Fleisch und Blut), wenden sie sich enttäuscht ab.

Oben im Taglande fällt der Riemen, mit dem der Geisterbeschwörer gebunden ist, von selbst ab, und nun spielen die Toten, die immer ausgelassen sind, Ball damit. Jedesmal, wenn sie den Riemen hochschleudern, fliegt er weit durch die Luft und gleicht allerhand Wesen, bald einem Rentier, bald einem Bären, bald einem Menschen.

Wenn der Geisterbeschwörer sich eine Weile unter den fröhlichen Abgeschiedenen vergnügt hat, kehrt er wieder zu seinem alten Wohnplatz zurück. Die Gäste, die ihn mit geschlossenen Augen erwarten, hören hinten auf der Schneebank einen kräftigen Plumps, und gleich darauf kommt der Riemen, mit dem er gebunden war, sausend geflogen. Er fällt nicht hinter dem Vorhang herab, sondern saust mitten zwischen die wartenden Hausgenossen. Der Zauberer aber ist atemlos und müde und ruft nur:

›Pjuh – he – he – he!‹

Später erzählt er von allem, was er erlebt hat.

Ins Land des schmalen Grates kommen alle die Menschen, die im Haus oder im Zelt an einer Krankheit gestorben sind. Sie dürfen nicht wie die anderen sofort ins Land der Seelen auffahren, weil kein gewaltsamer Tod sie gereinigt hat, sie müssen vielmehr hinab zu dem Weibe unter dem Meere, um dort ihre Sünden abzubüßen. Die schwersten Sünden für Weiber sind heimliche Geburten, für Männer Vergehen wie etwa die, dass sie zu einem Tier oder gar zur Erde selbst in einem schändlichen Verhältnis gestanden haben. Die Sünder müssen ein volles Jahr oder mehr bei dem Vater des Weibes leben, der sie auf alle Art misshandelt und peinigt, namentlich durch Schläge auf ihre Geschlechtsteile. Erst wenn ihre Vergehen gesühnt sind, kommen sie hinauf ins Tagland und leben dort ebenso glücklich wie die Sündenlosen.

Das Land des schmalen Grates ist ein Meerland, voll von aller Art Seetieren, dort wird ein gewaltiger Fang betrieben in Glück und Freude.«

»Die Reise zum Taglande oder zum Land des schmalen Grates ist eine Lustreise. Aber gehen die Geisterbeschwörer nicht auch auf andere übernatürliche Reisen, die ein besonderes Ziel haben?«, frage ich. Aua antwortet freundlich:

»Doch! Wenn der Fang missrät, muss ein Geisterbeschwörer unter das Meer hinab zu der Herrscherin der Seetiere, um ihr die Tiere zu entreißen, über die sie allzu geizig wacht. Die Vorbereitungen zu einer Niederfahrt auf den Meeresgrund sind ganz dieselben wie für eine Reise ins Tagland. Alle Gäste im

Hause müssen wieder mit geschlossenen Augen dasitzen, nichts an ihrer Kleidung darf stramm sitzen. Ihre Leibriemen und ihre Schnürbänder in den Pelzstiefeln müssen gelöst werden. Dann setzt der Geisterbeschwörer sich auf seinen Platz. Ist es Winter und lebt man in der Schneehütte, so soll er zuhinterst auf der Bank auf dem bloßen Schnee sitzen; ist es Sommer und lebt man im Zelt, dann auf der bloßen Erde. Hier bleibt er eine Weile sitzen und ruft ohne Unterlass seine Hilfsgeister an, indem er ständig wiederholt: ›Tagfa arqutinilerpoq – tagfa neruvtulerpoq!‹ (Der Weg wird mir bereitet, der Weg öffnet sich vor mir.)

Alles Volk im Hause antwortet dann im Chor: ›Taimalilerdle!‹ (So soll es sein.)

Wenn der Schwarm der Hilfsgeister endlich herbeigekommen ist, öffnet sich die Erde unter dem Beschwörer, manchmal schließt sie sich allerdings sogleich wieder, zu guter Letzt ruft er:

›Nun ist der Weg mir offen!‹

Worauf alle im Hause antworten: ›Möge der Weg ihm offen bleiben!‹

Nun hört man, erst unter der Bank und später unter dem Hausgang und unter der Erde, stets den gleichen Ruf: ›Halala – he – he – he, halala – he – he – he!‹ Der Laut entfernt sich mehr und mehr und hört schließlich ganz auf. Dann weiß man, er ist auf dem Wege zur Herrscherin der Seetiere.

Unterdessen vertreiben sich die Leute im Hause die Zeit mit dem Singen von Geisterweisen; hierbei kann es geschehen, dass die Kleider, die der Beschwörer abgeworfen hat, lebendig werden und im Hause umher über die Köpfe der Gäste, die mit geschlossenen Augen singen, dahinfliegen. Dazwischen hört man tiefe Seufzer und die Atemzüge von längst Gestorbenen. Dies sind die Namenseelen des Geisterbeschwörers, welche ihm zu Hilfe kommen. Sobald man sie beim richtigen Namen nennt, hören die Seufzer auf und Totenstille herrscht im Hause, bis ein anderer Verstorbener zu seufzen beginnt.

Alle Lampen im Hause sind ausgelöscht, man hört nur das Stöhnen, das Seufzen und das Atmen der Toten. Es klingt dumpf und verhalten, wie wenn die Geister wie Seetiere im Wasser und im Meere wären; zwischendurch hört man ein Plätschern und ein Pusten von Tieren, die Luft holen. Ein Lied namentlich wird dabei ständig wiederholt. Nur der Älteste im Stamme hat das Recht, es anzustimmen:

Wir strecken die Hände aus,
Zu helfen Deinem Aufstieg.
Wir sind ohne Speise,
Ohne Beute an Tieren.
In der Höhlung, der Pforte, der Haustür
Erscheine, tauche auf,
Grabe Dich hoch, tauche auf.
Wir sind ohne Speise,
Und wir legen uns nieder,
Und wir strecken die Hände aus,
Zu helfen Deinem Aufstieg.

Vor den großen Geisterbeschwörern öffnet sich der Weg – durch die Erde ins Meer hinab – von selbst, sie fahren ihn hinab, ohne auf Hindernisse zu stoßen, gleichsam wie im Fall durch ein Rohr, das die Namenseelen offen halten, damit der Zauberer wieder zurückkehren kann. Kommt er zum Hause des Weibes und findet, dass davor eine Windmauer errichtet ist, dann ist sie dem Menschen feindlich gestimmt. Der Beschwörer soll sich dann sofort gegen die Mauer werfen und sie über den Haufen treten und der Erde gleich machen. Ihr Haus ist wie ein gewöhnliches Menschenhaus, nur das Dach fehlt, nach oben zu ist alles offen, damit sie von ihrem Platz bei der Lampe die Wohnplätze der Menschen im Auge behalten kann. Alle Arten von Fangtieren, Robben, bärtige Seehunde, Walrosse und Wale, sind rechts von ihrer Lampe in einer Wake versammelt, wo sie pustend und atmend daliegen. Nur für die Haie hat sie einen anderen Platz, diese leben in ihrem Nachttopf, weswegen auch Haifleisch nach Urin schmeckt.

Das einzige Hindernis für den Eintritt des Geisterbeschwörers ist ein großer Hund, der quer vor dem Hauseingang liegt und den Weg versperrt. Man sagt, dass sie mit dem Hund verheiratet war, bevor sie vom Sturmvogel entführt wurde. Der Hund zeigt die Zähne und knurrt gefährlich wie ein bissiges Tier, das nicht gestört werden will; oft liegt er da und knabbert an den Knochen eines Menschen, der noch lebt. Ohne zu zögern und Furcht zu zeigen, soll der Zauberer ihn zur Seite schieben und ins Haus springen. Hier stößt er auf den Vater, der ihn packen und zu den Seelen sperren möchte, die ihre Sünden büßen. Daraufhin muss er hurtig sagen: ›Ich bin noch aus Fleisch und Blut!‹, dann geschieht ihm nichts. Zum Zeichen ihres Zornes sitzt die Mutter der Seetiere mit dem Rücken zur Lampe, mit dem Rücken zu allen Fangtieren, die sie sonst zu den Küsten hinaufsendet. Ihr Haar, über ihr Antlitz und ihre Augen hinabgespült, ist unordentlich und zerzaust. Sogleich beim Eintritt soll der Geisterbeschwörer sie bei der einen Schulter fassen und ihr Antlitz zur Lampe und zu den Tieren hinwenden, er soll ihr übers Haar streichen und es freundlich glätten. Er sagt:

›Die da oben dürfen den Seehunden nicht mehr an den Vorderflossen aus dem Meere helfen.‹

Darauf antwortet das Weib: ›Eure eigenen Sünden und die Leichtfertigkeit Eurer Weiber mit den Geburten sperrt den Weg.‹

Der Zauberer muss jetzt alle seine Kunst aufwenden, um ihren Zorn zu beschwichtigen. Sobald sie besänftigt ist, greift sie nach den Tieren und lässt sie einzeln auf den Boden fallen. Es beginnt ein Wehen, wie wenn ein Stromwirbel sich im Hause erhöbe, und die Tiere verschwinden im Meere. Das bedeutet Großfang und Überfluss.

Nun ist es für den Zauberer an der Zeit, zu seinen wartenden Lagergefährten zurückzukehren. Man hört ihn schon von weitem heraneilen. Der Braus seiner Fahrt kommt näher und näher, mit einem gewaltigen ›Plu – a – he – he!‹ taucht er bei seinem Platz hinter dem Vorhang auf: ›Plu – plu‹, wie ein Seetier, das, seine gewaltigen Lungen zusammengepresst, aus der Tiefe aufschießt.

Einen Augenblick ist es still. Keiner darf dies Schweigen brechen, bis der Zauberer sagt: ›Ich habe etwas auszurichten.‹

Alle im Hause antworten: ›Lass uns hören, lass uns hören!‹

Und der Beschwörer fährt in der feierlichen Sprache der Geister fort: ›Wort will aufsteigen!‹

Und dann müssen alle im Hause den Bruch des Tabus bekennen, dessen sie sich schuldig gemacht haben.

›Vielleicht ist es meine Schuld‹, fällt man einander ins Wort. Mann und Frau ruft, voll Angst vor Missfang und Hunger, und man beginnt von all dem Unrecht zu erzählen, das man begangen hat. Der Name eines jeden, der im Hause ist, wird genannt, alle müssen bekennen; auf diese Weise erfährt man viel, von dem niemand etwas geahnt hat. Jeder bekommt die Heimlichkeiten des andern zu hören. Aber trotz aller Sünden, die zum Vorschein kommen, spricht der Beschwörer oft wie ein Unglücklicher, der sich irrt, immer wieder bricht er in die Worte aus:

›Ich suche die Gründe in Dingen, die nicht geschehen sind, ich rede wie ein Unwissender!‹

Dann geschieht es plötzlich, dass jemand mit einer heimlichen Sünde hervorkommt, die er hatte verbergen wollen, und dann bricht aus dem Geisterbeschwörer eine große Erleichterung hervor: »Das war es! Das war es!« Oft sind es die ganz jungen Mädchen oder junge Frauen und Männer, die gesündigt haben und schuld an dem Unglück sind, das die Siedlung getroffen hat. Sind aber die Weiber jung und treten sie weinend und bekennend vor, so ist dies immer ein Zeichen, dass es gute Weiber sind. Denn im Bekenntnis liegt die Vergebung. Eine große Freude darüber, dass ein Unglück abgewendet ist, erfüllt alle, und man ist ganz sicher, dass es am Tage darauf von Fangtieren wimmeln wird. Schließlich ist es fast so, dass man denen, die gesündigt haben, dankbar ist.«

»Verstehen alle Geisterbeschwörer die Kunst, zur Herrscherin der Seetiere niederzufahren und den Menschen Wohlstand zu schaffen?«

»Nein, nur ganz wenige und nur die allergrößten. Am unfehlbarsten von allen, die ich gekannt habe, war Uvavnuk, eine Frau. Als sie eines dunklen Winterabends hinausgegangen war, um ihr Wasser zu lassen, zeigte sich plötzlich eine leuchtende Feuerkugel am Himmel, welche zur Erde niedergefahren kam, und zwar gerade auf die Stelle zu, wo sie hockte. Sie wollte flüchten, aber während sie davonlief, wurde sie von der Feuerkugel getroffen; sogleich fühlte sie, dass ihr ganzes Inneres leuchtend wurde. Sie verlor das Bewusstsein und war von diesem Augenblick an ein großer Geisterbeschwörer. Der Geist der Feuerkugel hatte in ihr Wohnung genommen, und man erzählte, dass dieser Geist in zwei Teilen geschaffen war: Die eine Seite war wie ein Bär und die andere wie ein Mensch gebildet, der Kopf war der eines Menschen, aber die Fangzähne waren die eines Bären.

Uvavnuk kam halb bewusstlos ins Haus gelaufen und sang ein Lied, welches seitdem ihre Zauberformel geworden ist, wenn sie die verborgenen Dinge untersuchen sollte, um den Menschen zu helfen. Und als sie sang, war sie sinnlos vor Freude, und alle im Hause kamen außer sich und reinigten ihren Sinn von aller Bürde und lösten ihren Körper von aller Sünde. Sie hoben die Arme und warfen alles fort, was Arg und Bosheit hieß – sie bliesen es fort wie ein Stäubchen von der Handfläche.

Dies war ihr Lied:

> Die große Meerflut setzt mich in Bewegung,
> Setzt mich in Trift,
> Ich treibe, wie die Alge mit dem Fluss treibt.
>
> Das Himmelsgewölbe bewegt mich, und die gewaltige Luft
> Bewegt meinen Sinn
> Und wirft in den Staub mich:
> Ich bebe vor Freude.«

Gespannt hatten wir alle diesen Berichten gelauscht, und niemand hatte bemerkt, dass die Frauen ihre Pflicht versäumt hatten, sodass die Lampen am Erlöschen waren.

Rings auf den großen Schneebänken lagen Männer und Frauen, ergriffen von der Stimmung des Abends, und wagten nicht, sich zu rühren. Ein gläubiger Geisterbeschwörer hatte einen Zipfel des Vorhangs zum unbekannten Lande gelüftet, von dem nur er Kunde hatte.

V

Neue Freunde

Ende Februar / Anfang März 1922

Auf dem Weg zur Eiskante draußen vor der Vansittart-Insel, wo wir an den offenen Waken Walrossfang betrieben.

Das Gerücht von den weißen Männern auf der Däneninsel hatte sich schnell nach den umliegenden Siedlungen ausgebreitet, und viele Leute kamen, um uns zu sehen. Vor meiner Reise zu den Binnenlandstämmen wollte ich gerne die Küsteneskimos ein wenig näher kennenlernen; deswegen empfing ich diese Besuche mit Vergnügen, während meine Hunde ausruhten. Wir hatten zwei Familien zu uns herangezogen, Patdloq und sein Weib Takornaoq und den Netsiliker Taparte mit seinem Weib Apak, einer Tochter unseres Freundes Aua und einer Sachverständigen im Nähen.

Wir waren genötigt, die Walrossjagden nach der Heimkehr zum »Blasebalg« wieder aufzunehmen, da die Kameraden von Kap Elisabeth bei der Vergrößerung des Fleischdepots, das wir ihnen hinterlassen hatten, wenig erfolgreich gewesen waren. Wir wurden deshalb eines Tages durch den Besuch des »Daumens« überrascht, welcher so viel von unserem eben heimgebrachten Fleisch holen kam, als Auas leichtlaufender Riesenschlitten nur fassen konnte. Der dadurch eintretende Fleischmangel zwang uns daher ab und zu, das Südostende der Vansittart-Insel aufzusuchen, wo wir während einiger Wochen jagten, und zwar mit dem Ergebnis, ein Walross zu erlegen.

Wir hatten unsere kleine Fanghütte gleich draußen bei der Eiskante errichtet, um immer gerüstet zu sein, wenn ein Walross durch das Neueis auftauchen sollte. Aber die Tage waren lang und sauer, erst die Abende in der Schneehütte verwandelten alles in Genuss. Da war Wärme, die uns auftaute, und Mahlzeiten, die uns die Zunge lösten. In diesen Stunden, die dem Einschlafen vorausgingen, frischten wir viele halbvergessene Erlebnisse wieder auf. Patdloq sprach viel von seinem kleinen Pflegekind »Diskant«, das nicht recht gedeihen wollte.

Während wir anderen auf der Bank lagen und die sorglose Feierabendruhe einsogen, stand er stundenlang aufrecht, hielt die Augen geschlossen und sang eine alte Zauberweise ohne viel Worte. Er wiederholte sie so oft, dass ihr kurzer Text Form bekam und wir des Lebens Kraft und Vergänglichkeit in den wenigen Worten vor uns sahen, die er mit einförmiger Stimme immer wieder vor sich hin summte:

Du Erde,
Du große Erde,
Siehst du diese Haufen
Von bleichenden Knochen,
Dieses verdorrte Gebein,
Das bröckelte hin
Vor der Kraft
Von des gewaltigen Weltraums
Luft?
He – he he!

Die Worte fielen in einem festen Takt aus seinem Munde und gingen in lange Zwiegespräche mit heimlichen Geistern über. Schließlich schien er zu einem Ergebnis zu kommen, denn plötzlich schlug er die Handflächen zusammen und blies frischen Menschenatem darüber hin, wobei er ausrief: »Hier ist es! Hier ist es!« Worauf Taparte sogleich antwortete: »Dank. Dank, du hast es!«

Patdloq trat nun zu uns und erklärte, dass »Diskant« im letzten Sommer mit auf einer Seereise gewesen sei, wo man ein Segel aus dem Besitz eines inzwischen Verstorbenen benutzt habe. Ein Luftzug vom Land der Toten hatte das Kind gestreift, und nun war es krank, weil es von den Menschen

Stunde auf Stunde standen wir in der beißenden Kälte draußen an der Eiskante, die Harpune wurfbereit, und warteten auf die Walrosse.

fortverlangte. Ich fragte ihn, wie die merkwürdigen Worte entstanden seien, die ihm immer neue Gedanken gäben, und er antwortete, dass sie von seinem Vater stammten. Sein Vater liebte die Einsamkeit, und als er sich eines Tages im Freien erging, kam ein Rabe, der weiseste von allen Vögeln, über ihn dahin geflogen. Er schoss ihn mit seinem Bogen, und als das Tier im Todeskampf vor ihm lag, sprach er diese Worte über das sterbende Wesen. Die Worte kamen ihm von selbst, und nach und nach wurden sie ihm zur Zauberformel, die Patdloq dann erbte …

Wir lagen alle auf den Bänken und warteten darauf, dass der Topf kochen sollte. Die Abende waren lang, und wir hatten viel Zeit, darum kochten wir über der Specklampe, um Petroleum zu sparen. Sie spendete gleichzeitig Licht und Wärme und schärfte unseren Appetit, weil das Kochen dreimal so lange dauerte. Eine Harpune war über der Lampe in die Schneewand gesteckt, und daran hing der Topf über der langen gelben Flamme des Moosdochtes. Wir waren hungrig nach den Eiswanderungen eines langen Tages, das Gespräch wurde träger und träger, und die Augen hingen an den roten Fleischstückchen, die niemals gar zu werden schienen. Da macht der Topf plötzlich einen Sprung und schwingt hin und her. Die Wärme hat die Harpune in der Wand herabsinken lassen, und die Fleischstückchen springen in der Suppe umher.

Patdloq steht noch unter der Nachwirkung der Erregung, welche die Zauberweise in ihm hervorgerufen hat: Er springt von seinem Sitz auf und verlangt, dass wir das Lager sofort landeinwärts auf das alte Festeis verlegen sollen. Wir liegen zu nahe am offenen Meer und erfüllen die Futterplätze der Walrosse mit unserem üblen Geruch; die Mutter der Seetiere ist böse, und sie hat uns ihr Missfallen zu erkennen gegeben, indem sie die Fleischstücke lebendig machte! Das ist eine Warnung, vor der wir uns beugen müssen!

Aber niemand von uns hatte Lust, mitten in der Abenddunkelheit aufzubrechen, es würde mehrere Stunden kosten, bis wir wieder eingerichtet wären, und weitere Stunden, bis wir etwas zu essen bekämen. Deshalb blieben wir, wo wir waren, und krochen ruhig in unsere Schlafsäcke, nachdem wir uns satt gegessen hatten.

Niemand von uns ahnte, wie recht Patdloq hatte; am nächsten Morgen sollte ihm eine große Genugtuung zuteilwerden. Als wir erwachten, sahen wir zu unserem Schrecken eine Spalte quer durch den Boden gehen. Sie war zwar schmal, aber doch so breit, dass das Salzwasser hindurchplätscherte. Das Dach der Schneehütte hatte sich am Eingangsloch vollständig gesenkt; als wir einen Schneeblock herausschlugen, hatten wir die schwarzen Dünungen des Meeres unmittelbar vor uns. Das Eis, auf dem die Schneehütte stand, hatte sich losgerissen, aber anstatt aufs Meer war es gegen einige hohe Stauungen getrieben worden, die von einem kleinen Holm gehalten wurden.

Diesmal widersprach niemand, als Patdloq das Lager abbrach, und wir gingen in Lee einiger Schären, welche das alte Eis mit unverwüstlichen Klammern festhielten.

Einige Stunden später waren wir wieder bei der Eiskante draußen. Der Wind hatte sich gelegt, aber die letzten langen Dünungen bewegten das Meer so stark, dass sich trotz der starken Kälte kein Neueis bilden konnte. Zwar legte sich eine Kruste über das Wasser, sie hatte aber nicht Zeit, sich zu stauen; jedesmal, wenn ein Wellenschlag durchbrach und das Wasser über das Eis rieselte, löste sie sich auf und verschwand.

Wir standen in Deckung der Eiswälle auf der äußersten Kante und spähten nach Walrossen aus. Stunde auf Stunde war vergangen, ein leichtes Gestöber schüttete kalten Schnee über uns hin, und wir waren trotz unserer warmen Kleidung bald so durchfroren, dass wir nackt im Wetter zu stehen glaubten.

Da – endlich! Ein schnurrender Laut auf dem Eisschlamm ließ uns angespannt horchen, und bald pflügte ein Walrossrücken durch die Kruste, hielt einige Sekunden inne und stieß dann den Kopf hoch, um lang und schwer Atem zu holen. Das Tier war ein wenig zu weit fort, um mit der Harpune erreicht werden zu können, und wir mussten uns damit trösten, dass es gerade auf die Stelle zuhielt, an der wir standen. Es konnte uns nicht sehen, während wir aus unserem Versteck allen seinen Bewegungen zu folgen vermochten. Die kleinen, starken Augen starrten im dösigen Genuss der frischen Luft geradeaus, und wir sahen nur einen Schimmer seiner weißen Stoßzähne, als es langsam Hals und Rücken beugte, um wieder unterzutauchen.

Der Sturm schien seine Mahlzeit gestört zu haben, denn es blieb so lange unten, dass uns die Wartezeit unendlich vorkam. Wir standen stumm und wagten nicht zu atmen, als endlich einige große Blasen, die unter dem dünnen Eis vor uns aufstiegen, sein Kommen ankündigten. So gut waren wir auf den Empfang vorbereitet, dass es nicht einmal Zeit bekam, Luft zu holen. Denn schon stand »Eidervogels« Harpune aufrecht im Wasser, tief eingebohrt in die eine Seite des Tieres. Schaum und laues Blut überspritzte uns – dann war es wieder weg. Aber die Fangleine der Harpune hielt es am Fleck fest, und als es wieder zum Atmen hochkam, machte eine Kugel seinem Todeskampf ein schnelles Ende.

Inzwischen hatte der Wind aufzufrischen begonnen, und da wir, belehrt durch die Erfahrungen der letzten Nacht, kein weiteres Zutrauen zum Eise nahe am Meere hegten, schleppten wir mit Hilfe der Hunde das Walross so weit landeinwärts, dass wir es mit Sicherheit flensen konnten. Die Temperatur betrug ungefähr –45 Grad Celsius, und als wir den Bauch des großen Tieres aufbrachen, schlug uns ein erstickender Dampf von warmem Fleisch und Blut so jäh ins Gesicht, dass uns einen Augenblick übel wurde. Aber es galt, die Körperwärme des Tieres auszunutzen, deshalb beeilten wir uns, es zu zerlegen. Jeden Augenblick gefror das Blut auf den Messern zu dicken, festen Krusten, sodass wir nicht schneiden konnten; um die Messer aufzutauen, stießen wir sie immer wieder ins warme Fleisch. Desgleichen wärmten wir die Hände in dem rauchenden Blut; nach einer Stunde anstrengender Arbeit war der ganze Fang in geschnittenes Fleisch, Speck und große Stücke dicker Haut zerlegt.

Als wir fertig waren, fiel unser Auge auf eine große Eisscholle, die losgelöst in die offene Frozenstraße hinaussegelte. Sie kam gerade von der Stelle, wo wir heute gejagt hatten; unsere Vorsicht hatte uns also vor einer Fahrt bewahrt, die sicherlich unsere letzte geworden wäre.

Unter diesen ungünstigen Verhältnissen gaben wir uns mit dem einen Walross zufrieden, wir hatten nun Kraftfutter genug für die Hunde bis zu unserer Abreise.

Am 11. März kam Helge Bangsted von Auas Lager zurück; endlich konnten wir uns nun ernstlich in unserer Station an die Vorbereitungen zur Langfahrt machen. Wir drängten auf die Abreise, denn wir wussten aus Erfahrung, dass das arktische Frühjahr den Reisenden immer überrascht.

VI

Auf Langfahrt

24. März bis 16. September 1922

Die letzten Dispositionen vor dem Aufbruch von der Däneninsel werden mit Helge Bangsted besprochen.

Die Schlitten standen mit ihrer hohen, schweren Last beladen, und die Hunde, die nach der Kraftfütterung eine lange Ruhe genossen hatten, zerrten im Geschirr und wollten nicht länger warten. Helge Bangsted, »Eidervogel« und Arnaruluk waren schon vorausgefahren, und ich hatte einen Tag in dem menschenleeren »Blasebalg« mit den letzten Reisevorbereitungen zugebracht. Taparte, Apak und Bootsmann hatten die Erlaubnis erhalten, uns ein Stück Wegs zu begleiten; die Menschenscheue und ihr Mann sollten eine Weile den »Blasebalg« beaufsichtigen.

Jetzt sollte es endlich dazu kommen! Wir strebten südwärts zu den Binnenlandeskimos in Barren Grounds, unser erstes Ziel war Chesterfield, die »Hauptstadt« im Gebiet der Hudsonbai. Als wir den »Blasebalg« verließen, glaubten wir Eisenschienen gebrauchen zu können, wie wir sie von Grönland her gewöhnt waren. Aber wie sich schon auf der ersten Tagesreise zeigte, glitten die Schlitten so schwer, dass die Hunde sie nur im Schritt ziehen konnten. Diese Plage würde ihre Arbeitsstimmung schnell herabdrücken, und das durfte nicht geschehen, weil wir in möglichst kurzer Zeit sehr weit und sehr schnell vorwärts kommen mussten. Wir hatten deshalb Eisschoner unter die Schlitten gelegt – eine Methode, die den größten Vorteil bietet.

Solange der Schnee feucht und die Luft nicht zu kalt ist, laufen Eisen- und Stahlschienen leicht. Aber sobald die Temperatur unter 20 Grad Celsius sinkt, beginnen sie im Schnee zu kleben und gleiten schwerer und schwerer, je stärker es friert. Die Kälte macht den Schnee so trocken und pulverartig, dass man in Sand zu fahren glaubt. Der Schlitten pfeift und kreischt im Reibungswiderstand des Schnees, und selbst mit der leichtesten Ladung muss man sich langsam und mühselig vorarbeiten. In früheren Zeiten kannten die Eskimos natürlich keine Eisenschienen, sie flickten die Schienen aus lauter kleinen Stückchen Walrosszahn, Walknochen oder Horn zusammen, die gleichmäßig zurechtgehauen, glatt geschliffen und unter die Kufen gebunden wurden. Diese kunstvollen Schienen hatten ganz die gleichen Eigenschaften wie Eisen und Stahl.

Natürlich hatte man beobachtet, dass Eis am leichtesten auf Schnee glitt. Das Beste würde also sein, wenn man eine Eislage unter die Kufen bringen könnte. Aber wie? Das Eis hielt weder auf Stahl und Eisen noch auf Knochen und Holz fest, und erst sehr langsam kam man darauf, einen Teig von Torf und Wasser zwischen die Kufen und die dünne Eisschicht zu legen. Diese Methode hat sich als unübertrefflich erwiesen, trotz unzähliger anderer Versuche von vielen Expeditionen, die sich alle als schwierig und sehr umständlich erwiesen.

Erst muss der Torf gefunden werden oder, wenn dieser nicht vorhanden ist, Rentierflechte oder Moos. Der Torf muss vollständig von Sand und kleinen Steinen gereinigt werden. Dann wird er aufgetaut, in den Händen geknetet, mit lauem Wasser gemischt und gründlich zu einem dicken Brei geformt, der wie ein Schneeschuh auf die Kufen gelegt wird, am breitesten vorne unter der Aufwärtskrümmung. Selbst in starker Kälte muss man einen Tag warten, bis der Torf wirklich durchgefroren ist, erst dann kann man ihn vermittels eines Stückes Leder mit Wasser bestreichen. Am besten nimmt man lauwarmes Wasser, denn die plötzliche Abkühlung lässt das Eis härter gefrieren und haltbarer werden. Mit diesem Schoner kann man selbst bei schwerster Ladung bedeutende Hindernisse

Wenn der Torfteig auf den Schlittenkufen festgefroren ist, müssen alle Unebenheiten entweder mit dem Hobel oder mit einem scharfen Messer geglättet werden.

nehmen. Während langer Tagesreisen schleift sich die dünne Schicht ab und muss des öfteren erneuert werden, darum ist es notwendig, Wasser mitzuführen, um keine Zeit mit dem Schmelzen von Eis oder Schnee zu verlieren.

Während der Sturmtage war es uns unmöglich, hinauszugehen und Torf zu suchen, wir mussten uns daher auf eine andere Weise helfen. Wir kamen darauf, einen Teig von Mehl und Wasser zu machen. Aber da es vielleicht wie eine unangebrachte Verschwendung aussehen kann, in diesen Gegenden auf Mehlschienen zu fahren, so möchte ich zur Beruhigung sagen, dass die Hunde sie später als einen besonderen Leckerbissen erhielten, sobald milderes Wetter eintrat und die Eisschoner überflüssig wurden.

Mit drei Schlitten ziehen wir über das glatte, festgewehte Eis der Repulsebai; die Hunde, die durchaus nicht verstehen können, warum die Schlitten so leicht geworden sind, legen in so starker Fahrt aus, dass wir bald bis zu einem Schneehüttenlager auf der Westseite der Repulsebai gelangen.

Man nahm uns wie immer gastfreundlich auf. Ein altes Ehepaar hatte sich hier zusammen mit seinen Kindern und nächsten Angehörigen niedergelassen. Als wir durch den langen Hausgang zu ihnen hineinkrochen, entdeckten wir zu unserer großen Verblüffung, dass Rosenkränze über den Specklampen hingen und Kruzifixe in die Schneewände hineingesteckt waren. Der alte Hauswirt, der unsere Gedanken erriet, erzählte uns, dass er weit im Süden einen katholischen Missionar getroffen habe, der ihn und seine Familie bekehrt habe. Ohne irgendwelche Aufforderung schilderte er, wie er in seinem langen Leben viele Walfänger und Handelsleute getroffen und oft mit ihnen zusammengewohnt habe. Diese Menschen hätten sich nur für seine Arbeitskraft und seine Verkaufswaren interessiert, aber der katholische Priester sei der Erste gewesen, der sich mit seinen Gedanken über Leben und Tod beschäftigte. Er war Geisterbeschwörer gewesen und hatte alle Ängste und Leiden durchgemacht, die zum Hellsehen führen. Er war ein ehrlicher Mann gewesen, der an seine Fähigkeit und Macht, in fremde Schicksale einzugreifen, geglaubt hatte. Aber von dem Augenblick an, wo er der Rede des Fremden zu lauschen begann, war es, als ob alle seine Hilfsgeister ihn verlassen hätten. Der Zweifel war in sein Leben getreten, und er fühlte sich einsam und erbärmlich den Aufgaben gegenüber, die seiner Jugend die Kraft verliehen hatten. Da hatte er sich taufen lassen, und seitdem hatte er Ruhe. Seine ganze Familie war seinem Beispiel gefolgt, und nun versuchten sie alle, uns eifrig verständlich zu machen, dass sie anders seien als die Heiden, denen wir bisher begegnet waren. Ihre Stammesgenossen hatten ihnen den Namen Majulasut gegeben; das sind Leute, die hinaufklettern, und damit wollten sie andeuten, dass die Getauften schon bei lebendigem Leibe ihre Bindung an die Erde aufgegeben hatten und nur Lösung suchten aus einem Leben, zu dem sie geboren waren, Übrigens schien das Verhältnis zwischen den Heiden und den Getauften von Duldsamkeit geprägt zu sein; jeder hielt sich eben an das, was ihm als das Beste erschien. Nur waren die Getauften sehr ausdauernd mit ihren Gebeten; sie sagten ihren Reim mit solcher Zungenfertigkeit her, dass »Eidervogel« sowie Arnarulunguaq ganz außer Atem gerieten, sie, die nur wenige unzusammenhängende Worte zu stammeln wagten, wenn sie zu Gott beteten.

Am Tage darauf brachen wir zeitig auf, da wir über eine breite Landzunge an Beach Point vorbei sollten; die Spannung war groß. Wie würde es uns jetzt gehen, da wir zum ersten Male die neuen Eisschoner bei einer Fahrt über festes Land erproben sollten?

Es geht mit guter Fahrt landeinwärts. Die Schlitten streichen mit ihrer schweren Last so leicht über den Schnee hin, dass es den ganzen Tag hindurch trotz des hügeligen Geländes in scharfem Trabe vorwärts geht. Es ist ein Vergnügen, zu sehen, wie wenig Kräfte die Hunde einzusetzen brauchen; die Schlitten gleiten wie von selbst, wenn sie erst einmal in Fahrt gekommen sind; nur ab und zu bedarf es eines kleinen Rucks, um sie in Bewegung zu halten.

Als unsere Sehnsucht nach einem Nachtlager aufs höchste

gestiegen ist, sehen wir ein Rudel Rentiere und schießen zwei von ihnen. Es ist schönes Wetter, aber kalt; da wir ständig Steine treffen und viel neben dem Schlitten herlaufen müssen, können wir nicht gleichzeitig unsere Gesichter gegen die Kälte schützen. Obwohl unsere Körper von Hitze dampfen, werden einige von uns im Gesicht vom Frost angegriffen. Wir bauen uns eine Schneehütte am Ufer eines Sees und machen alles für die Nacht fertig. Die Hunde erhalten eine tüchtige Fütterung mit frischem Fleisch, und für unsere Gaumen füllt sich der Topf mit Leckerbissen von den eben geschossenen Tieren.

Das Land, das wir durchreist haben, ist flach und ohne besonderes Gepräge, aber als nun die Sonne untergeht, schlägt die Einförmigkeit in Farbe und Schönheit um.

Um fünf Uhr morgens fahren wir weiter in das raue Land hinein. Alles gleicht einander, die Tagesreise von heute ist wie die Tagesreise von gestern, da ist kein Berg, nur Hügel mit Flächen und Seen. Es ist ein ausgeprägtes Moränenland und voll von Steinen, aber es glückt uns immer, sie ohne Schwierigkeiten zu umgehen. Gegen Mittag gelangen wir auf einen Höhenzug, der steil nach allen Seiten abfällt; wir sind gezwungen, quer durch ein großes Flussbett hinabzufahren, das von Steinen wimmelt. Es sieht so wild aus, dass wir es für unmöglich halten, unsere Mehlschienen zu retten, wir finden aber doch schmale Schneewehen rings umher, auf denen wir mit vereinten Kräften hinüberschlüpfen. Wenn es einmal ganz unmöglich ist, die Steine zu umgehen, legen wir Rentierfelle über sie. Das alles nimmt natürlich Zeit in Anspruch, aber die Eisschoner bestehen trotzdem die Probe durch das schwierige Gelände; die verlorene Zeit wird schnell eingeholt, sobald wir wieder auf gute Bahn kommen.

Ein Rudel Rentiere springt ganz nahe an den Schlitten vorbei und macht die Hunde völlig verrückt, aber wir jagen sie nicht, da wir Fleisch genug haben. Sonst sind die Rentiere in dieser Gegend, wo stets Eskimos unterwegs sind, scheue und friedlose Tiere, die schon auf weiten Abstand die Flucht ergreifen; wenn sie aber mit dem Winde stehen und ihre Nüstern sie nicht vor der Gefahr warnen, kann man ihnen zu Schlitten gewöhnlich ganz nahe kommen, denn ihr Gesicht ist so schlecht, dass sie die Hunde von weitem für andere Rentiere halten.

Am 3. April gegen Mittag halten wir bei dem eingefrorenen Schiff *Fort Chesterfield* vor Berthie Harbour etwas nördlich der Wagerbai. Um das Fahrzeug hat sich ein kleines Lager von zugewanderten Leuten des Netsilik-Stammes angesammelt; ich benutze die Gelegenheit, ihnen einen kurzen Besuch zu machen. Der Älteste des Stammes ist ein alter Mann aus der Gegend um den magnetischen Nordpol, sein Name ist Manilaq, das bedeutet Presseis. Als ich im Laufe unserer Unterhaltung scherzend von seinem Namen spreche, erzählt er, wie Presseis sei auch sein Sinn gewesen, solange er Kraft genug gehabt habe, sich mit Männern zu schlagen. In seiner Jugend war solch ein Frauenmangel in den Siedlungen, dass man mit vielen Rivalen kämpfen musste, bis man eine Frau bekam. Und doch hatte er sich niemals mit einer zufrieden gegeben, sondern immer zwei gehabt, solange er sie ernähren konnte. Nun lebte er nur noch von den Resten seiner alten Würde. Er wohnte in einem ungewöhnlich großen Schneehaus zusammen mit seinen Söhnen und Enkeln. Diese hegten noch immer einen solchen Respekt vor ihm, dass er trotz seiner Hinfälligkeit wie ein Häuptling befehlen konnte. Er beküm-

Steinwälle von alten Hausruinen, wie wir sie überall an der Küste fanden.

merte sich jedoch nicht mehr um die Begebenheiten des Alltags. Allem Kleinlichen, was die anderen beschäftigte, war er entrückt. Am liebsten ließ er seine Gedanken zurückwandern in die abenteuerliche Geschichte seines Stammes. Er war ein hervorragender Sagenerzähler und sammelte immer einen großen Kreis von Zuhörern um sich. Am liebsten jedoch sang er die wilden Gesänge seiner Heimat, des Landes am großen Netsilik-See, wo die Lachse in den Flüssen schlugen und wandernde Rentiere sich fett schmausten auf den fruchtbaren Ebenen.

Leider hatte ich keine Zeit, aus der Quelle seiner bunten Erinnerungen zu schöpfen. Ich musste schnell weiter, um so tief als möglich in die Barren Grounds einzudringen, solange es noch Winter war. Ich tröstete mich damit, dass ich wohl Gelegenheit haben würde, ihm wieder zu begegnen. Es sollte indessen nie geschehen. Kurz nach unserer Abreise tötete er sich selbst im Angesicht seiner ganzen Familie. Er zog es vor, zu den ewigen Jagdgründen der Toten zu fahren, weil er alt geworden und das Leben ihm eine Last war.

Die Zeit lief uns hurtig davon, weil wir an nichts dachten als vorwärtszukommen. Wir fuhren möglichst viele Abkürzungen, obwohl jegliche Fahrt über Land uns in einen Dauerzustand von Aufregung versetzte, solange wir noch keine besondere Übung im Gebrauch der Eisschoner hatten. Auf diese Weise setzten wir über das flache Land von Berthie Harbour hart westlich in die Wagerförde hinein, da deren Mündung auf Grund des starken Stromes niemals zufriert. Von da aus fuhren wir wieder auf Land und erreichten endlich am 10. April Roes Welcome bei einer Bucht, welche »Puppe« mit dem Namen Iterdlak bezeichnete. Jetzt konnten wir der Küste bis nach Chesterfield hinab folgen. Obwohl das Land sehr einförmig war, gab es doch genug zu staunen. Denn überall, wo wir um einen Landvorsprung bogen, fanden wir alte Siedlungen, die wir mit dem größten Interesse untersuchten. Sie stammten nicht von der jetzt lebenden Bevölkerung, sondern von einem früheren und zwar hoch entwickelten Stamme, der eine reiche Steinarchitektur gehabt zu haben schien. Die Ruinen bestanden aus verfallenen Hauswänden, Vorratskammern, Zeitringen – alles aus Stein – und Gestellen, die breiten Steinbaken glichen, auf denen die Kajaks und Frauenboote angebracht gewesen waren, damit das Leder den Zähnen der Hunde unerreichbar wäre, genauso, wie wir es von Grönland her kennen. Anscheinend hatte man hier großen Fang auf Seetiere jeglicher Art betrieben, was wir aus den zahlreichen Knochen ersehen konnten, die wir auf den wenigen schneefreien Stellen fanden. Fleischgruben fanden sich in großer Menge; nach ihrer Größe zu urteilen, muss hier Überfluss geherrscht haben. Jede Landzunge war von Steinwarten eingehegt, die so dicht beieinander standen, dass sie von weitem wie Menschen aussahen, die uns Willkommen bieten wollten. Sie folgten ganz bestimmten Richtungen im Gelände und waren früher mit flatternden Lederfetzen versehen gewesen, um die Rentiere zu erschrecken, wenn sie zur Küste getrieben wurden, wo die Jäger in ihren Kajaks auf der Lauer lagen, bereit, ihnen nachzusetzen und sie mit dem Speer niederzustechen, sobald sie sich genügend weit ins Wasser vorgewagt hatten.

»Puppe« erklärte, dass alle diese Ruinen von einem Sagenvolk namens Tunit stammten. Aus allem, was wir sahen, ließ sich mit Sicherheit vermuten, dass dieses hoch entwickelte Küstenvolk mit seinen Kajaks und Frauenbooten identisch war mit jenen Eskimos, die vor tausend Jahren aus diesen Gebieten nach Grönland ausgewandert waren. Sowohl »Eidervogel« wie auch Arnaruluk – die beiden Grönländer – fühlten sich ganz heimisch in dieser Umgebung. Denn während ihnen sonst vieles, was sie bisher bei den lebenden Menschen gesehen hatten, als recht fremdartig erschienen war, kam ihnen alles, was sie hier sahen, wie etwas Altbekanntes aus ihren eigenen Siedlungen vor.

Am 16. April passierten wir Kap Fullerton, wo noch einige verlassene Gebäude aus der Großzeit der Walfänger standen. Es war später Nachmittag, und das Sonnenlicht lag einladend rot über der Landzunge. Wenn wir wollten, konnten wir ein Dach über dem Kopf haben und in einem richtigen Hause schlafen. Aber wir hatten gehört, dass bei Depot Island Menschen wohnen sollten, und der Wunsch, sie zu treffen, war größer als der nach Behaglichkeit. Wir fuhren deshalb weiter, bis die Dunkelheit uns zwang, das Lager bei einer berühmten Ruinenstadt namens Inugssivik aufzuschlagen. Man konnte deutlich erkennen, dass hier einmal eine große Siedlung gelegen hatte. Die mächtigen Steine, die von überall her zusammengeschleppt waren, zeugten davon, dass die Menschen, die hier einmal gelebt hatten, keiner noch so schweren Arbeit aus dem Wege gegangen waren. Unser Führer Inujaq erzählte uns, in alten Tagen habe immer Krieg geherrscht zwischen diesem Volk und den Stämmen bei Repulsebai. Die Feindseligkeiten seien durch viele Jahre gegangen und mit der völligen Ausrottung der Siedlung, bei der wir uns befanden, beendet worden.

Als es am nächsten Morgen ganz hell geworden war, konnten wir weit im Süden ein kleines Klippengebilde mitten aus dem Eis hervorragen sehen. Das war die Felseninsel Depot Island, die aus der großen, weißen Fläche aufstieg wie ein kleiner Seehundskopf, der Atem holt. Die Entfernung war bedeutend, aber wir konnten trotzdem hoffen, noch bei Tageslicht dort zu sein. Wir hatten die Kräfte der Hunde lange gespart und durften sie deswegen gut dies eine Mal unsere Eile fühlen lassen. Ein guter Kutscher muss die Fähigkeit haben, seine Nerven auf das Gespann zu übertragen; seine Hunde sollen, wenn es einmal darauf ankommt, seine Unruhe und seine Wünsche mitfühlen. So war es auch bei uns. Es ging in scharfem Galopp vorwärts, und die Schlitten, die nun um all das Hundefutter, das wir seit unserer Abfahrt von Repulsebai verbraucht hatten, erleichtert waren, flogen nur so über das Eis dahin, sodass die gewaltsamen Rucke im Geschirr sie oft seitwärts mitrissen, während wir uns kaum festhalten konnten. Kurz nach Mittag hatten wir die Insel fast erreicht; unsere Durchschnittsgeschwindigkeit war zehn Kilometer in der Stunde gewesen.

Bald darauf finden wir eine frische Schlittenspur, wir folgen ihr aufs Land hinauf, ohne dass sich ein menschliches Wesen blicken lässt. Im nächsten Augenblick stürzen wir eine steile Böschung hinab und fahren gerade gegen einige Schneehäuser, die halb begraben unter dem Schnee daliegen. Draußen stehen Holzgerüste mit Häuten zum Trocknen und Innenpelzen zum Bleichen in der Sonne. Zwei fette Hunde kommen uns bellend entgegen und geben uns volle Gewissheit darüber, dass wir gefunden haben, was wir suchten. »Eidervogel« läuft ganz ausgelassen zu einem der Fenster und ruft in die Tiefe hinunter: »Hier sind wir! Jetzt sind wir endlich gekommen!«

Rufen und Schreien von Frauenstimmen tief aus dem Innern der Schneewehe mischen sich mit schnellen Schritten durch den Hausgang, und aus der Schneehöhle springt – ein Negermädchen!

Das war wohl die überraschendste Begegnung, die ich auf der ganzen Expedition erlebt habe. Der Anblick wirkte ebenso unerwartet auf »Eidervogel«, der die Augen aufriss und ein paar Schritte zurücktaumelte.

Hierher kamen wir aus dem fernen Grönland gefahren, um nach Menschen in den äußersten Siedlungen der Welt zu suchen, und dann tritt uns ein Mädchen entgegen, welches die Sonne des Südens in seiner Haut trägt und unvermittelt aus dem Schnee gesprungen kommt. Freilich war sie ebenso überrascht wie wir und verschwand wieder spurlos in der Schneehütte. Wir blieben draußen stehen und warteten in Spannung, bis wiederum Tritte im Hausgang erschallten und das Negermädchen mit drei Eskimoweibern zurückkam.

Leider erklärten sich alle Rätsel auf eine so natürliche Weise, dass das Märchen verschwand. Die älteste der Frauen trat sogleich auf uns zu und fragte, wer wir seien. Nachdem wir ihr so gut wie möglich Aufschluss gegeben hatten, erzählte sie, dass ihr Mann auf der Jagd sei, aber im Laufe des Nachmittags zurückerwartet werde. Darauf nannte sie die Namen der anderen Frauen, und als sie zu dem Negermädchen kam, erzählte sie mit Stolz, dass dies ihre Tochter sei, und zwar mit einem Mann, der aus einem Lande gekommen sei, wo es keinen Winter gebe. Ein merkwürdiger Mann, erzählte sie, der niemals auf Fang ging, sondern sein ganzes Leben der Zubereitung von leckeren Mahlzeiten für andere geweiht hatte. Er war mit einem großen Schiff gefahren gekommen und hatte in ihrem Lande überwintert. Es war nicht schwer zu verstehen, dass dieser Mann aus dem Sonnenland ein Negerkoch an Bord eines amerikanischen Walfängers gewesen war.

Der Wohnplatz bestand aus drei zusammengebauten Hütten, die alle sehr geräumig waren. Die Bewohner hatten den Sommer und den Herbst auf dem Festland mit Rentierjagd zugebracht und waren im Laufe des Winters hier hinausgezogen, um Walrossfang an der Eiskante zu betreiben. Der Fang war recht günstig gewesen, hier schien überhaupt Überfluss an Nahrungsmitteln aller Art zu herrschen. Eine Reihe von Vorratskammern war in die Wohnräume hineingebaut, sodass man nur einen Schneeblock zu öffnen brauchte, um jede gewünschte Art von Fleisch fassen zu können. Am bequemsten lag ein großer Vorrat von Seehundfleisch, Rentierfleisch und

Lachs und weiter in einem Seitengebäude des Hausgangs Berge von Walrossfleisch. Wir wurden sogleich aufgefordert, beliebig viel Hundefutter an uns zu nehmen. Während wir die Hunde fütterten, wurden im Innern des Hauses drei Töpfe über die Specklampen gesetzt, damit wir frei zwischen den verschiedenen Gerichten wählen konnten, wenn wir draußen fertig waren.

Nachmittags kam der Hausherr heim. Sein Name war Inugpasugssuk, der »Zwerg«, und er war, wie sich zeigte, Netsiliker wie seine übrigen Gefährten im Lager. Es dauerte nicht lange, bis wir eine warme Freundschaft schlossen. Gerade der Mangel an Zurückhaltung ist es, auf den ich allein meine Arbeit bauen muss. Wo sonst in der Welt kann man den Leuten mit der Tür ins Haus fallen, ihnen erzählen, dass man von einem Lande kommt, welches sie nicht kennen, und sofort, ohne Anstoß zu erregen, nach Dingen fragen, die im strengsten Sinne ihrem Privatleben angehören?

Bis Chesterfieldförde hatten wir nun nur noch einen Tag, und da die Aussichten für den Walrossfang glänzend zu sein schienen, beschloss ich zu bleiben. Der »Zwerg« war allzu interessant, als dass ich es hätte verantworten können abzureisen. Ich blieb acht Tage, und wir durchforschten ihre ganze Sagenwelt, ohne dass er je das geringste Zeichen von Ungeduld verriet. Als wir durch einige hundert Sagen gelangt waren, wurden wir uns einig, dass er mich nach Chesterfield begleiten solle, wo sich mehr Ruhe zum Niederschreiben finden würde.

Nachdem »Eidervogel« zwei Walrosse erlegt hatte, entschloss ich mich, aufzubrechen und nach Chesterfield zu reisen. Zwei Schlitten des Wohnplatzes halfen uns, die Fleischvorräte wegzuschaffen. Bei warmem Sonnenscheinwetter und Windstille fuhren wir ab zu der Siedlung der weißen Männer, von der wir schon so viel gehört hatten. Wir wurden jedoch wenige Stunden vom Ziel von einem plötzlichen Schneesturm derart überrascht, dass wir uns sofort gegenseitig verloren. In der Dunkelheit und dem Schneetreiben zu suchen, war unmöglich. Wir übernachteten deshalb in drei verschiedenen Lagern, ohne dass der eine wusste, wo der andere war.

VII

Die Siedlung der weißen Männer

23. April bis 15. Mai 1922

Chesterfield, die Siedlung der weißen Männer. Im Vordergrund die Gebäude der Hudson Bay Company. Der Platz, der erst 1912 gegründet wurde, ist jetzt der Knotenpunkt für allen Handel mit den Eskimos zwischen Igdlulik und Barren Grounds.

Ein Aufwachen in klarem Wetter nach einem plötzlichen Schneesturm ist immer voll von Überraschungen. Man ist zu einem zufälligen Lager hingetaumelt, ohne etwas sehen zu können, und entdeckt nun erst beim Anblick der Zickzackspur, wie sehr Dunkelheit und Wind die Schlitten hin und her getrieben haben. Wir waren des Nachts zwischen einige Inselchen und Schären geraten. Dort hatten wir uns über einige steile Eispressungen und Gezeitenspalten getastet, bis wir auf eine flache Landzunge gestoßen waren, wo wir uns in eine Schneewehe eingegraben und ein Haus gebaut hatten.

Alles Land lag nun in Morgensonne gebadet vor uns. Das frische Aprilwetter ließ alle flachen Klippen und Hügel aufleuchten. Hinter der äußersten Landspitze nach Süden zu lag die Siedlung, die wir verfehlt hatten. Ohne auf die anderen Schlitten zu warten, brachen wir auf und arbeiteten uns langsam durch den tiefen Schnee über die Bucht. Ungefähr an der Küste fuhren wir unerwartet in unsere eigenen Schlittenspuren von gestern und entdeckten so mit Verwunderung, dass wir drauf und dran gewesen waren, geradezu nach Chesterfield hinzufahren, als wir mit sturmgepeitschten Gesichtern in einem großen Bogen vom Wind abgedreht waren.

Auf dem Eisfuße der Küste kamen wir in viele Schlittenspuren, und bald darauf bekamen die Hunde Witterung von Menschen und Häusern. In voller Fahrt strichen wir über einige Hügelchen dahin. Erst auf dem höchsten Plateau der Halbinsel gewahrten wir den kleinen Haufen Häuser, der die Kolonie bildete.

Was uns beim Anblick des Dörfchens am meisten fesselte und uns wirklich das Gefühl gab, eine Stadt vor uns zu haben, war eine Holzkirche am Ufer eines kleinen Sees. Sie hatte einen schlanken Turm, der hoch über die übrigen Gebäude aufragte;

im selben Augenblick, als wir den See betraten, schlug uns ein tiefer, dröhnender Klang entgegen. Der Laut der Glocke machte einen starken Eindruck auf uns; es war, als wenn wir plötzlich nach einem tausendjährigen Naturleben mitten in Christentum und Zivilisation getreten wären.

Die Glocke läutete die Gemeinde zusammen, und wir sahen den altbekannten Anblick von vielen Menschen, die langsam und gruppenweise der offenen Kirchentür zustreben.

In den Baracken der kanadischen Polizei treffen wir nur einen Korporal Small an; der Leiter der Station, Sergeant Douglas, ist auf einer Reise landeinwärts begriffen, und zwar anlässlich eines Doppelmordes, der von einem Eskimo begangen worden ist. Das Letzte, was man von seiner Patrouille gehört hat, ist, dass die Eisverhältnisse so schlecht wie nur möglich sind; es wird tiefer Schnee gemeldet, kein Hundefutter und hungernde Eskimos überall. Das klingt nicht gerade aufmunternd für uns, welche denselben Weg und noch weiter reisen wollen.

Die kleine Kirchenglocke, die uns so stimmungsvoll bei unserer Ankunft empfangen hatte, gehörte einer katholischen Mission, die von einem Pater Turquetil in Zusammenarbeit mit zwei jüngeren Priestern geleitet wurde. Alle drei waren »Oblaten von der unbefleckten Jungfrau Maria«, sehr kultivierte und äußerst interessante Männer. Sie öffneten uns ihr Haus mit der größten Gastfreundschaft, und ich brachte viele lehrreiche Abende in ihrer Gesellschaft zu. Pater Turquetil, der ein gelehrter Mann war und Eskimoisch mit derselben Leichtigkeit sprach wie Latein, hatte ein Menschenalter in diesen Gegenden zugebracht und erfreute sich unter der eingeborenen Bevölkerung großen Zutrauens.

Er war unter anderem ein ausgezeichneter Erzähler, und da er sich unter Indianern und Eskimos über dreißig Jahre lang aufgehalten hatte, war er eine sehr ergiebige Quelle. Ich erinnere mich namentlich an einen eskimoischen Bericht über das Schicksal des Nordpolfliegers Andrée, der ein eigentümliches Zeugnis dafür bildet, wie schnell Gerüchte, selbst unter den abseitig gelegenen Strichen der Welt, umlaufen können. Ich will ihn deshalb hier wiedergeben.

Im Jahre 1900 reiste Pater Turquetil vom Großen Rentiersee nordwärts nach den Distrikten um Dubountsee, wo Eskimos leben sollten, die bis jetzt noch keine Berührung mit den Weißen gehabt hatten.

Es war noch früh im Frühjahr, zur Zeit, als die Wanderung der Rentiere von den Wäldern zu den öden Küsten begonnen hatte. Eines Tages kam Pater Turquetil in eine große eskimoische Siedlung, wo man Rentierjagd mit Bogen und Speer betrieb. Hier blieb er zusammen mit seiner Begleitung einige Tage, um die Leute ein wenig kennenzulernen. Da geschah es eines Abends, dass alle Männer des Stammes sich versammelten, vor ihn traten und ihn fragten, ob die weißen Männer in seinem Lande große vogelähnliche Zelte zu machen pflegten – große Zelte, die sich von der Erde erheben und fliegen könnten. Turquetil antwortete: Ja. Darauf führten die Männer des Stammes mit ernsten Mienen lange, wechselseitige Verhandlungen, von denen er nur wenig verstand, da er damals die eskimoische Sprache noch nicht ganz beherrschte.

Er wollte wissen, ob sie jemals solch ein fliegendes Zelt gesehen hätten. Sie antworteten auf diese Frage nicht, sondern wurden verwirrt und führten wiederum lange, flüsternde Erörterungen miteinander. Es war, als ob sie ein Geheimnis zu verbergen hätten, das sie nicht verraten dürften. Aber sie wünschten noch mehr zu wissen: Waren diese Zelte nicht aus sehr dünnem Stoff gefertigt, welcher Tierhaut glich, ohne jedoch von einem Tier zu stammen? Dies bekräftigte Pater Turquetil. Dann fragten sie ihn, ob an der Stelle des Zeltes, wo die weißen Männer sich aufhielten, nicht eine Art weißen Eisens, sehr dünn und leicht, angebracht sei. Pater Turquetil, welcher begriff, dass sie Aluminium meinten, bejahte auch dies. Alle diese Aufklärungen schienen sie ängstlich und bedenklich zu machen; sie verloren noch mehr die Lust, die Fragen zu beantworten, die er an sie richtete.

Einige Jahre später besuchte Pater Turquetil wieder denselben Eskimostamm; weil die Bevölkerung diesmal mehr Zutrauen zu ihm hatte, bekam er nun zu wissen, dass damals zwei weiße Männer in ihr Land gekommen seien, und zwar in einem großen, fliegenden Zelt, und dass sie einen kleinen Hund bei sich gehabt hätten. Sie hätten einige Zeit unter ihnen gelebt, wären dann aber von einem fremden Stamm unter folgenden Umständen getötet worden: Ein Rentier war auf seiner Flucht zum Lagerplatz gekommen, ein Eskimo hatte sich herangepirscht und es mit seinem Pfeil niedergeschossen. Gleichzeitig hatte einer der weißen Männer auf sehr weite Entfernung gefeuert und das Rentier ebenfalls getroffen. Man lief zu dem getöteten Tier hin und fand den Pfeil des Eskimos im Herzen sitzen, man fand aber auch eine kleine sonderbare Wunde im Bug des Tieres, aus welcher frisches Blut rieselte. Darüber entstand ein Streit, da der Eskimo behauptete, dass das Tier ihm gehöre, während der weiße Mann meinte, dass seine Kugel es früher als der Pfeil getroffen habe. Die Eskimos kannten jedoch keine Schusswaffen und verstanden nicht, dass

Pater Turquetil, der Leiter der katholischen Mission unter den Eskimos.

es möglich war, ein Tier auf so weite Entfernung zu töten; sie hatten vor den fremden weißen Männern, die sie nicht verstanden, Angst bekommen und sie getötet. Pater Turquetil, der damals gemeint hatte, dass diese Erzählung vielleicht mit dem Verschwinden Andrées in Verbindung gebracht werden könnte, hatte einen Bericht nach Hause gesandt, aber niemals eine Antwort erhalten.

Viele Jahre später hatte der Pater einen Mann getroffen, der bei der Hudson Bay Company angestellt war und genau die gleiche Geschichte gehört hatte. Auch dieser Mann hatte einen Bericht abgesandt, der indessen kein besseres Schicksal erfahren hatte. Man war der Meinung, dass die Sache zu unwahrscheinlich war.

Später habe ich unter allen Eskimos, mit denen ich zusammentraf, sowohl unter den Binnenlandeskimos in Barren Grounds als auch die ganze Nordwestpassage entlang, eine Bekräftigung für dieses eigentümliche Gerücht zu erhalten gesucht, aber es glückte mir niemals, jemand zu treffen, der etwas Bestimmtes wusste. Der einzige Mann, der etwas Ähnliches gehört hatte, begegnete mir zwei Jahre später; es war ein gewisser Richard Jensen aus Kopenhagen, welcher im Dienste der Hudson Bay Company auf Kent Peninsula angestellt war.

Er hatte vor langen Jahren am Mackenziefluss gelebt und dort Eskimos getroffen, die Ballontuch auf ihren Schlitten verwandten, um die Ladung gegen Schneetreiben zu schützen. Woher sie es hatten, hatte er niemals erfahren können.

Und damit verschwindet diese Nordpolmythe vor mir im weißen arktischen Nebel.

Der Aufenthalt in unserem warmen Haus, in dem sich Tisch und Stühle befanden – ein unbekannter Luxus in Schneehütte und Zelt –, wurde fleißig von Jakob Olsen und mir zum Niederschreiben von Sagen benutzt. Der Arbeitstag war gewöhnlich schon früh am Nachmittag zu Ende, dann setzte Arnaruluk einen großen Topf mit Walrossfleisch übers Feuer. Hiermit war das Zeichen gegeben, dass unser Haus offen stehe. Gäste von den verschiedenen Schneehütten kamen zu uns hereingeströmt, und da die Bevölkerung hier sowohl aus Küstenbewohnern als auch aus Inlandbewohnern bestand, waren diese Nachmittage sehr wertvoll für meine Arbeit. Zum ersten Mal trafen wir Eskimos, die weder Fleisch noch Speck vom Walross und Seehund essen wollten. Das war Tabu.

Des Abends, wenn wir allein waren, krochen wir früh in die Schlafsäcke und hatten es gemütlich. Wer Lust hatte, erzählte seine Erlebnisse von den letzten Reisen, während Arnaruluk noch eine Tasse Kaffee kochte.

Mit jedem Tag, der schwand, wurde das Wetter wärmer und wärmer; Anfang Mai war es so ungewöhnlich mild, dass die Zeit zum Aufbruch gekommen schien.

Obgleich wir während der ganzen Zeit unseres Aufenthaltes bei Repulsebai unsere Hunde isoliert gehalten hatten, war trotzdem ein Teil von ihnen von der Hundeseuche angegriffen. Wir verloren während des Aufenthaltes bei Chesterfield nicht weniger als sechs Hunde. Da wir weiterhin Meldungen über die Hundeseuche aus allen Teilen des Landes erhielten, beschlossen wir, das Risiko dadurch zu verteilen, dass Jakob Olsen zusammen mit Arnaruluk und »Puppe« auf dem einen Gespann nach Hause zum »Blasebalg« fahren sollte, während Helge Bangsted, »Eidervogel« und ich mit den anderen weiterreisten.

Bei mildem Wetter schlagen wir in der frühen Morgenstunde des 4. Mai ein Lager auf. Wir haben Windstille mit einer Temperatur von beinahe ein Grad Wärme. Zum ersten Mal auf der ganzen Reise können wir ein Zelt errichten und den Sommer preisen. Dies alles ist so neu und so lockend für uns, dass die Schlafsäcke trotz der vielstündigen Reise ihre Anziehungskraft verlieren und wir bergauf klimmen, um zu rekognoszieren. Denn wir haben beschlossen, dem schmalen Darm der Chesterfieldförde bis zum Bakersee hinauf zu folgen und keine Abkürzung über hügeliges und unbekanntes Land zu suchen.

Ringsum auf den Klippen haben sich kleine Tümpel mit frischem Schmelzwasser gebildet, wir legen uns auf die Knie nieder und trinken von der Erde. Dort, wo die Berge nach Süden zu abfallen, ist der Schnee bereits weggeschmolzen, und wir werfen uns auf die fruchtbaren Teppiche von Ginster und Gesträuch und essen Blaubeeren und Preiselbeeren mit beiden Fäusten, während uns gackernde Schneehühner gleich Schneebällen um die Ohren fliegen.

Wir verstanden, dass wir den Rest des Winters und Schnees ausnutzen mussten. Deshalb machten wir schnelle Tagesreisen, nur wenige Male unterbrochen von Schneestürmen, bis wir ohne größere Abenteuer am 12. Mai die kleine Insel am Bakersee erreichten, wo Birket-Smith uns mit steigender Ungeduld erwartet hatte. Die Hudson Bay Company hat hier ihren westlichsten Vorposten, und da der Platz ein Knotenpunkt für allen Handel ist, welcher mit den Eskimos von Barren Grounds, von Hikoligjuaq und Kazanfluss bis zu den Gegenden bei Black River oder dem Großen Fischfluss getrieben wird, hatte Birket-Smith Gelegenheit gehabt, mit Leuten von den allerverschiedensten Stämmen zu sprechen. Der Leiter der Station, Herr Henry Ford, der aus Labrador gebürtig war, war ihm ein vorzüglicher Dolmetscher gewesen, sodass er über die guten Ergebnisse, die er erzielt hatte, mit Recht vergnügt war.

Unmittelbar nach unserer Ankunft erfuhren wir zu unserer Freude, dass der Weg landeinwärts der bestmögliche war, wenn wir nur bei Nacht reisten. Und was ebenso entscheidend für unser Vorwärtskommen war: Die Rentierwanderung von Süden nach Norden hatte eingesetzt.

Am schwersten würde es sein, Menschen zu finden. Das Einzige, was man uns sagen konnte, war, dass wir nur dem Laufe des großen Kazanflusses genügend weit landeinwärts folgen sollten, dann würden wir auf zwei Inlandstämme stoßen. Der nächstgelegene von ihnen nannte sich Harvaqtormiut (das Volk der Stromwirbel), weiter landeinwärts in der Umgebung des großen Yathkied-Sees oder Hikoligjuaq wohnten die Padlermiut (das Pfeilvolk). Wo die verschiedenen Familien sich aufhielten, konnte uns niemand mit Bestimmtheit sagen; sie folgten den Wanderungswegen der Rentierherden ins Innere der Barren Grounds hinein.

Die Würfel waren gefallen; wir hatten keinen Grund mehr, Zeit für die Leute um den Bakersee zu opfern; denn diese sogenannten Qaernermiut hatten viel Verbindung mit den Walfängern gehabt, sodass viel von ihrer Ursprünglichkeit verloren gegangen war. Wir beschlossen daher, uns sofort einer der interessantesten Aufgaben der Expedition zu widmen. Mit großen Erwartungen winkten wir am 15. Mai dem kleinen Handelsplatz des Herrn Ford ein Lebewohl zu, um uns auf die Reise ins unbekannte Binnenland zu begeben.

Vorwärts würden wir trotz aller Warnungen von Schwarzsehern schon kommen. Wie wir dagegen wieder zurückfinden sollten, wenn der Schnee geschmolzen und Seen und Flüsse aufgebrochen waren, das lag im Schoße der Götter.

VIII

Das Leben unter den Rentiereskimos

16. Mai bis 22. Juni 1922

Der Schamane Igjugarjuk, Häuptling des Pfeilvolkes.

Die Einöden

16. bis 28. Mai

Es war, als ob wir uns auf der Jagdstreife befänden. Der Weg ging durch die Barren Grounds; das Land war flach und wild und unwegsam für jeden, der es zum ersten Male betrat. Der Schnee lag noch über Klüften und Klippen, und Fluss und Feld waren kaum voneinander zu unterscheiden. Alles war weiß außer den Höhenzügen, die nach Süden gelegen waren. Hier hatte die Sonne allmählich die braune Erde hervorgelockt. Wir hatten dauernd das Gefühl, als ob wir irre führen und uns in der verkehrten Richtung vorarbeiteten. Aber von einer verkehrten Richtung konnte ja eigentlich keine Rede sein, denn seit dem ersten Tage, als wir die Küste verließen, war es uns klar, dass selbst die Nachbarplätze keine Mitteilung voneinander geben konnten, da das Wild sich immer auf der Wanderung befindet. Und es hängt von der Jagd ab, wo der Wohnplatz liegen soll.

Wir befinden uns nun mitten in den Barren Grounds oder den Einöden, wie seit alter Zeit der Name für diese gewaltigen waldlosen Strecken lautet, welche zwischen Hudsonbai und Nordwestpassage liegen. Obwohl diese Einöden einen Teil des großen amerikanischen Festlandes ausmachen, gehören sie doch zu den abseitigsten und unzugänglichsten Teilen des Erdballes, und deswegen hoffen wir, hier die primitivsten und unberührtesten Stämme zu finden. Trotz des Dranges der Pelzjäger und Handelsleute, ins Unbekannte vorzustoßen, haben die Naturverhältnisse hier solche Hindernisse geschaffen, dass dies ganze Gebiet nur in seinen allergröbsten Umrissen bekannt ist. Nach Norden zu sperren die immer von Eisträmmern bedeckten Verzweigungen des Polarmeeres den Weg. Nach Süden zu, teils auch nach Westen, liegen die dichten, unwegsamen Wälder, welche alle Reisen langwierig und beschwerlich machen, da man nur den fast unbekannten Flussläufen folgen kann. Nur von der Hudsonbai her ist die Ostküste der Barren Grounds für einen mehr modernen Transport zugänglich; aber selbst hier ist das Fahrwasser so vereist, dass es nur während zweier, dreier Monate des Jahres für die Schifffahrt in Betracht kommt. Diese Naturverhältnisse, welche für andere ein Hindernis sind, sollen für uns eine Hilfe sein.

Am 18. Mai haben wir auf dem Gipfel eines Höhenzuges Lager geschlagen und sehen über die große Landschaft hinaus, die, solange sie ganz mit Schnee bedeckt ist, in vieler Beziehung an das Inlandeis Grönlands erinnert. Nur liegen hier Moränen an Stelle von Eis. Die einzelnen Klippen, die sich zwischen den unzähligen Seen und Flussläufen erheben, erinnern an die grönländischen Nunataqs, das heißt Klippenspitzen, die über das Eis hervorragen. Das Land selbst ist von Höhenzügen bewegt, gerade wie in Grönland, bis man ganz ins Innere kommt, wo alles zu einer großen, flachen Steppe wird.

Wir stehen draußen vor dem Zelt und fühlen uns wie in einer Wüste. Hier ist kein Zeichen von Leben, alles Wild scheint zu dieser Jahreszeit ausgestorben zu sein. Bis hierher dringen weiße Männer niemals vor, es sei denn, dass das eine oder andere Verbrechen die allgegenwärtige kanadische Polizei herbeiruft. Wir haben gerade vor kurzem Leute getroffen, welche uns von Sergeant Douglas' letzter Mörderjagd erzählten. Er war in der allerkältesten Jahreszeit hier gewesen. Bei den hier vorwaltenden Nordwestwinden herrscht ein so ausgeprägtes Festlandsklima, dass die Kälte nur an wenigen Punkten der Erde größer sein dürfte. Überall hatte er hungernde Menschen getroffen, welche vergebens umherstreiften, um etwas zum Lebensunterhalt zu finden. Die Rentiere waren verschwunden, die Lachse hatten die Flüsse und Seen verlassen, und alle Jagdbemühungen wurden nur mit Trostlosigkeit belohnt. Die Reise der Polizeipatrouille war so hart gewesen, dass sie nur mit knapper Not die Küste erreicht hatte, wobei die Hunde vor Hunger dem Umfallen nahe waren, und bei alledem war Sergeant Douglas ein tüchtiger und geübter Reisender.

Die Abendsonne gibt uns den ersten Eindruck von Schönheit; Licht und Schatten stehen scharf gegeneinander. Aber als die Sonne niedergeht und alles sich wieder in weiße Schneewellen auflöst, taucht das alte Bild vom Inlandeis wieder auf. Solange wir der Chesterfieldförde und später dem Bakersee folgten, hatten wir nie diesen Eindruck von Unermesslichkeit gehabt, aber hier, wo wir nur Land sehen, wird es uns zum ersten Male richtig klar, was für Einöden wir aufgesucht haben.

Am 19. Mai passieren wir den ersten Wohnplatz der Harvaqtormiut, des Volkes der Stromwirbel. Wir sind zu dem Ergebnis gekommen, allen Bewohnern des Binnenlandes die gemeinschaftliche Bezeichnung Rentiereskimos zu geben, mit Rücksicht auf die entscheidende Rolle, die das Rentier in ihrem Leben spielt.

Wir haben eine ausgezeichnete Schlittenbahn gehabt. Der Schnee lag unter dem Nachtfrost fest wie ein Fußboden, aber da wir zu viert auf dem schwer beladenen Schlitten waren, hatte ich es vorgezogen, auf Schneeschuhen voranzugehen. Wir hatten einen Hügelkamm erreicht, als wir zu unserer großen Überraschung einen Wohnplatz an einem kleinen See gewahrten, wo die Leute in großer Verwirrung zwischen den Schneehäusern hin und her liefen.

Unser Auftauchen schien große Aufregung hervorzurufen. Als wir ankamen, waren sie alle verschwunden. Die Kinder und Frauen waren in die Häuser gejagt worden, draußen blieben nur zwei Männer, die beide dicht nebeneinander mit der Front gegen uns auf einem Schneeblock saßen. Man sah ihnen deutlich an, dass wir nicht für Freunde gehalten wurden. Fremdartig, wie wir mit unseren grönländischen Schlitten und Hunden aussahen, konnten wir entweder Kitdlinermiut-Eskimos von der arktischen Küste oder auch Indianer aus dem Innern des Landes sein. Beide Stämme waren Feinde, und wir erfuhren später, dass namentlich die Furcht vor den Indianern sehr groß ist. Die jahrhundertelangen Fehden, die von beiden Seiten mit gleich großer Grausamkeit geführt worden waren, standen noch in frischer Erinnerung.

Beim Bakersee hatte ich einen Mann von der arktischen Küste getroffen, der mir erzählt hatte, dass man den Inlandbewohnern einen ganz bestimmten Ruf zuzurufen pflegt, wenn man sie zufällig trifft. Der Küstenbewohner pflegte nämlich die lange Reise von der Nordwestpassage bis zur Waldgrenze vorzunehmen, um Holz zu holen. Ihr Gruß lautete so: Ilorrainik tikitunga! und bedeutet: Ich komme von der richtigen Seite!

Diese Worte rief ich nun aus aller Kraft über den Wohnplatz hin; kaum hatte man sie gehört, als die zwei Männer unter lauten Ausrufen von ihrem Schneeblock aufsprangen und uns entgegenliefen. Gleichzeitig kamen auch die übrigen Bewohner der Siedlung aus den Schneehäusern gestürzt.

Wir erfuhren nun, dass ihre Siedlung Tugdliuvartalik hieß (der See mit den vielen Eisvögeln). Der Winter war ungewöhnlich hart gewesen, und Menschen wie Hunde waren an vielen Orten verhungert. Ihr Winterlager hatte sich auf der Ostseite des Kazanflusses befunden, und nun waren sie nach Westen gezogen, um der Rentierwanderung von Süden her zu begegnen. Zwei Schlitten waren zu einem nahe liegenden Wohnplatz namens Nahigtartorvik (Aussicht) beim Kazanfluss gesandt worden. Dort pflegten sich die ersten Rentierrudel zu zeigen. Sobald man nähere Mitteilung bekommen hatte, wollte man aufbrechen und das Lager nach besseren Jagdgründen verlegen.

Alle diese Nachrichten erhielten wir sofort ohne große Schwierigkeiten, und als wir hörten, dass bei dem Aussichtspunkt einige Menschen wohnten, zogen wir es vor, dort Aufenthalt zu nehmen, wo man vielleicht einiges frisches Fleisch erhalten konnte, denn die Leute, unter denen wir uns jetzt befanden, waren mit ihrem Proviant fast zu Ende.

Der Schrecken, den unsere Ankunft in der Siedlung verbreitet hatte, schlug nun in eine außerordentliche Ausgelassenheit um, die oft recht lästig war. Sie waren so aufdringlich und neugierig, dass sie in unserer Schlittenladung herumwühlten, sobald wir nur den Rücken wandten, um zu sehen, was wir bei uns hätten. Sie hatten große Mengen von Fuchsbälgen zum Bleichen in der Sonne hängen und waren versessen darauf, mit uns zu handeln. Obwohl wir nur einige Tagesreisen von der Handelsstation am Bakersee entfernt waren, trafen wir hier

Gruppe von Harvaqtormiut (Volk der Stromwirbel), die wir am Kazanfluss trafen.

Kinder und Frauen, die zum ersten Male in ihrem Leben weiße Menschen sahen.

Wir hielten uns einige Stunden auf, kochten Tee, buken Pfannkuchen und bewirteten den ganzen Wohnplatz. Mitten während dieses improvisierten Gelages tauchten plötzlich die zwei Schlitten auf, die zum Nachbarlager gesandt waren, um Neuigkeiten zu hören. Schon aus weiter Entfernung hörten wir ihren Ruf: »Die Rentiere kommen, die Rentiere kommen!« Und sofort kochte der ganze Wohnplatz über von Begeisterung und Entzücken. Der Winter war vorbei, nun kamen die Rentiere mit dem Sommer und all seinem Überfluss.

Man versteht, was dies bedeutet für Menschen, welche sich durch einen ganzen Winter in eiskalten Schneehütten hindurchgekämpft haben, gerade mit so viel Nahrung, dass sie nicht verhungern.

Vom Bakersee aus hatten wir unsere Route landeinwärts in einem Bogen südöstlich um den Kazanfluss gelegt, da man uns davon abgeraten hatte, dem unteren Lauf des Flusses zu folgen, aber um mit Menschen in Verbindung zu kommen, mussten wir nun zum Fluss hinab. Ein junger Mann, der soeben heimgekommen war, bot sich an, uns zum nächsten Lager als Führer zu begleiten. Mit seiner Hilfe erreichten wir schnell den Fluss, der an dieser Stelle ziemlich breit ist. Wir setzten an dem Punkt über, wo das Lager vor ein paar Tagen gelegen hatte, aber wir fanden es leer. Die Leute waren auf die Rentierjagd gegangen. Unser junger Führer wollte die Suche jedoch nicht aufgeben; während wir anderen uns zum Schlafen hinlegten, begab er sich weiter auf die Suche nach Menschen.

Als wir am nächsten Morgen erwachen, sehen wir, wie drei fremde Gesichter uns anstarren. Sie haben sich gerade in der

Zeltöffnung auf die Knie gesetzt und wirken sonderbar orientalisch in der knienden Stellung. Es sind Hilitoq (der Dicke) und seine beiden Töchter. Sie erzählen, dass alle anderen Leute auf die Rentierjagd gegangen sind, weil sie nichts zu essen haben. Wir kochen schnell Rentierfleisch für sie, und hinterher bekommen sie so viel Tee, wie sie überhaupt nur trinken können, und so viele Kekse, wie sie essen mögen. Da wir einsehen, dass auf einem Wohnplatz, wo die Leute Not leiden, für uns nichts zu holen ist, reisen wir sofort weiter und kommen am 20. gegen Abend zur Siedlung Nahigtartorvik.

Auch diese Leute gehörten zu den Rentiereskimos am Kazanfluss, und da sie erzählten, dass von nun ab jeden Tag große Rentierrudel vorbeiziehen würden, beschlossen wir, einige Tage Aufenthalt zu nehmen.

Dies waren die ersten richtigen Inlandeskimos, die ich traf, und wenn ich auch meine Hauptarbeit unter den am entferntesten wohnenden Padlermiut zu suchen hatte, war es doch von Wert für mich, auch hier eine Reihe von Aufschlüssen zu erhalten. Man erzählte uns, dass, wenn wir nur dem Laufe des Kazanflusses folgen wollten und von dort aus ständig Ausflüge nach Osten und Westen machten, wir die größte Chance hätten, Leute zu treffen. Im Lager war ein altes Ehepaar, Aqiggaq (Schneehuhnküken) und sein Weib Arnaqik (das wiedergeborene Weib), die eine Menge Sagen kannten, und da ich mit ihnen gern recht lange zusammen sein wollte, wurde bestimmt, dass Birket-Smith und Helge Bangsted zusammen mit »Eidervogel« eine Tagesreise weiterfahren und einen Teil der Ladung mitnehmen sollten. Nachher sollte »Eidervogel« zurückkommen und mich und den Rest des Gepäckes abholen. Mildes Wetter herrschte nun. Der

Schnee fror nicht mehr fest während der Nacht, und das Schmelzwasser begann sich über dem Eis auf den Flüssen zu sammeln. Wir hatten nicht viel Zeit zu verlieren, wenn wir nicht von unserem Ziel abgeschnitten werden wollten. Den 25. Mai starteten Birket-Smith und Helge Bangsted in Regen und Nebel. Der Witterungsumschlag bringt plötzlich Sommerstimmung mit sich. Viele Möwen umkreisen das Lager, noch mehr Schneehühner hausen oben in den Felsen; auch Kraniche sehen wir, Raben sitzen aufgereiht bei den Fleischdepots, kleine Vögel erfüllen die Luft mit Gezwitscher; die Einöden leben auf.

Unterdessen schreibe ich Sagen nieder. Die einzige Schwierigkeit besteht scherzhaft gesagt darin, dass ich von Grönland her die meisten Sagen, die man mir erzählen will, kenne; sobald ich diese Kenntnis durchschimmern lasse, brechen sie in Gelächter darüber aus, dass ein weißer Mann ihre Geschichten kennt, und weigern sich, weiter zu erzählen. Ich halte mich besonders an die zwei Alten, die in ihrer Jugend an verschiedenen Handelsreisen bis hinab zum Fort Churchill teilgenommen haben. Lange Zeit im Voraus musste man sich auf eine solche Handelsreise vorbereiten, die im Herbst begann und nicht vor dem Frühjahr beim letzten Schnee unmittelbar vor dem Aufbrechen der Flüsse beendet war. Oft stießen sie auf Indianer; diese waren immer gefährlich und feindlich. Zu ihrer Zeit waren nicht weniger als vier Eskimos von Indianern geraubt worden, unter diesen war die Schwester der alten Arnaqik gewesen. Ihre Bezeichnung für Indianer war dieselbe wie die überall in Grönland angewendete: Itqigdlit. Es war eigentümlich für mich, hier zum ersten Male Menschen zu begegnen, die wirklich mit Indianern, von denen die grönländischen Sagen so voll sind, Berührung gehabt hatten. Hier war es keine Sage, sondern Wirklichkeit; noch vor wenigen Jahren folgten die Indianer den Rentierherden, zerstreuten sich über das Land und überfielen bei jeder Gelegenheit friedliche Eskimolager.

Nach zweitägiger Abwesenheit kam »Eidervogel« zurück und erzählte uns in seiner spaßhaften Art, dass die Kameraden nun ihr eigenes Haus bekommen hätten. Wir hatten nämlich nur ein einziges Zelt, welches ich bei mir behalten hatte, da es unmöglich war, in den Eskimohütten zu arbeiten, die einem im Frühjahrswetter über dem Kopf zusammenschmolzen, »Eidervogel« hatte deshalb aus Steinen und Moosfütterung einen Unterschlupf gebaut, der nur als ein Windfang gedacht, aber wenigstens gedeckt war; wenn man hineinkroch, konnte man gerade zu zweien nebeneinander liegen. Sie hatten ausreichend Proviant, und wenn sie nur darauf achteten, das Eingangsloch je nach dem Windwechsel umzulegen, so war kein Grund vorhanden, um sie besorgt zu sein. Aber es war wohl besser, schon am folgenden Tage mit dem Rest unserer Sachen zu ihnen zu stoßen. Indessen brach unmittelbar nach »Eidervogels« Ankunft ein fürchterliches Unwetter los. Außer dem einen Schneesturm hatten wir seit der Abreise vom »Blasebalg« ein ungewöhnlich beständiges Wetter gehabt, aber mit dem Frühjahr beginnt die launenvolle Zeit; bald ist es beißend kalt mit Schneetreiben, bald Tauwetter mit Regen; solange man in seinem Winterpelz reist und auf Kälte eingerichtet ist, ist jede Feuchtigkeit natürlich schädlich für die Kleider. Zu unserer Überraschung brach am 26. Mai ein gewaltiges Gewitter mit Blitzen los, die unaufhörlich über den großen Fluss hinprasselten. Der Regen strömte hernieder, und der Sturm erhob sich im Laufe weniger Stunden zu einer solchen Gewalt, dass man lieber freiwillig sein Zelt umwarf, anstatt mit dem flatternden Zelttuch zu kämpfen. Wir fühlten uns nicht gerade behaglich unter dem umgeworfenen Zelt, dessen feuchtes Tuch uns fortgesetzt um die Ohren klatschte, aber man versteht, dass unser ungemütliches Lager uns weitaus weniger beschäftigte als der Gedanke, wie es wohl unseren beiden Kameraden gehen mochte, die in einem kleinen Steinloch mit einem einzigen Rentierfell als Dach hausten.

Das Lager war in vollkommener Auflösung; Morast, geschmolzener Dreck, der vom Regen aufgepeitscht wurde, Schlamm von weichem, grundlosem Schnee und unzählige Quellen, die sich Abläufe nach allen denkbaren Richtungen hin schafften.

Jedesmal wenn wir hinausmussten, um das Zelt in Ordnung zu bringen und mehr Steine auf das Tuch zu legen, um ein Wegfliegen zu verhindern, plantschten und schwapperten uns die Seehundsfellstiefel um die Füße. Und doch hatten wir es verhältnismäßig erträglich, verglichen mit unseren eskimoischen Lagergenossen, welche noch in Schneehütten wohnten, deren Dach nur mit einer rohen und eben abgezogenen Rentierhaut bedeckt war. Die Mauern bestanden aus einer gelblichen Masse von Staubzucker, in welche der Regen immer neue Löcher peitschte, die man vergebens mit altem Fußzeug, Hosen und Pelzen zu stopfen versuchte.

Mitten in diesem Unwetter erscholl ein Ankunftsruf, und zu unserer Überraschung sahen wir zwei Schlitten in voller Fahrt ins Lager einbiegen. Sie kamen von einem benachbarten Hungerlager und waren vor dem Ausbruch des Unwetters abgefahren, um ihren Anteil an den Rentieren zu bekommen, die wir bereits erlegt hatten. Unter den neu angekommenen Gästen erkannte ich augenblicklich den »Dicken« wieder, der inzwischen von Hunger und Überanstrengung spindeldürr geworden war. Die Männer suchten mit Mühe ihre Hunde an einigen Steinen festzumachen, während die Weiber ein Zelt aus zusammengenähten Rentierhäuten aufschlugen. Sie waren klug genug, es nur bis zur halben Höhe zu errichten, und im Laufe von überraschend kurzer Zeit hatten sie Lager geschlagen und ihre Schlafpelze im Zelt geborgen.

Der Tag ging; es wurde halbdunkel, und ich war allmählich so müde davon geworden, in einem feuchten Zelt zusammengerollt zu liegen, dass ich ebenso gut hinausgehen und nachsehen konnte, ob meine Lagergenossen der Hilfe bedurften. So ging ich denn erst zu den Neuangekommenen, welche bei ihrer Ankunft nicht einen trockenen Faden am Leibe hatten. Ich war neugierig zu sehen, wie sie das Unwetter hinnahmen. Ich ging deshalb hinter ihr Zelt, um durch eines der vielen Löcher hineinzuschauen. Als ich dicht herankam, hörte ich zu meiner großen Verblüffung Gesang von innen, obendrein munteren Rundgesang.

Ich habe vergessen zu erzählen, dass »der Dicke« zwei Frauen hatte. Ich sah ihn nun mit einer Frau auf jeder Seite und den Kindern ringsum im Hintergrund des Zeltes sitzen. Auf dem Boden lagen zwei rohe, aber einladende Rentierschultern, welche Geschenke des Lagers darstellten. Und nun, da der Hunger nicht länger quälte, war augenblicklich die Lust am Gesang in ihnen aufgestiegen. Die jüngste der Frauen sang vor; sie sah wild und herrlich aus, ihr langes Haar triefte von Regenwasser. Ich verbarg mich im Schutze eines großen Steines und erhaschte einen Fetzen des Liedes:

Aja – aja – aja!
Ich geselle mich am liebsten
Bogenschützen, Bogenschützen,
Männern, die mit Pfeilen schießen,
Schweifend durch die großen Steppen
Mit dem Köcher,
Mit dem Bogen schulterüber,
Aja – aja – aja!

Aja – aja – aja!
Ich geselle mich am liebsten
Schnellläufern, Schnellläufern,
Männern, die dem Schwarm entlaufen,
Schweifend durch die großen Steppen
Mit dem Köcher,
Mit dem Bogen schulterüber,
Aja – aja – aja!

Jeder Abschnitt des Gesanges wurde mit großem Humor gesungen, und man sah leicht, dass diese Menschen keiner Hilfe bedurften. Das Unwetter bedeutete nichts für sie. Dann ging ich zu einer der am meisten zerstörten Schneehütten hin, wo meine alten Erzähler wohnten. Um hinzukommen, musste ich durch einen großen See waten, der immer tiefer und tiefer wurde; deswegen begnügte ich mich damit, durch ein Loch in der Mauer zu schauen. Aber ich wollte meinen eigenen Augen fast nicht trauen, als ich sie alle, die Alten und die Jungen, beim eifrigen Glücksspiel sah, dem sie mit kleinen, feinen Spielkarten, aus Winnipeg importiert, oblagen. Lachen und muntere Zurufe wechselten mit Donnerschlägen, und ich verstand, dass keiner dieser Menschen, welche für ein solches Wetter geboren waren, ein bisschen Unbequemlichkeit feierlich nehmen konnte.

Das Wetter hielt unverändert zwei Tage an. Am dritten Tage schlug es in Kälte und Schneesturm von der entgegengesetzten Seite her um. Es stürmte so ungestüm, dass wir erst am 28. spät abends aufbrechen und zu unseren Begleitern stoßen konnten. Das Schneetreiben war noch kräftig, man konnte nicht weit vorwärts sehen, sodass Rudel von Rentieren dicht vor unserem Hundegespann nichts ahnend vorbeizogen. Wir hatten die größte Mühe, den richtigen Kurs zu halten, und wenn die plötzlich aufschreckenden Rentiere uns zu umkreisen begannen, wurden die Hunde so wild, dass wir nur mit knapper Mühe unseren Schlitten davor retten konnten, auf einem der vielen aus dem Schnee hervorlugenden Steine zerschmettert zu werden. Wir hatten genug Ladung mit uns und wollten deswegen keine Tiere schießen, bevor wir die Kameraden gefunden hatten. Die Rentiere waren nun mitten in der Wanderung. Rudel folgte auf Rudel, auf lange Zeit hinaus würde es uns keine Schwierigkeiten machen, das nötige Fleisch zu beschaffen. Das Obdach unserer Kameraden zu finden, war schwierig, weil das Schneetreiben uns den Überblick über das Gelände versperrte. Es blieb uns nichts anderes übrig, als einigermaßen der alten Schlittenspur zu folgen. Endlich, nach zwölfstündiger Fahrt, bekommen die Hunde Witterung, und wir fahren gerade ins Lager hinein, natürlich unter Hundegeheul und dem vielen Geschrei, das über die ungehorsamen Hunde herniederhagelt, die sofort in den Unterschlupf einbrechen wollen.

Unsere beiden Kameraden mussten förmlich ausgegraben werden. Sie trieften von Nässe und waren durchfroren bis auf die Knochen. Wir errichteten sofort ein Zelt und zogen mit unserem ganzen Kram hinein. Die Freunde erhielten trockenes Zeug, kochendheißen Tee und gedämpftes Rentierfleisch mit kräftiger Suppe, so schnell als es sich nur zubereiten ließ. Es dauerte denn auch nicht lange, bis alle Widerwärtigkeiten vergessen waren und sich in Fröhlichkeit aufgelöst hatten.

Das Unwetter der letzten Tage hatte uns eine kräftige Mahnung erteilt und gezeigt, dass die Frühlingszeit in den Barren Grounds nicht behaglich ist. Wir drängten deshalb doppelt auf die Weiterreise, um endlich einmal die Tretmühle der Schlittenfahrt mit interessanterer Arbeit vertauschen zu können. Außerdem hatten wir seit unserer Abreise vom »Blasebalg« beständig das Gefühl gehabt, dass wir nur auf der Durchreise waren, auch wenn wir auf Menschen stießen. Nirgendwo hatten wir die rechte Zeit gefunden, uns häuslich einzurichten und mit den Leuten bekannt zu werden; deshalb hofften wir recht bald auf eine Arbeit, die uns genügend Zeit ließ, den Dingen auf den Grund zu gehen.

Mit einem leichten Schlitten konnte es nicht weiter als einige Tagesreisen bis nach Hikuligjuaq sein, in dessen Umgebung vermutlich die nächsten Padlermiut oder Angehörigen des Pfeilvolkes wohnten. Wir beschlossen deswegen, dass Birket-Smith und Helge Bangsted vorläufig mit dem größten Teil unserer Sachen beim Zelt zurückbleiben sollten. Mit leicht beladenem Schlitten wollten dann »Eidervogel« und ich auf die Suche nach Menschen gehen. Belehrt durch die Unbeständigkeit des Wetters, wussten wir jetzt, dass es zu dieser Jahreszeit schwierig war, ohne Zelt zu reisen; wir flickten deswegen in aller Hast eines aus unseren Schlafsackbezügen zusammen und verließen die Kameraden am 30. nachmittags bei Schneefegen und unsichtigem Wetter. Es fror nur zwei Grad, aber das Wetter war so rau und windig, dass wir uns wie mitten im Winter fühlten.

31. Mai
Die Einöden sind so lebendig geworden, dass man mit Hunden, die gewöhnt sind, Wild zu jagen, kaum vorwärts kommt. Unaufhörlich traben große und kleine Rudel von Rentieren vorbei, bald fünfzehn, bald fünfundzwanzig, bald fünfzig, manchmal über zweihundert. Das Großartige dieser Wanderung liegt nicht in der Größe der Rudel, sondern darin, dass ununterbrochen neue Schwärme von allen Seiten und über allen Hügelkämmen auftauchen. Sehen wir über die Flächen hinaus, so wirken die äsenden Tiere wie Staubkörner, die ohne Zahl über den weißen Schnee verstreut sind.

Der Himmel ist klar, wir haben wieder Winter bekommen. Der Schnee ist von neuem gefroren und hat sich wie ein großer Kuchen flach über das Land gelegt; nun, wir können mit vermehrter Geschwindigkeit dahinsausen. Wir folgen den Flusswindungen durch das flache Land, wo das Flussbett sich oft zu breiten Seen erweitert. Wir gehen aufs östliche Ufer über und schlagen das Lager auf.

Es ist früh am Morgen, die Sonne beginnt schon durch das Zelttuch zu wärmen. Das wirkt immer einschläfernd auf uns, aber heute ist es unmöglich, zur Ruhe zu kommen. Wir haben fünf Rentiere gleich beim Lagerplatz geschossen, und da überall massenhaft Reisig zu finden ist, zünden wir ein Kochfeuer an und bereiten das Essen. Wir liegen in einem kleinen Hohlweg zwischen zwei Hügelchen. Nach Osten hin haben wir Ausblick über eine mächtige Steppe, auf der es von Rentieren wimmelt. Manchmal kommen Hunderte ganz dicht an unserem Hohlweg vorbei, wo sie einen Augenblick stutzen, stehen bleiben und groß zu uns herüberäugen. Sie kommen mit dem Wind, deshalb wittern sie nichts und werden nicht aufgescheucht. Die Hunde, welche den ganzen Tag hinter den Rentieren hergejagt sind, haben nun das Rennen aufgegeben und fressen Fleisch, solange sie noch schlingen können. Obwohl das Knirschen vieler hunderter Huftritte im Schnee die Stille ringsum unterbricht, wenden die Hunde kaum den Kopf nach dem ungewohnten Anblick.

Auch das Vogelleben erwacht mit dem Tage; die Eulen, die hier ungewöhnlich zahlreich sind, gleiten lautlos über uns dahin, um ein Hügelchen zu finden, von dem aus sie nach Lemmingen (mausähnliches Nagetier) ausschauen können. »Eidervogel« und ich müssen mit Gewalt im Zelt eingesperrt werden; wenn wir draußen bleiben, fallen wir niemals in Schlaf. Am liebsten brächen wir gleich wieder auf und reisten sofort weiter, aber die Sonne schmelzt den Schnee und macht alles unpassierbar, bis der Nachtfrost die Wege wieder glattfriert.

Aber lange konnten wir nicht warten; schon früh am Nachmittag waren wir wieder unterwegs und fuhren weiter. Wir waren nicht allzu lange gereist, als wir bei einer Flussbiegung einen Schlitten mit drei Mann gewahrten. Wir machten sofort halt und winkten ihnen zu, aber kaum hatten sie unsere grönländischen Trachten gesehen, als sie schon auf die Hunde lospeitschten und in wilder Flucht hinter dem nächsten Hügelkamm verschwanden. Eine Verfolgung konnte leicht zu Missverständnissen und Feindseligkeiten führen; deswegen fuhren wir ruhig weiter in der Hoffnung, bald auf ein Lager zu stoßen. Wir haben den Fluss verlassen und sind an einen großen See gelangt, so groß, dass es nur der Hikuligjuaq sein kann. Wir sind am östlichen Ufer des Flusses herabgezogen, wie man uns geraten hat, und nun sehen wir endlich auf einer Hügelspitze einen Mann, der uns mit der größten Aufmerksamkeit betrachtet. Wir halten und winken zu ihm hinauf, und als er zur Antwort beide Arme ausstreckt zum Zeichen, dass er ein Freund ist, fahren wir weiter und sind kurz darauf an seinem Wohnplatz.

Wir haben endlich unser Ziel erreicht, wir sind unter den Padlermiut, dem Pfeilvolk.

Es war ein kleines Lager, zu diesem Zeitpunkt nur drei Zelte, und der Mann – Igjugarjuk hieß er – kam im Gegensatz zu seinen Landsleuten in diesen Breiten mit furchtloser Herzlichkeit auf uns zu. Es lag etwas Breites, Joviales über dem Lächeln des Mannes, das uns sofort für ihn einnahm. Als wir von den jungen Männern erzählten, die vor uns geflohen waren, lachte er nachsichtig und erklärte, dass sie uns wohl für Indianer gehalten hätten. Bevor die verschiedenen Posten der Hudson Bay Company ringsum in den Barren Grounds eingerichtet wurden, waren die Eskimos und Indianer weniger ortsansässig als heute gewesen; so weit die Tradition zurückging, hatte immer eine tödliche Feindschaft zwischen ihnen geherrscht. Ich kannte Igjugarjuk ein bisschen, besonders von seinen nächsten Nachbarn am Kazanfluss, und ich hatte davon gehört, wie er sich seine erste Frau verschafft hatte. Die Methode war, selbst wenn man sie an den eskimoischen Formen der Werbung misst, drastisch. Man hatte sie ihm verweigert, da war er mit seinem älteren Bruder im Hausgang der Schneehütte erschienen und hatte von dort erst den Schwiegervater, dann die Schwiegermutter und die Schwäger samt

Schwägerinnen totgeschossen – ungefähr sieben oder acht Menschen, bis nur noch die eine übrig war, ohne die er nicht leben konnte.

Es überraschte mich deshalb sehr, dass ein Mann von diesem Temperament sofort bei meiner Ankunft seine Würde dokumentierte und mir ein Schreiben mit dem Siegel der kanadischen Regierung überreichte, ein Schreiben, welches bei seinem Wohnplatz während einer Mörderjagd im April 1921 ausgestellt worden war und folgendermaßen begann: »Nachfolgendes soll dartun, dass der Inhaber, ein gewisser Ed-joa-juk (Igjugarjuk) vom See She-ko-lig-jou-ak, mit dem heutigen Tage von mir, dem unterzeichneten Albert E. Reames, Friedensrichter Seiner Majestät im Nordwestterritorium, als ein besonders ernannter Polizeikonstabler im oben erwähnten Territorium mit der Aufgabe angestellt worden ist, einen gewissen Uanguaq, Padlermiut-Eskimo, der wegen zweier Morde angeklagt ist, aufzuheben und vor Gericht zu stellen.«

Ich las das Schreiben mit dem erforderlichen Ernst und gab ihm dafür eine alte Zeitung, welche ich als Einpackpapier gebraucht hatte. Er nahm sie würdig entgegen und studierte sie mit der gleichen Aufmerksamkeit, mit der ich sein Dokument gelesen hatte, und von dem Augenblick an waren wir Freunde mit vollem Zutrauen zueinander.

Igjugarjuk war indessen durchaus kein Schwindler; wenn ich an all die Menschen denke, die ich auf der langen Reise von Grönland bis Sibirien getroffen habe, so nimmt er einen hervorragenden Platz unter ihnen ein. Er war klug, selbstständig, intelligent und im Besitze einer großen Würde seinen Lagergenossen gegenüber. Er lud uns sofort in eines seiner

Übersichtskarte über die Jagdgebiete der Rentiereskimos.

92°
90°
88°
86°
66°
65°
64°
63°
Kap Munn
Panalik
Wager Förde
(Utkusiksalik)
Douglas Hafen
Umiarfik
Savage Sund
Berthie Hafen
Nuvuk
Sir Thomas Roes Welcome
Southampton Insel
Lorillard Fluss
Iterdlak
Yellow Bluff
Walfisch Spitze
Daly Bucht
Walross Insel
Kap Fullerton
Fullerton Hafen
Winchester Förde
Depot Insel
Whitney Förde
Centre Ins.
Deer Insel
Kap Kendall
Gods Mercy Bucht
Promise Insel
Ighuligarjuk
Fairway Inseln
HUDSON BUCHT
Kap Low
Baker Vorland
Marmor Insel
Um die Größenverhältnisse anschaulich zu machen, ist Seeland hier im gleichen Maßstab eingezeichnet
GRÖNLAND
Lancaster Sund
BAFFIN BUCHT
BAFFIN LAND
Boothia Golf
Hudson Str.
HUDSON BUCHT
92° westl. v. Greenwich

Zelte ein; als der große Mann, der er war, hatte er natürlich zwei Frauen. Die älteste, Kivkarjuk (der abgenagte Knochen), welche der Anlass zu dem oben erwähnten Blutbad gewesen war, war nun von einer jüngeren Schönheit mit Namen Atqaralaq (die Kleine, die zu einem hinabsteigt) entthront worden. Selbstverständlich wurden wir in ihr Zelt geführt.

Zu meiner großen Freude war die Hungersnot, welche wir anzutreffen geglaubt hatten, nun schon lange von Wohlstand abgelöst. Vor dem kleinen Zeltplatz lag ein Berg noch nicht abgebalgter Rentiere, so viele, dass man sie unmöglich zählen konnte. Man versteht, welch ein Fest es für diese Eskimos ist, wenn die Wanderung der Rentiere beginnt! Als ich meine Freude über das viele herrliche Fleisch aussprach, das zusammengehäuft dalag, erzählte man mir, dass sie noch vor einem Monat beinahe vor Hunger gestorben wären. Trotz endloser Jagd war kein Wild zu finden gewesen. Obwohl man über hundert Weißfüchse im Lager gehabt hatte, waren doch weder Hunde noch Menschen genügend bei Kräften gewesen, um den langen Weg bis nach Bakersee zu reisen und dort Proviant zu kaufen. Da hatte die eine von Igjugarjuks Frauen, die alte Kivkarjuk, und ein kleiner Pflegesohn den Wohnplatz mit einem Ziehschlitten verlassen. Es war damals noch strenger Winter, und ihr Ziel war ein kleiner See, weit, weit weg. Dort wollte die alte Frau versuchen, Lachse zu fischen. Ohne Proviant und ohne Schlafpelze hatten sie sich bis zum See hingeschleppt und sich unterwegs mit möglichst kurzen Ruhepausen in kalten Schneehütten begnügt. Der See war voll von großen Lachsen gewesen, und Kivkarjuk hatte auf diese Weise den ganzen Wohnplatz gerettet. Aber ihre Gesichter trugen noch jetzt die deutliche Spur von dem, was sie durchlitten hatten.

Aber nun war alles anders!

Igjugarjuk gab augenblicklich Befehl, eine hervorragende Festmahlzeit für uns zu bereiten, zwei große Rentierkörper wurden in gewaltigen Zinkgefäßen über das Feuer gesetzt.

Ich hatte erwartet, zu vollständig primitiven Menschen zu kommen; deswegen war alles, was ich nun sah, eine einzige große Enttäuschung. Wir waren mitten in der allerschlimmsten Blech- und Konservendosenkultur, die das Ergebnis der Handelsreisen zu den entfernten Hudsonbaistationen war. Wenn ich von ihrem ausgeprägt eskimoischen Aussehen absah, hatte ich das Gefühl, eher zu einem Indianerlager als zu Eskimos gekommen zu sein. Die Zelte waren spitze Wigwams von Rentierfellen mit einem Rauchloch an der Spitze, im Innern eines jeden Zeltes brannte Uvkak, das Zeltfeuer. Die Frauen trugen über ihren Felltrachten gestickte Schals von der gleichen Art, wie sie die Indianermädchen gebrauchen; zu meiner Überraschung entdeckte ich auch, dass sie Uhren um den Hals gehängt trugen; doch waren diese so zerlegt, dass einige die Kapsel trugen, während das Werk unter den übrigen Mitgliedern verteilt war.

Das einzige unverfälscht Eskimoische, auf dem wir nun unsere Arbeit aufbauen sollten, war die Sprache. Sowohl der Wohnplatz als auch wir selbst erlebten die große Freude, dass die grönländische Zunge augenblicklich verstanden wurde, wenn auch ein natürlicher Unterschied in der Aussprache und im Dialekt vorlag. Igjugarjuk, der gern ein bisschen schmeichelte, erklärte, ich sei der erste weiße Mann, welcher auch zugleich Eskimo sei.

In diese Unterhaltungen gellte ein Ruf über den Lagerplatz: »Das Fleisch kocht, das Fleisch kocht!«

Und mit der ganzen Esslust von Menschen, die soeben eine Hungerperiode überstanden haben, liefen alle Mann zu Igjugarjuks Zelt hin; die Frauen durften erst heran, wenn die Mahlzeit der Männer zu Ende war. Die zwei Rentiere lagen in gewaltigen Stücken auf dem Boden in Holzschüsseln verteilt; und da der Wirt sich klugerweise gedacht hatte, dass unsere Gewohnheiten nicht völlig die gleichen seien wie die ihrigen, hatte er unsere Portionen auf eine besondere Schüssel gelegt, die er uns reichte. Alles stürzte sich gleich gierigen Hunden über die Mahlzeit. Es kam darauf an, sich schnell die besten Stücke zu sichern, und obwohl ich zwischen den Eskimos oft barbarischen Festmahlzeiten beigewohnt habe, ist mir doch niemals ein solcher Mangel an Form begegnet. Nur die Älteren gebrauchten Messer, die Jüngeren rissen in der gierigen Weise, wie wir uns die Urmenschen essend denken, das Fleisch von den Knochen. Außer den zwei Rentieren waren verschiedene Köpfe gekocht worden. Jedes von den Mitgliedern der Expedition bekam einen, aber wir durften ihn in unserem eigenen Zelt verzehren, da man ein gastfreundliches Verständnis dafür hatte, dass wir durchaus nichts mehr zu uns nehmen konnten. Eine einzige Bedingung wurde an diese Fleischgabe geknüpft: Jeder von uns musste dafür einstehen, dass die Überreste weder von den Frauen noch von den Hunden benagt würden. Namentlich betrachtete man die Mäuler als eine heilige Speise, die nicht verunreinigt werden durfte.

Dann kam das Dessert; aber das zu verzehren, war keiner von uns imstande. Es bestand aus fetten, rohen Larven von

Rentierbremsen, welche aus dem Fell der frisch geschossenen Tiere herausgekratzt worden waren. Sie wimmelten in einer großen Fleischschüssel wie Riesenmaden, und wenn man in sie hineinbiss, gab es einen kleinen Knacks. Der immer aufmerksame Igjugarjuk sah meine Verlegenheit und sagte freundlich:

»Niemand wird sich darüber verletzt fühlen, dass Ihr unsere Speise nicht versteht; jeder Mensch hat seine Gewohnheit.« Aber dann fügte er neckend hinzu: »Im Übrigen esset Ihr ja soeben Rentierfleisch, und was essen wir jetzt anderes als die kleinen Eier, die sich durch die Lebenssäfte des Rentieres entwickelt haben!«

Gegen Nachmittag kam ein ganzes Gefolge von Schlitten zum Wohnplatz von einer großen Insel, die mitten im Yathkied-See liegt. Es war ein merkwürdiger Volkszug für den, der sonst nur gewöhnt ist, die Küsteneskimos mit ihren Hunden fahren zu sehen. Hier waren im Ganzen sechs schwer beladene Schlitten zu drei und drei zusammengebunden; jede Schlittenabteilung wurde von zwei Hunden gezogen, aber zusammen mit den Hunden zogen Männer und Frauen. Die Einzige, die auf der Ladung sitzen durfte, war ein mumienartiges altes Weib, welches wegen seiner Kenntnisse vom Tabu und seines großen Wissens allgemeine Achtung unter den Padlermiut genoss. Dass sie außerdem noch die Schwiegermutter von Igjugarjuk war, sollte ebenfalls den Respekt nicht vermindern.

Es war nicht mehr als eine Tagesreise vergangen, als wir schon begannen, uns zwischen diesen merkwürdigen Menschen zu Hause zu fühlen. Sie erwiesen uns allem Anschein nach volles Vertrauen und suchten auf jede Weise unsere Neugierde zufriedenzustellen, wenn wir fragten. Am Abend versuchte ich denn auch auf mein eigentliches Gebiet zu kommen und erklärte Igjugarjuk, dessen Erfahrung als Geisterbeschwörer über die ganzen Barren Grounds ging, wie bedeutsam es sein würde, seine Vorstellungen vom Leben, seine Religion und seine Sagen kennen zu lernen. Aber hier stieß ich mit dem Kopf gegen eine Mauer. Seine Antwort ging ganz kurz dahin, dass er ein unwissender Mann sei, der nichts von der Vorzeit seines Volkes wisse; er erklärte bestimmt, dass die Menschen lögen, wenn sie erzählten, er sei ein Zauberer.

Ich sah ein, dass ich mich übereilt hatte und dass der Weg bis zu Igjugarjuks wirklicher Vertraulichkeit noch lang war.

In dieser Nacht schlief ich nicht viel. Der Zeltvorhang war offen und ließ die milde, lichte Frühjahrsnacht herein. Von meiner Bank aus konnte ich zwischen den Zelten die großen Kochfeuer leuchten sehen, welche unter den gewaltigen Töpfen züngelten und knisterten. Ich wusste, dass diese Töpfe den Auftakt zu den Festlichkeiten bildeten, die das Lager für uns abhalten wollte. Man bereitete Fett aus den zermalmten Knochen, das die ganze Nacht kochen musste, bis die Fettsuppe. wirklich gut wurde.

Zwischen den Zelten spielten die kleinen Kinder, die keinen Unterschied zwischen Tag und Nacht kannten; in einem Schwarm auf dem kleinen Hügel hinter unserem Zelt saßen die jungen Mädchen und Männer und sangen im Chor; bald waren es wilde Töne, bald waren es kleine betrübte Gesänge, die sich in meine Gedanken mischten, bis ich endlich in Schlaf gesungen wurde.

Es war hoch am Tage, als wir erwachten. Igjugarjuk schlug vor, uns sein Land zu zeigen. Gleich hinter der Siedlung lag ein hoher Hügelzug, von dem man die ganze Gegend übersehen konnte. Der See erwies sich als unermesslich groß, die niedrigen Küsten verschwanden an manchen Stellen hinter dem Horizont; man hatte eigentlich mehr den Eindruck eines Meeres als eines Binnensees. Yathkied-See ist der indianische Name, die Eskimos dagegen nennen ihn Hikoligjuaq (der große See mit dem nie schmelzenden Eis), weil das Eis in der Mitte nur selten auftaut.

Igjugarjuk zeichnete mit verblüffender Sicherheit eine Karte von den Küsten des Sees in mein Tagebuch und nannte mir die verschiedenen Wohnplätze mit Namen. Vor einigen Menschenaltern lebten hier noch ungefähr sechshundert Menschen, heute jedoch höchstens noch hundert. Die Einführung der Schusswaffen hat die Wanderwege der Rentiere verschoben. Sie meiden nun meist ihre alten Schwemmplätze, und unter den Eskimos, die dadurch ihre Jagdgründe verlieren, entsteht dann Hungersnot.

Der Tag ist wundervoll. Das Wetter mit seinem raschen Wechsel von Schneesturm und Regen atmet heute nur Frieden. Der See ist am Auslaufe des Flusses aufgebrochen, und inmitten des dicken, zusammengepressten Wintereises liegt nun eine blanke Wake mit einem warmen Dunstschleier darüber. Scharen von Schwimmvögeln haben hier ihren Tummelplatz gefunden und schnattern und lachen, wenn sich neue Schwärme unter ihnen niederlassen.

Rings um uns hören wir die singenden Laute des schmelzenden Schnees, das Tageslicht prallt so stark gegen den weißen See, dass man seine Augen gegen die Blendung schützen muss. Das Frühjahr ist über den Barren Grounds, und bald werden Blumen durch den Schnee durchbrechen.

Kleine Rudel von wandernden Rentieren kommen nahe an uns heran, aber heute sind wir nur tierfreundliche Zuschauer und fühlen nicht den schnellen Atem des Jägers, als sie in Schussweite an uns vorbeitraben. Vorläufig haben wir Fleisch genug.

Überall um uns sehen wir Steinmale, Rentiersperren, Verstecke für Bogenschützen und viele kleine Warten mit einem Erdklumpen obendrauf, der einem Menschenkopf gleichen soll – alles Überbleibsel aus der Zeit, da man die Rentierjagd noch systematisch betrieb und die Tiere zu den Schwemmplätzen hinabjagte, wo die Kajakmänner sie dann mit dem Speer überfielen.

Alte Erinnerungen überkommen Igjugarjuk. Er erzählt mir, wie die Rentiere schon in der Mitte des April von den Wäldern herabkommen. Sie kommen in der Richtung des Bakersees gewandert und zerstreuen sich von dort in das Küstenland. Sobald die Sonne wärmer zu strahlen beginnt, jagt ein rätselhafter Wandertrieb alle Tiere aus dem Windschutz der Wälder. Viele Male ist der Aufbruch überhastet, und ein plötzlicher Schneesturm zwingt sie zur Umkehr, aber beim nächsten Aufbruch ist ihre Zahl gewachsen, und nun traben sie vorsichtig auf ihren alten Pfaden vorwärts; sie wissen, dass sie dort, wo sie es am wenigsten ahnen, Feinde haben. Deshalb sind sie, selbst wenn sie haltmachen, um sich auszuruhen oder um zu fressen, immer von scharf äugenden Wachtposten umgeben.

Während Igjugarjuk und ich zum Zeltlager hinabgehen, gewahren wir weit am Horizont den äußersten Saum des Waldes, aber das Licht der Sonne fällt so, dass ich nicht recht weiß, ob es Hügelzüge oder Wälder sind. Ich frage deshalb Igjugarjuk. Er antwortet: »Das ist Napartut (der da aufsteht). Das sind nicht die Wälder, von denen wir das Holz für unsere langen Schlitten holen; diese liegen noch weiter weg. Wir glauben, dass die Waldbäume lebende Wesen sind, die nur nicht sprechen können; deshalb übernachten wir nicht gern zwischen ihnen. Die, welche einmal dazu gezwungen waren, erzählen, wie sie während der Nacht die Zweige in einer Sprache haben flüstern und stöhnen hören, die sie nicht verstanden.«

Alle Tiere huldigen dem Frühjahr auf ihre stumme und demütige Weise. Wir sehen, wie sich Hase und Lemming, Hermelin und Murmeltier im hohen Grase zusammenrollen, ohne ans Fressen zu denken, nur der Wärme und dem Licht hingegeben. Sie träumen von einem ewigen Sommer und überlassen sich dem Genuss, der sie die Feinde des Lebens ganz vergessen lässt. Selbst die Wölfe, die Meister des Hinterhalts, haben die uralte Winterhöhle gefunden und denken nur an Fruchtbarkeit, die bald ihre Familie vermehren soll. In vierzehn Tagen haben sie den Bau voll von Jungen, und dann müssen sie den Ort wechseln; denn die Füchse haben immer eine feine Nase für jegliche Brut, selbst wenn die Sonne noch so heiß brät.

Aber drunten beim Fluss geht das Geschnatter zwischen Seeschwalben und Möwen und Enten; sie können nicht verstehen, dass der Eisvogel immer weinen muss, wenn er am fröhlichsten ist. Oh, welch Leben in seinem gesegneten Wachstum, wie die gefrorene Erde ihren Atem ausdampft, die Eishülle zu schmelzen und die Pflanzen zum Wurzeln zu locken!

Der Sand am Flussufer glänzt wie Schnee, eilende Kraniche drücken ihre Fußspur darauf; alle gebrauchen den Schnabel unbekümmert um die großen Töne der Natur, bis ein Schwarm weißer Wildgänse sich ins Wasser wirft, dass die Flut aufklatscht und alles Geschwätz beklommen stillschweigt. Nichts kann die Laute des Frühlings ausdrücken, die als Farben und Klänge daherkommen; die Menschen, welche ihr Land lieben, versuchen es nicht und saugen nur stumm und tief den sprießenden Wohlgeruch ein. Hat der Eisvogel recht, wenn er verzweifelt ob all der Schönheit? Nein – ein kleiner Junge, der sich einmal längs den Ufern des Hikoligjuaq müde gelaufen hatte, fand im Ausruhen einige Worte, die wir alle summen können:

> Herrlicher See mit den treibenden Schollen,
> Sonne und Eis!
> Schmerzende Schlaffheit schlägt meine Glieder,
> Und ich ruhe.
> Indessen genieß' ich unsägliche Freuden,
> Die ich finde an deinen Gestaden.

Die Sonne steht nun tief am Horizont, der Himmel und das ganze Land strahlt in roten Flammen.

»Ein junger Mann ist tot und kommt in den Himmel«, sagt Igjugarjuk, »daher kleidet der große Geist Himmel und Erde in rote festliche Farben, um seine Seele zu empfangen.«

Am 2. Juli ist die ganze Expedition versammelt; Birket-Smith und Bangsted sind mit unserem letzten Gepäck angekommen. Es sind 10 Grad Kälte, der Himmel strahlt klar, doch herrscht scharfes Schneefegen.

Das tägliche Leben

Nachdem unsere erste Bekanntschaft eingeleitet war, ließ ich einige Tage mit Jagden und kleinen Geschäften in ethnografischen Gegenständen vergehen. Ich hatte verstanden, dass bis zur vollen Vertraulichkeit mit diesen Menschen einige Zeit vergehen würde. Die meisten von ihnen waren zwar an den Handel mit weißen Männern gewöhnt, aber ihre inneren Gedanken von Leben und Tod waren etwas, das sie für sich selbst behielten; sie wünschten keine Erörterungen darüber mit Fremden.

Es waren Leute, die alles mit Ruhe nahmen. Nun, wo ganze Berge von Rentieren vor ihren Zelten lagen, schien ihr Jagdeifer nicht mehr besonders brennend zu sein. Ein Tag nach dem andern verging, ohne dass man sich das Geringste vornahm. Sie zogen es vor, ihre unbegrenzte Muße mit Spaziergängen in und um unser Zelt zu verbringen. Unter den Küsteneskimos hatten wir es immer vorgezogen, bei den Leuten zu wohnen, zu denen wir kamen; das versetzte uns mit einem Schlage in ihre tägliche Umwelt, und wir gewannen ihr Vertrauen, wenn wir als ein Teil ihrer Familie aufgenommen waren. Aber hier beschlossen wir, in unserem eigenen Zelt wohnen zu bleiben, nicht nur weil wir mehr Zeit hatten, sondern auch weil wir fanden, dass unsere neuen Lagergenossen durchgehend unerträglich schmutzig lebten.

Ich habe bereits die Festmahlzeit geschildert, mit der wir empfangen wurden. Es hatte sich damals sogleich als unmöglich erwiesen, alles zu essen, was man uns anbot, obwohl wir durch den jahrelangen Aufenthalt zwischen Eskimos an vieles gewöhnt waren. Bei den Inlandeskimos wollten wir lieber unsere eigenen Köche sein, soweit dies kein Ärgernis erregte. Ein alltägliches und sehr beliebtes Gericht war eine starke Bouillon, die in einem Riesentopf aus den abgenagten Knochen, die in den Zelten nach den täglichen Mahlzeiten gesammelt wurden, bereitet wurde. Die mit Steinen zermalmten Knochen wurden mit ein wenig Wasser vermischt und zusammen mit Rentierhufen gekocht. Zwischen den Hufen saßen gewöhnlich Reste von Exkrementen, die zwar der Suppe eine gewisse Farbe, aber nicht gerade einen angenehmen Geschmack gaben. Es bedurfte einer ganzen Nacht, die Kraft aus diesen Knochen herauszukochen; diese Arbeit wurde den Kindern überlassen, während die Erwachsenen schliefen. Denn hier wie überall in der Welt hatten die Kinder die Gewohnheit, am Abend nie ins Bett zu wollen, und die pfiffigen Eltern hatten ihnen deswegen das Amt als Koch übertragen. Dies machte ihnen übrigens solchen Spaß, dass man kaum schlafen konnte.

Es war jedoch nicht das Essen allein, das uns zu einem gewissen Abstand nötigte, es waren auch die zahlreichen Läuse, mit denen die Eskimos behaftet waren. Nach einem kurzen Aufenthalt auf ihren Bankfellen mussten wir immer nach Hause gehen, um uns abzusuchen. Wir hatten geradezu den Eindruck, dass man die kleinen Parasiten gern habe, weil sie ebenso wie die Rentiere Vorläufer des Sommers waren. Sie kamen ja mit der Wärme und der Sonne; während des Winters konnten sie in den kalten Schneehütten nicht gedeihen.

Es war uns sehr willkommen, dass die Männer nichts zu tun hatten; denn das gab uns reichlich Veranlassung, aus ihnen recht viel Wissenswertes herauszuholen. Wenn es nur Dinge des Alltags waren, belehrten sie uns sehr gern. Den tiefsten Eindruck machte es auf uns, dass sie vollständig unabhängig vom Meere lebten. Allerdings waren einige von ihnen durch Handelsreisen mit den Küstenbewohnern in Verbindung gekommen, aber immerhin waren unter ihnen doch viele, die das Meer noch nie gesehen hatten. Darin hatte man auch den Grund für das strenge Tabu zu suchen, das auf alle Seetiere gelegt war. Alte Männer waren der Auffassung, dass ihre Vorväter immer im Binnenlande gelebt hätten und dass ihr einziger Erwerb auf Rentiere, Vögel und Lachse aufgebaut gewesen sei. Es fand sich auch nichts in ihrem Gewerbsleben, was darauf hätte schließen lassen, dass sie sich je am Meere aufgehalten hatten. Im letzten Menschenalter war jedoch der Umgang mit den benachbarten Stämmen lebhafter als früher geworden, und eine Art Auswanderung hatte vom Südende des Hikoligjuaq über die großen Seen bis zur Küste bei Eskimo Point hinab eingesetzt. Das Land dort war von früheren Binnenstämmen bewohnt, aber nur sehr wenige von denen, mit denen wir jetzt zusammenlebten, konnten verstehen, dass es überhaupt Menschen gab, welche speckglänzende und übelriechende Seetiere all den Herrlichkeiten des Binnenlandes vorzogen.

Jeder Jäger war im Besitze eines modernen Gewehres; die Füchse, deren Pelze zum Einkauf von Munition notwendig waren, waren unschwer zu fangen. Trotzdem rechneten sie nicht damit, dass gerade die gefährlichen Feuerwaffen an ihrer häufigen Not schuld waren. In alten Tagen war jegliche Jagd in weit höherem Grade als heute auf bestimmte Jahreszeiten angewiesen gewesen, aber die ausgeklügelten Fanggeräte und -methoden der Eskimos machten gewöhnlich die Ausbeute so

reich, dass man lebend durch die toten Zeiten hindurchschlüpfen konnte, wenn man nur während der Jagdzeit reichlich Winterdepots angelegt hatte.

Erste Voraussetzung für die Jagd war, dass die Wohnplätze mitten in den Wanderwegen der Rentiere lagen. Da die Wege im Frühjahr und Herbst nicht die gleichen waren, führte die Bevölkerung ein Nomadendasein. Man kehrte jedoch immer zu den gleichen Wohnplätzen zurück, denn für die Jagden waren große Vorbereitungen erforderlich. Hunderte von Steinwarten mussten über kilometerlange Strecken hin aufgeführt werden, und das Jagdgelände musste so gewählt sein, dass man die Rentiere genau in die gewünschte Richtung treiben konnte. Jagd im offenen Felde mit Bogen und Pfeil gab nur geringe Ausbeute; man musste sich ganz dicht an die Tiere heranschleichen, und das nahm oft Tage in Anspruch. Selbst wenn man Glück hatte, konnte man niemals auf mehr als einzelne Stücke rechnen, selbst dort, wo viele Rudel vorbeikamen.

Die Rentiere waren scheu, und der Pfeil erforderte einen kurzen Abstand, um schusssicher und tödlich zu wirken; diese Schwierigkeit umging man auf folgende Weise:

Längliche Steine wurden hochkant in zwei Reihen so auf-

Steinwarten, welche Menschen vorstellen sollten. Sie werden über lange Strecken hin in der Richtung gebaut, die die Rentiere nehmen sollen. (Zeichnung von K. Birket-Smith)

gestellt, dass sie eine Allee bildeten. Obenauf legte man runde Erdbrocken, die sich von weitem wie Menschenköpfe ausnahmen. Das eine Ende der Allee war sehr breit und so ins Gelände gelegt, dass sich die flüchtenden Rentiere, wenn sie über den Hügelkamm kamen, plötzlich zwischen ihnen befanden. Kinder und Weiber kamen hinterher gelaufen, Pelze schwenkend und heulend wie Wölfe. Den Tieren, welche nun glaubten, dass die Jäger sowohl hinter wie neben ihnen seien, blieb keine andere Wahl, als ihre Flucht durch die Allee fortzusetzen, die enger und enger wurde. Zu beiden Seiten hinter den Scheuchen waren Steinverstecke gebaut, wo die Jäger warteten. Das Wild war nun gezwungen, in ganz kurzer Entfernung an ihnen vorbeizulaufen, ohne eine Umkehr oder einen Ausbruch zu wagen. Auf diese Weise konnten die Bogenschützen, während die Tiere vorbeitrabten, ununterbrochen schießen.

Das gleiche System von Warten wurde auch bei den Schwemmplätzen der Tiere an Seen und Flüssen angewandt. Der Unterschied war in diesem Falle nur der, dass die Jäger im Versteck am Ufer warteten und das Rudel erst überfielen, wenn es Rettung im See suchte. Dann ruderten sie mit ihren Kajaks hinaus; da die Rentiere nicht besonders schnell schwimmen, war es dann leicht, sie einzuholen und mit dem Speer zu töten. Waren die Schwemmplätze breit und die Rentierhorden zahlreich, so konnte diese Jagdmethode eine so große Ausbeute geben, dass die Flut voll von treibenden Tierkörpern war.

Eine sehr geschickte Art, Rentiere im Winter zu fangen, bestand darin, Fallgruben tief im Schnee anzulegen. Die Öffnung wurde mit Reisig und einer dünnen Lage von Schnee bedeckt, worüber man ein wenig Rentiermoos streute und Hundeurin spritzte. Die Rentiere, von dem Uringeruch angezogen, stürzten durch die dünne Schneedecke in die Grube hinab, aus der sie sich nicht wieder befreien konnten.

Verglichen mit der Rentierjagd war alles andere nebensächlich. Fische wurden mit der Gabel und mit dem Angelhaken gefangen; Vögel, Hasen, Lemminge und Murmeltiere mit der Schlinge. Der Vogelfang wurde besonders im Herbst betrieben, wenn die Vögel mauserten und nicht auffliegen konnten. Dann wurden sie mit Kajaks auf den Seen verfolgt und mit kleinen Harpunen erlegt.

Leider machen die Schusswaffen heutzutage die Kajaks überflüssig, und es wird kaum lange währen, bis sie der Geschichte angehören. Die Jagd mit dem Gewehre bietet zwar im Augenblick Vorteile, aber sie halten auf die Dauer nicht vor. Es ist höchst verführerisch, unabhängig von den Warten und den Schwemmplätzen losschießen zu können, wo immer man auf Rudel trifft, denen man sich leicht auf

Schussweite nähern kann. Man erreicht damit auch, dass die Jagd sich gleichmäßig über die Monate verteilt, in denen sich die Rentiere in den Barren Grounds aufhalten, und das heißt für die meisten Gegenden von Mitte April bis Anfang Juli und später im Nachsommer von Mitte August bis Oktober, aber man vergisst ganz, dass Pfeil und Speer Geräte sind, die kein Geräusch verursachen und die Tiere, die nicht getroffen werden, auch nicht verscheuchen. Das Ergebnis war denn auch, dass die Rentiere jahrhundertelang denselben Wanderwegen von den Wäldern in die Barren Grounds und wieder zurück folgten. Aber die Einführung der Feuerwaffen scheint darin eine Veränderung bewirkt zu haben; die Rentiere suchen sich nämlich mehr und mehr neue Wege, welche die alten Wohnplätze umgehen, und das hat viel Hungersnot zur Folge gehabt. Lange Hungerperioden haben in den letzten Jahren die Bevölkerung in manchen Distrikten vollständig ausgerottet.

Ein Unglück für die Rentiereskimos ist es ferner, dass die große Rentierwanderung im Spätsommer und Herbst gerade zu der Zeit einsetzt, wo es am schwierigsten ist, das Land zu bereisen. Die große Tundra liegt unwegsam da, und die Flüsse führen nur in eine ganz bestimmte Richtung, sehr oft in Bezirke, welche die Rentiere nicht durchqueren. Allerdings können die Eskimos Reisen landeinwärts unternehmen, indem sie Hunde als Packtiere verwenden und selbst die schwerste Last tragen, aber auf diese Weise kommt man nicht weit genug, und die Wanderung geschieht immer ins Blaue hinein. Erst spät im Herbst, wenn Flüsse und Seen zugefroren sind und das Land mit Schnee bedeckt ist, können sie ihre Reisen weiter ausdehnen. Dann sind sie allerdings auch hervorragende und ausdauernde Reisende. Bevor die Handelsstation beim Bakersee und bei Eskimo Point angelegt wurde, gingen sie südwärts bis zum Fort Churchill; nach Westen zu waren die Gegenden um Schultzsee und Aberdeensee ihre Grenzen. Hier versammelten sie sich bei dem berühmten Akilineq, einem Höhenzug südlich von den großen Seen beim Thelonfluss. Dort war eine beliebte Sammelstelle im Frühjahr und Sommer, wenn die Rentiere zahlreich waren und das Vogelleben sich in seiner ganzen Mannigfaltigkeit entfaltete. Man holte Holz für die Schlitten, Kajaks und Zeltstangen beim See Tivsalik, wo riesige Holzstämme mit den Flüssen ans dem Innern des Landes getrieben kamen und an die Ufer geworfen wurden. Akilineq war der Sammelplatz für die Leute vom Bakersee und vom Kazanfluss, die sich hier mit Stämmen weit von der Nordwestpassage trafen, die ebenfalls diese Gegenden besuchten, um Holz zu holen. Man benutzte diese Begegnungen für jegliche Art Handel. Die Binnenlandleute verkauften Waren, die sie von Churchill hatten, hauptsächlich Messer, die gegen die hoch bewerteten Seehundsriemen eingetauscht wurden.

In der Nähe dieser Seen befanden sich auch Wälder; da man sie aber als lebende Wesen auffasste, suchte man sie selten auf. Die Meinung, die Bäume ertrügen die Anwesenheit von Menschen nicht länger als zehn Nächte, war von den Vorvätern überliefert.

Die Schneehütte ist die einzige Winterwohnung der Inlandbewohner, aber da sie weder Speck noch Tran haben, sind sie ganz außerstande, die Schneehütten zu heizen, obwohl die Temperatur in der kalten Zeit oft unter –50 Grad Celsius fällt. Während der langen, dunklen Abende werden sie nur mit einem kleinen Lichtstumpf erleuchtet, der aus Moos und Rentierfett zusammengedreht ist, aber diese Leute sind so abgehärtet, dass sie niemals im Hause an Kälte litten, wie das Wetter auch sein mochte. Zum Schutz gegen Schneestürme sind die Häuser mit der Schneewehe ohne Übergang verbunden.

Um immer Trinkwasser zu haben, legt man die Wohnung an den Rand eines Sees. Hier hält man den ganzen Winter über ein Loch offen, über das man zum Schutz eine Schneehütte baut. Die Inlandbewohner trinken nämlich wie alle anderen Eskimos, die ausschließlich von Fleisch leben, unglaubliche Mengen Wasser.

Im Monat Mai schmelzen die Schneehütten zusammen, und man siedelt in die Zelte über. Diese sind ganz aus Rentierfell, meistens groß und prachtvoll und haben an der Spitze ein Abzugsloch für den Rauch von der gleichen Art wie die indianischen. Vor dem Platze der Hausfrau ist die Feuerstelle, hier werden alle Mahlzeiten gekocht, da das Wetter gewöhnlich sehr stürmisch ist. Wenn man nun glaubt, dass hier Wärme und Behaglichkeit herrscht, befindet man sich im Irrtum. Das Kochen im Hause bringt es mit sich, dass man entweder immer im Zug sitzt, weil ein Türvorhang fehlt, oder im dichten Rauch des Feuers. Manchmal mussten wir halberstickt ins Freie springen, um Luft zu bekommen, während sich augenscheinlich die übrigen Bewohner des Zeltes nicht im Geringsten gestört fühlten.

So ungefähr verläuft in großen Zügen das tägliche Leben dieser Menschen, die sicher die abgehärtetsten der Welt sind. Ihr Land legt ihnen harte Lebensbedingungen auf, und doch erscheint es ihnen als das beste auf der Erde. Uns fielen am meisten die schroffen Gegensätze auf; entweder leben sie in tiefer Not oder in einem so wunderbaren Überfluss, dass sie über den guten Zeiten alle Schwierigkeiten vergessen, die sie überstanden haben, und auch die, welche noch lauernd in der Dunkelheit des neuen Winters liegen.

Glaube und Aberglaube

Igjugarjuk, der sehr bestimmt behauptet hatte, er sei kein Geisterbeschwörer (Schamane) und wisse auch nichts von seines Volkes Vorgeschichte, schlug bald um, als er Zutrauen zu mir gefasst hatte und verstand, wie ernst ich all diese Fragen nahm. Es glückte mir nun, mit seiner Hilfe einen Einblick in eine Kultur zu bekommen, die mir in vielen Beziehungen ganz neu war.

Es erwies sich als unmöglich, ein klares und zusammenhängendes Bild der religiösen Vorstellungen dieser Eskimos zu erhalten. Sobald man nach Dingen zu fragen begann, die nicht mit Händen zu greifen waren, widersprachen sich die Auffassungen. Man wusste nichts Bestimmtes und stieß sich auch nicht daran, dass die Weisen des Stammes einander widersprachen. Das einzig Feststehende war, dass es außerordentlich schwierig ist, den Dingen auf den Grund zu kommen, die sich unserem Wissen entziehen. Ihre Auffassung vom Leben nach dem Tode versteht man am besten aus folgender Sage, die mir von Kivkarjuk erzählt wurde:

»Der Himmel ist ein großes Land mit vielen Löchern. Diese Löcher nennen wir Sterne. Hier wohnen viele Menschen, und wenn diese etwas verschütten, so läuft es durch die Sterne und wird zu Regen und Schnee. Oben im Himmelsland leben die Seelen der toten Menschen und toten Tiere bei dem Herrn des Himmels, Tapasum Inua.

Die Seelen der Menschen und Tiere werden vom Monde auf die Erde gebracht. Dies geschieht, wenn der Mond am Himmel nicht sichtbar ist; dann ist er mit den Seelen auf dem Wege zur Erde. Nach dem Tode braucht man nicht dasselbe zu werden, was man im Leben war; so kann eine Menschenseele zu jeder Art Tier werden. Pinga wacht über das Leben der Tiere und sieht es nicht gern, dass allzu viele von ihnen getötet werden. Nichts darf verloren gehen; das Blut und die Eingeweide sollen zugedeckt werden, wenn man ein Rentier getötet hat.

So ist das Leben ewig, nur weiß man niemals, in welcher Gestalt man wieder aufersteht.«

Am leichtesten war es, die Geisterbeschwörer auszufragen. Im Verlaufe langer Gespräche mit Igjugarjuk glückte es mir schließlich, viel Interessantes zu erfahren. Seine Theorien waren indessen so einfach und so geradezu, dass sie auffallend modern lauteten. Seine ganze Lebensanschauung kann in folgende von ihm selbst stammende Worte zusammengefasst werden:

»Alle wahre Weisheit findet man nur fern von den Menschen, draußen in der großen Einsamkeit, und sie kann nur erlangt werden durch Leiden. Entbehrungen und Leiden sind das Einzige, was den Sinn eines Menschen für das öffnen kann, was den anderen verborgen ist.«

Man wird nicht zum Geisterbeschwörer, weil man es selbst will, sondern weil gewisse mystische Kräfte draußen im Universum einem zu verstehen geben, dass man auserwählt sei; dieses geschieht in einer Offenbarung durch Träume.

Diese mystische Kraft, die so stark auf die Schicksale der Menschen einwirkt, wird Sila genannt und ist sehr schwer zu definieren. Das Wort hat drei Bedeutungen: Universum, Wetter (gutes oder schlechtes) und eine Mischung von gesundem Sinn, Verstand und Klugheit. In seiner religiösen Bedeutung wird das Wort Sila von einer Kraft gebraucht, die von den Menschen in Besitz genommen werden kann, einer Kraft, die personifiziert ist in Sila Inua: dem Herrn der Kraft, oder wortgetreu: dem, der die Kraft besitzt. Oft gebraucht man auch die Bezeichnung Pinga: Geist in Frauengestalt, der sich irgendwo im Universum aufhält und nur erscheint, wenn man seiner bedarf. Man hat keine bestimmte Vorstellung davon, dass sie die Schöpferin der Menschen ist oder dass die Fangtiere von ihr abstammen, aber alle fürchten sie als eine strenge Haushälterin, die alle Handlungen der Menschen überwacht, besonders die Art und Weise, die Fangtiere zu behandeln.

Weiterhin ist alles Tabu an Sila gerichtet und darauf eingestellt, das Verhältnis zu dieser Macht im Gleichgewicht zu halten; denn da die Bedingungen, welche Sila an den Menschen stellt, nicht streng sind, straft er vielleicht gerade deshalb alle Übertretungen mit seiner Macht, straft mit schlechtem Wetter, vertreibt die Fangtiere aus den Jagdgründen des Stammes durch Krankheit, kurzum straft mit dem Unglück, das man am meisten fürchtet. So geraten die Rentiereskimos in ihrem Dasein in ständige Konflikte mit Sila und mit sich selbst. In dieser Auffassung verrät sich eine bewusste Weisheit, welche allen Respekt verdient.

Ein Schamane ist der Vermittler zwischen Sila und den Menschen. Sein hauptsächlichstes Wirken besteht darin, kranke Menschen zu heilen oder sie von anderem Übel zu erlösen. Soll ein kranker Mensch errettet werden, muss er all sein Eigentum von sich geben. Dieses soll weggetragen und weit von den Wohnungen auf den Boden gelegt werden; denn wenn ein Mensch einen großen Geist anruft, darf er nichts anderes besitzen als seinen Atem.

Als junger Mann hatte Igjugarjuk viele Träume, die er sich nicht erklären konnte. Sonderbare Wesen, die er nicht kannte, traten an ihn heran und sprachen zu ihm, und wenn er aus dem Schlaf erwachte, standen alle Traumbilder so lebendig vor ihm, dass er seinen Lagergefährten davon erzählen konnte. Nachdem es auf diese Weise allen klar geworden war, dass er zum Zauberer bestimmt sei, wurde ein alter Mann namens Perqanaoq sein Lehrmeister. Mitten im Winter, in der allerkältesten Zeit, brachte er Igjugarjuk auf einem kleinen Schlitten, gerade groß genug, um darauf zu sitzen, weit vom Lager weg auf die andere Seite des Hikoligjuaq. Hier musste er auf dem Schlitten sitzen bleiben, während der alte Zauberer ihm eine Schneehütte baute, die so klein war, dass er gerade darin hocken konnte. Igjugarjuk durfte den Schnee mit seinem Tritt nicht beflecken und wurde deshalb von dem alten Mann, dessen Fußspuren als rein und heilig galten, in die Schneehütte getragen. Er bekam nicht mehr als nur ein Stückchen Fell zum Sitzen, erhielt auch keine Nahrung, weder feuchte noch trockene. Der alte Zauberer ermahnte ihn, nur an den großen Geist zu denken und an den Hilfsgeist, der nun zu ihm kommen würde, dann verließ er ihn.

Als fünf Tage vergangen waren, kam der alte Zauberer

zurück und brachte ihm einen Trunk lauwarmes Wasser. Darauf hungerte er wiederum, und zwar fünfzehn Tage, erhielt abermals einen Schluck lauwarmes Wasser samt einem ganz kleinen Stück Fleisch und musste dann noch zehn Tage hungern. Nach diesem langen Fasten wurde er endlich von dem alten Zauberer abgeholt. Igjugarjuk erzählte, dass die dreißig Tage, die er damals zubrachte, so kalt und so ermüdend waren, dass er bisweilen ein wenig starb. Er dachte während der ganzen Zeit nur an den großen Geist und versuchte, alle Menschen und alle alltäglichen Begebenheiten seinen Gedanken fernzuhalten. Erst gegen Ende seiner Fastenzeit kam ein Hilfsgeist in Gestalt eines Weibes zu ihm. Sie kam, während er schlief, und schwebte über ihm. Dann träumte er nicht mehr von ihr, und sie wurde sein Hilfsgeist. Nach der Kälte und dem Hunger dieses langen Monats musste er fünf andere Monate eine sehr strenge Diät halten und durfte keinen Umgang mit Frauen haben. Danach wurden die Fasten wiederholt, denn je öfter man sie wiederholt, desto befähigter wird man, das zu schauen, was anderen verborgen ist. In Wirklichkeit endet die Lehrzeit niemals; es kommt auf einen selbst an, wie viel man leiden und wie viel man lernen will.

Jeder Schamane hat einen heiligen Gürtel, der eine sehr wesentliche Rolle bei der Anrufung von Geistern spielt. Ich hatte das Glück, einen solchen Gürtel von einem weiblichen Geisterbeschwörer namens Kinalik (die Maske) erwerben zu können. Er bestand aus einem gewöhnlichen Lederriemen, an dem folgende Gegenstände aufgehängt waren: ein Splitter von einem Gewehrkolben – den sollte sie tragen, weil sie Geisterbeschwörerin durch Sterbegesichte geworden war –, ein Stück Sehnenfaden, der zum Zusammenbinden von Zeltstangen benutzt und bei Gelegenheit einer Geisterbeschwörung verwandt worden war, ein Stück Band, das einmal um ein Bündel Tabak gebunden gewesen war, ein Stück von der Mütze ihres verstorbenen Bruders – der Bruder war ihr Hilfsgeist –, ein Stück weißes Rentierleder, einige geflochtene Gerten, ein Kanumodell, ein Rentierzahn, ein Fausthandschuh und ein kleines Stück Robbenhaut. All diese Dinge hatten nur deswegen magnetische Kraft erhalten, weil sie ihr von Menschen geschenkt worden waren, die ihr wohlwollten.

Alle Geschenke geben Stärke. Sie brauchen nicht groß oder kostbar zu sein; denn nicht der Wert der Gabe gibt Stärke, sondern der Gedanke, der daran geknüpft ist.

Ein solcher Zaubergürtel wird in Verbindung mit einem Zauberstock verwandt. Der Stock wird am Gürtel festgebunden und dieser dann mit einem Stück Leder verhüllt, während der Beschwörer dauernd das eine Ende des Stockes festhält. Bei der Beschwörung kommt der Geist aus der Erde in den Gürtel, und der Stock wird so schwer, dass der Beschwörer ihn nicht mehr hochheben kann. Wenn der Geist auf diese Weise seine Anwesenheit zu erkennen gegeben hat, darf der Zauberer ihn anreden und erfahren, was er wünscht.

Kinalik war ein jüngeres Weib, das sehr intelligent erschien, zudem freundlich, sauber, vertrauenerweckend und mitteilsam war. Sie hatte einmal geträumt, ein Mann ihres Stammes würde krank. Das wurde als Zeichen ihrer Anlage zur Geisterbeschwörung aufgefasst, da ihr der Traum von einem Geist eingegeben worden war. Sie war Igjugarjuks Schwägerin, der auch ihr Lehrer wurde. Die Leute des Dorfes wurden in einem Hause zusammengerufen, und Kinalik wurde nun im Freien an einigen Zeltstangen aufgehängt, die in den Schnee gesteckt worden waren. Hier musste sie fünf Tage hängen, um ihre Sinne empfänglich zu machen. Es war mitten im Winter, es herrschte harte Kälte und starkes Schneetreiben, aber sie fror nicht, weil der Geist sie beschützte. Nachdem die fünf Tage vergangen waren, wurde sie heruntergenommen und in den Hausgang gebracht, wo sie auf ein Fell vor dem Kochraum niedergelegt wurde. Dann wurde Igjugarjuk von ihrer alten Mutter aufgefordert, sie mit einem Gewehr zu erschießen, damit sie durch Sterbegesichte mit dem Übernatürlichen in Verbindung komme. Die Büchse solle mit Pulver geladen werden, aber damit sie nicht sterbe, sondern sich ständig an die Erde gebunden fühle, solle sie mit einem kleinen Stein und nicht mit einer Kugel aus Blei erschossen werden. Darauf schoss Igjugarjuk sie im Beisein aller Lagergefährten durchs Herz, und Kinalik sank um. Man hielt ein Sängerfest ab, während sie die ganze Nacht tot dalag. Sie litt nicht; die Geister beschützten sie, und am nächsten Morgen, gerade als Igjugarjuk zu ihr wollte, um sie wieder zum Leben zu erwecken, erwachte sie von selbst.

Durch diesen Tod war Kinalik für die Geister empfänglich geworden. Ihr Hilfsgeist wurde ihr verstorbener Bruder Qaluvseraut.

Im Lager lebte ein junger Mann, Aggjartoq, der ebenfalls von Igjugarjuk zum Schamanen ausgebildet worden war. Hierbei war eine dritte Form von Leiden angewandt worden, nämlich das Ertrinken. Als Aggjartoq zu den Geistern eingeweiht werden sollte, banden ihn Igjugarjuk und ein alter Mann namens Ulivfak an eine lange Zeltstange und trugen ihn auf den See hinaus, wo eine Öffnung ins Eis gehauen wurde. Aggjartoq wurde dann durch diese Öffnung niedergetaucht, festgebunden wie er war, jedoch so, dass er mit dem Kopfe unter Wasser auf den Grund des Sees zu stehen kam. Hier ließen sie ihn fünf Tage stehen. Als sie ihn wieder heraufzogen, waren seine Kleider noch so trocken, als wenn er nie unter Wasser gewesen wäre. Er wurde ein sehr großer Zauberer, weil er den Tod überwunden hatte. Sein Hilfsgeist wurde der Geist seiner verstorbenen Mutter.

Die Rentiereskimos beschäftigen sich sehr wenig mit Gedanken an den Tod, aber sie glauben, alle Menschen würden wiedergeboren, indem die Seele beständig von Leben zu Leben wandere. Gute Menschen würden wieder zu Menschen, böse Menschen kehrten als Tiere wieder, und auf diese Weise würde die Erde bevölkert; denn »nichts, was einmal gelebt hat, kann jemals wieder vernichtet werden oder verloren gehen«.

Die Ureskimos

Es war uns sehr bald klar geworden, dass wir bei den Rentiereskimos einer primitiven Kultur gegenüberstanden, die im Innern des Landes entstanden war. Diese Kultur war nicht allein die ursprünglichste, auf die wir im Verlaufe der ganzen Expedition gestoßen waren, sondern – was für uns von noch größerem Interesse war – alle Aufschlüsse, welche wir hier erhielten, überzeugten uns mehr und mehr davon, dass wir auf dem besten Wege waren, eine der wichtigsten Aufgaben der Expedition zu lösen. So zum Beispiel war ihre Religion eine ausgeprägte Inlandreligion, wesensverschieden von der des Küstenvolkes und namentlich verschieden von dem Tabu, das am Meer herrscht, im Inlande aber unbekannt ist. Ihre verhältnismäßig wenigen Taburegeln und ihre weit einfacheren Bräuche bei der Geburt und dem Tod der Menschen bewiesen, dass die Eskimos vom Meer auf etwas Neues, etwas ihnen Unbekanntes gestoßen waren, das die sehr komplizierten religiösen Vorstellungen der Küsteneskimos hervorgerufen hatte.

Dass das Meer ihnen etwas Neues war, wurde weiterhin dadurch klar, dass keinerlei Geräte darauf hindeuteten, dass sich diese Inlandeskimos jemals beim Meer aufgehalten hatten. Nichtsdestoweniger zeigte es sich schnell, dass sie nicht nur viele Überlieferungen mit den Grönländern gemeinsam hatten, sondern auch, dass viele ihrer Sagen in Inhalt und Form die gleichen waren wie die uns bereits von Grönland her bekannten.

Von zweiundfünfzig Sagen, die ich bei den Padlermiut am Hikoligjuaq niederschrieb, waren nicht weniger als dreißig identisch mit Sagen, die ich von den Grönländern kannte, und doch hatte während Tausenden von Jahren nicht die geringste Verbindung zwischen beiden Stämmen bestanden.

Es ist hier nicht der Platz, auf die lange Kette von wissenschaftlichen Erwägungen einzugehen, die uns zu dem Resultat führten, dass wir bei diesem primitiven Volk einer Eskimokultur gegenüberstanden, welche nur als der Überrest einer Ureskimokultur aufzufassen ist, einer Kultur aus der Zeit, wo die Umbildung zu einer Küstenkultur noch nicht erfolgt war. Wir standen mit anderen Worten vor der Lösung der großen Frage nach dem Ursprung der Eskimos, einer Lösung, welche beweist, dass es ein Volk von amerikanischer und nicht, wie öfters angenommen wird, asiatischer Herkunft ist.

Die Schlüsse, die wir aus allem, was wir sahen und erfuhren, zogen, lassen sich populär in folgenden Gedankengängen darlegen, welche späterhin noch von dem archäologischen Resultat der Untersuchungen Mathiassens an den Küsten gestützt wurden:

Die ursprüngliche Kultur ist ausschließlich an die Seen und an die Flüsse im Innern des Landes gebunden gewesen. Im Gefolge der Rentierzüge oder möglicherweise auf der Flucht vor feindlichen Indianerstämmen sind dann die Eskimos zu den Küsten des Polarmeeres hinabgewandert, wo ihre Geräte den Erfordernissen des Meereises angepasst und zu einer alteskimoischen Kultur umgebildet wurden. Die Rentierzüge, die parallel mit der Küste der Hudsonbai gehen, haben sie damals vermutlich bis in die Gegend zwischen Coronation Golf und der Halbinsel Boothia geführt. Von dort sind die Wanderungen weitergegangen nach Westen hin bis Alaska, nach Osten bis Grönland.

Der breite Tundragürtel westlich von der Hudsonbai hat indessen die ganze Gruppe, welche wir Rentiereskimos genannt haben, im Inland zurückgehalten, und auf diese Weise ist die ureskimoische Kultur hier bewahrt worden.

An der Beringstraße hat sich später eine neueskimoische Kultur entwickelt, und innerhalb dieser Gebiete hat die Seetierjagd, namentlich auf Wale und Walrosse vom Umiaq und vom Kajak aus, eine einzigartige Blüteperiode durchgemacht. Von diesen Gebieten um Alaska ist seitdem wieder eine Völkerwanderung nach Osten ausgegangen, und zwar durch die Nordwestpassage, Hudsonbai, Baffinland, Labrador, ja bis nach Grönland hinüber. Alle festen Winterhäuser, die wir an den Küsten finden, sind Erinnerungszeichen an diese Kultur.

Endlich ist in verhältnismäßig später Zeit eine neue Auswanderung vor sich gegangen, und zwar vom Inland her zu den Küsten – die Eskimos, die wir nun getroffen haben –, und diese Kultur hat die Alaskakultur in den Gegenden um die Hudsonbai ausgelöscht.

Indessen könnte man fragen, ob es undenkbar wäre, dass diese Inlandbewohner von Leuten abstammten, welche einmal an den Küsten gelebt hatten, indessen vor so langer Zeit, dass die Erinnerung daran verschwunden war. Das ist nicht sehr wahrscheinlich, denn selbst wenn die Tradition von einer solchen Wanderung von der Küste ins Land hinein in Vergessenheit geraten wäre, hätten sie ganz sicher in ihrer Kultur Erinnerungen an eine solche Küstenperiode bewahrt. Allerdings und selbstverständlich musste ein Teil der Geräte von selbst verschwinden, wenn ein Stamm sich von der Küste ins Land vorschob, denn Robbenfangharpunen, Fangblasen und ähnliches haben in der Tundra keinen Sinn mehr; aber die Küsteneskimos haben viele andere Geräte, welche die Inlandvölker nicht kennen, aber an und für sich in ihrem Lande sehr gut verwenden könnten. Wenn die Rentiereskimos z. B. keine Fischnetze, keine Querbeile und ähnliches gebrauchen, wie sie entweder früher bekannt waren oder noch heutzutage bei den Küstenleuten benutzt werden, so deutet dies darauf, dass sie diese Geräte auch niemals gekannt haben; denn aus welchem Grunde sollten sie die Herstellung dieser Dinge aufgeben, die im Inlande ebenso nützlich sind wie am Meere?

Aber der schlagendste Beweis für die Richtigkeit unserer Hypothese ist wohl der Umstand, dass man im Inlande nicht, wie an den Küsten, Specklampen gebraucht. Selbst eingeräumt, dass die Inlandvölker keinen Seehundfang treiben können, müsste es doch in jedem Falle möglich sein, Speck bei den

Küstenvölkern zu kaufen. Aber das tun sie nicht. Sie bringen ihre Winter in ungeheizten Schneehäusern zu, obwohl die Temperatur regelmäßig bis unter –50 Grad sinkt.

Von der Indianerkultur haben die Rentiereskimos auch gewisse Dinge aufgenommen, z. B. bestimmte Ornamente, die Art der Lederbemalung und ähnliches; aber auch dies spielt keine Rolle. Eine ganze Menge Bräuche, die wirklich charakteristisch für die Indianer sind, hat niemals Eingang gefunden, so z. B. weder deren Organisation von Jagden auf schwimmende Rentiere noch deren Lederbehandlung durch Gehirngerbung und Räucherung und vieles andere. Damit entfällt auch die Möglichkeit, dass die Rentiereskimos von der Küste her ins Land hineingezogen sind und die Lebensweise der Indianer angenommen haben, und zurück bleibt nur das, was wir für die richtige Erklärung halten: dass sie die letzten Überreste der Ureskimos darstellen.

Mythen und Sagen

Von ureskimoischen Sagen ist im Vorhergehenden verschiedene Male gesprochen worden. Es ist daher gegeben, die unwiderlegbare Verbindung, die zwischen den Grönländern und ihren kanadischen Stammesverwandten besteht, durch einige Wiedergaben deutlich zu machen. Diese Mythen und Sagen beweisen, dass der Sinn der Eskimos sich auch über die materiellen Triebe erheben und einen poetischen Ausdruck finden kann, der in seiner einfachen Kraft und epischen Darstellungskunst unsere Bewunderung herausfordert.

Die Eule freit um den Schneespatz

Es war einmal eine kleine Schneespätzin, die auf einem Grashäuflein saß und weinte, weil sie ihren Mann verloren hatte. Da kam eine große, fette Eule zu ihr und sang:

> Närrin, was beweinst du
> Armes Männlein
> Mit Spieß aus Grashalm?
> Ich will
> Dein Mann sein.

Die Spätzin antwortete:

> Wer möchte dich zum Mann?
> Du im groben Federpelze,
> Mit der plumpen Schnabelschnauze,
> Dicken Waden,
> Runder Stirne
> Und dem Nacken ohne Hals!

Aber die Eule wurde so böse über dieses Lied, dass sie auf die Spätzin herabstieß und sie in die Brust traf. Als sie vor Schmerzen wimmerte, rief die Eule ihr zu:

»Schaut das Weib an, das einen Schmerz in der Brust fühlen kann und dennoch eine solch scharfe Zunge hat!« (Erzählt von Kivkarjuk)

Von der Herkunft der Indianer und der Weißen

Es war einmal ein Mädchen, das alle Männer verschmähte. Schließlich wurde ihr Vater so aufgebracht gegen sie, dass er sie eines Tages mit ihrem Hund zu einer Insel hinausruderte, welche im See Haningajok liegt. Der Hund nahm das Mädchen zur Frau, und sie lebten zusammen draußen auf der Insel. Als einige Zeit vergangen war, wurde das Mädchen schwanger und gebar zahlreiche Hündlein. Der Vater des Mädchens brachte Fleisch auf die Insel, damit sie nicht verhungern sollten. Eines Tages, als die Hündlein groß geworden waren, sprach ihre Mutter zu ihnen:

»Wenn euer Großvater das nächstemal kommt, sollt ihr ihm entgegenschwimmen und seinen Kajak umkippen.

«Das taten die Hunde, und der Großvater ertrank. So nahm das Mädchen Rache an ihrem Vater, weil er sie einst gezwungen hatte, einen Hund zu heiraten. Nun aber, wo der Großvater tot war, brachte niemand den Hunden Fleisch mehr. Da schnitt das Mädchen die Sohlen aus ihren Pelzstiefeln und legte sie ins Wasser. Dann sprach sie einen Zauber über die eine, setzte einige von den Hunden darauf und sprach:

»Reist in die Welt hinaus und werdet kunstfertig in all eurer Arbeit.«

Die Hunde trieben von der Insel fort. Als sie ein wenig auf die See hinausgekommen waren, verwandelte sich die Sohle in ein Schiff. Sie segelten fort ins Land der Weißen und wurden weiße Männer. Von ihnen, so sagt man, stammen alle weißen Männer ab.

Die übrigen Hunde aber setzte das Mädchen auf die andere Stiefelsohle, ließ sie von der Insel wegtreiben und sprach diesen Zauber über sie:

»Rächt, was euer Großvater an mir getan hat, und zeigt euch blutdürstig gegen jeden Menschen vom Inuit-Volke, dem Ihr begegnet.«

Und die Sohle trieb fort zu einem fremden Lande; hier wanderten die Hunde ins Land hinein und wurden Itqidlit. Von diesen stammen die Indianer, vor denen sich unsere Vorväter fürchteten, weil sie alle Inuit, deren sie sich bemächtigen konnten, töteten. Und das taten sie, bis ihre Brüder, die weißen Männer vom See Anarnigtoq, sich in ihrem Lande niederließen und ihnen einen milderen Sinn gaben.

(Erzählt von Igjugarjuk)

Bei Wölfen und Vielfraßen in Menschengestalt

Es waren einmal zwei Männer, die gingen auf eine Reise, um Besuche zu machen.

Sie kamen an einen Ort, da wohnten Wölfe und Vielfraße in Menschengestalt. Die Wölfe hielten gerade ein großes Sängerfest ab, und die zwei Reisenden machten es so, dass der eine in die Hütte eines Wolfes, der andere in die eines Vielfraßes ging.

Der Mann, welcher in die Schneehütte des Wolfes gehen sollte, kam nicht einmal dazu, seinen Fuß zu Boden zu setzen – im gleichen Augenblick, wo er seinen Kopf in der Tür zeigte, wurde er zerrissen und so schnell gefressen, dass nicht eines seiner Glieder den Boden berühren konnte.

Der Mann, welcher in die Schneehütte des Vielfraßes ging, traf nur die Frau zu Hause an. Ihr Mann und ihr erwachsener Sohn waren zum Sängerfest der Wölfe gegangen. Sie nahm den Mann freundlich auf, und er gab ihr seine Pelzstiefel und bat sie, neue Sohlen hineinzusetzen. Als Bezahlung gab er ihr sein Messer. Das Weib führte ihn in die Vorratskammer des Hauses und riet ihm, sich darin zu verstecken, denn wenn die Wölfe ihn nur witterten, würden sie ihn fressen. Der Mann kroch in die Vorratskammer und fand dort viele Köpfe von Menschen und Rentieren.

Als das Sängerfest vorbei war, kamen die Vielfraße heim.

»Hier riecht es nach Menschen!«, sagte Vater Vielfraß.

»Hier riecht es nach Menschen!«, sagte der Sohn.

Die Frau erwiderte: »Er bat mich, neue Sohlen auf seine Pelzstiefel zu nähen, und bezahlte mich mit seinem Messer.«

Da das Messer schön und scharf war, sagte der alte Vielfraß: »Du solltest wirklich Sohlen unter seine Stiefel nähen!«

»Nähe ihm die Sohlen unter seine Stiefel!«, sagte der Sohn.

Es dauerte nicht lange, und die Wölfe kamen auf Besuch. Sie schnüffelten im Hause umher. Da ihnen aber vor den Vielfraßen bange war, wagten sie nicht in die Vorratskammer einzubrechen.

Als gegen Abend alle Gäste gegangen waren, sagte der alte Vielfraß zu dem fremden Mann:

»Heute Nacht, wenn die Wölfe schlafen, musst du flüchten, sonst wirst du gefressen. Bevor du aber flüchtest, musst du alle Bindungen an ihren Schlitten zerschneiden. Schneide sie aber zwischen den Kufen durch und nicht außen, dann werden sie es nicht bemerken.«

In der Nacht, als die Wölfe in Schlaf gefallen waren, flüchtete der Mann, indem er tat, wie der alte Vielfraß ihn geheißen hatte. Der Vielfraß aber war so froh über das Messer, das seine Frau bekommen hatte, dass er dem Manne einen Zauberstab zum Abschied schenkte und sagte:

»Wenn die Wölfe dich verfolgen, brauchst du nur diesen Stock in den Schnee zu stecken und dich dahinter zu stellen, dann können sie dir nichts tun.«

So flüchtete der Mann. Aber in der Eile hatte er bei einigen Schlitten die Bindungen nicht ganz durchgeschnitten. Sobald nun die Wölfe ihn witterten, stürzten sie zu ihren Schlitten, um ihm nachzusetzen.

Aber alle Schlitten brachen zusammen mit Ausnahme derjenigen, deren Bindungen nicht ganz zerschnitten waren. Es dauerte nicht lange, bis die Wölfe den Flüchtling eingeholt hatten. Dieser aber war waffenlos, weil er sein Messer dem Vielfraß gegeben hatte. Da steckte er den Stock in den Schnee, wie der Vielfraß ihn geheißen hatte; er selbst stellte sich dahinter. Und siehe, die Wölfe sahen nur den Stock und nicht den Mann. Sie taten so, wie Hunde zu tun pflegen: Sie liefen zum Stocke hin, hoben das Bein, ließen ihr Wasser und liefen ihres Wegs, wie wenn sie alles vergessen hätten.

Der Mann aber entkam zu den Seinen und erzählte ihnen alles, was er erlebt hatte. (Erzählt von Kivkarjuk)

Der Landbär, der zu Nebel wurde

Es war einmal ein Landbär, der lebte in Menschengestalt und ging oft zu den Wohnplätzen der Menschen hin, um Leichen zu rauben. Mitunter raubte er auch lebendige Menschen, aber man sah ihn niemals, und niemand konnte entdecken, wer der Räuber war. Da kam ein Mann darauf, sich tot zu stellen und sich in ein Grab zu legen. Aus diesem raubte der Landbär ihn und trug ihn mit sich nach Hause. Er trug ihn mit dem Kopfe nach unten, und jedesmal, wenn sie an einem Gebüsch vorbeikamen, hielt sich der Mann daran fest, sodass der Bär alle Kräfte anstrengen musste, um weiter zu kommen. Endlich kam er zu Hause an. Hier stellte er den Mann auf die Bank mit dem Kopfe nach unten, damit er auftaue. Dieser hatte sich nämlich so steif gemacht, dass der Bär glaubte, er sei gefroren.

Aber der Bär war unterwegs so müde geworden, dass er sich sogleich auf die Bank legte, um zu ruhen. Unterdessen spielten die Kinder rings auf dem Boden. Plötzlich riefen sie:

»Die Leiche öffnet die Augen.«

»Lasst sie nur!«, antwortete der Bär. »Heute griff sie in alle Büsche, an denen wir vorbeikamen, sodass ich tüchtig zu schleppen hatte.« Aber da sprang der Mann, der erst so getan hatte, als ob er tot sei, auf die Erde, ergriff ein Beil und tötete den Bären. Dann stürzte er in den Hausgang, um zu flüchten. Hier stieß er auf die Bärenfrau, die im Kochraum stand und mit einer fettgefüllten Menschenhaut beschäftigt war. Im Vorbeilaufen schnitt der Mann ein Loch in die Menschenhaut, sodass alles Fett herauslief. Die Frau, welche das Fett gerne retten wollte, konnte ihm deswegen nicht sogleich nachsetzen. Sobald sie aber entdeckt hatte, was geschehen war, machte sie sich an die Verfolgung und kam ihm schnell näher und näher. Als sie schon ganz dicht an ihm war, machte er mit seinem Finger einen Ritz in die Erde, und sogleich sprang ein großer Fluss aus der Erde hervor, ein großer, starkschäumender Fluss.

»Wie kamst du doch über den Fluss?«, fragte die Bärenfrau. »Ich trank das Wasser«, antwortete der Mann. Da legte sich die Frau nieder und trank und trank so lange, bis sie barst. Aber während sie barst, stand all das Wasser, das sie getrunken hatte, wie ein Dunst über dem Boden und wurde zu Nebel. Man erzählt, dass von ihr der Nebel stamme.

Der Fluss aber, den der Mann hervorzauberte, wird von uns »Der in alten Tagen Entstandene« genannt. Wir überqueren ihn gewöhnlich, wenn wir auf die Handelsreise nach Churchill gehen.

(Erzählt von Atqaralaoq, Hikoligjuaq)

Die Kinder, welche zu Schneehühnern wurden

Es war einmal ein Schwarm Kinder, welche zusammen spielten und aus Steinen kleine Schlafbänkchen aufbauten. Ein Weib, welches draußen war, um Brennholz zu sammeln, stahl sich lautlos an die Kinder heran, und als sie ganz dicht bei ihnen war, sprang sie plötzlich vor und klatschte in die Hände. Die Kinder liefen erschrocken nach allen Seiten. Plötzlich wuchsen ihnen Flügel, und sie wurden zu Schneehühnern und erhoben sich von der Erde. Die Leute des Dorfes verfolgten sie, jedoch vergeblich, sie wurden niemals eingefangen. Alle Schneehühner stammen von den Seelen der erschreckten Kinder ab. (Erzählt von Kivkarjuk)

Der Bär und die Eule

Es war einmal ein Bär, der über Land gewandert kam. Auf einem Felde gewahrte er eine Eule, die still auf einem Erdhäuflein saß und nach Lemmingen ausspähte. Da rief der Bär der Eule zu: »Nun, hockst du schon wieder da wie gewöhnlich und bist auf der Jagd nach Lemmingen?«

Die Eule antwortete: »Nun und du, trottest du nicht wie gewöhnlich umher mit deinen kurzen Beinen?«

Der Bär rief: »Was sagst du da? Was sagst du da? Du hast ja Augen, die rund sind und rollen!«

Da erhob sich die Eule vom Boden, schwang sich hoch in die Luft hinauf und rief dem Bären nach: »Sieh zu, ob du mich fassen kannst! Sieh zu, ob du mich fassen kannst!« (Erzählt von Kivkarjuk)

Des Lemmings Lied

An einem kalten Wintertag kam ein kleiner Lemming aus seinem warmen Bau. Er blickte ringsum, schüttelte sich kälteschauernd und sang:

Himmel,
Ein gewaltiger Bug
Wölbt sich über meinem Bau.
Klar die Luft und keine Wolken.
Diese Kälte.
Huh, ich friere, friere! (Erzählt von Igjugarjuk)

Todfeinde

Nach einer alten eskimoischen Redensart haben in alten Tagen die Zungen Macht gehabt. Selten hat ein ausgesprochener Wunsch eine solche Wirkung gehabt wie damals, als das Eskimomädchen seine Indianerbrut auf einer Schuhsohle aussetzte und sie aufforderte, feindlichen Sinnes im Krieg mit allen Nachbarn zu leben.

Bei allen kleinen Wohnplätzen in Grönland, die fern von den Kulturzentren der großen Handelsplätze liegen, birgt noch heutzutage kein Wort einen solchen Schrecken in sich wie das Wort »Indianer«. Überall längs der Westküste von Kap York nach Süden zu, um Kap Farewell und wieder hinauf zu den Ostgrönländern bei Angmagssalik spielen die Kinder eine Art Räuber und Soldaten, wobei die Indianer die gefürchteten Räuber und das Inuitvolk die Soldaten sind, die überfallen werden.

Nimmt man die grönländischen Sagen hinzu, so findet man auch hier eine Menge Berichte von blutdürstigen Indianern, die friedliche Lager überfallen, und zwar am liebsten, wenn die Männer auf der Jagd sind und nur Weiber und Kinder das Haus hüten.

Und alle diese tausendjährigen Sagen bestehen, obwohl niemals Indianer in Grönland gewesen sind!

Meine Erwartung, hier unter den Rentiereskimos viele Berichte von Kämpfen mit Indianern zu hören, war nur zu natürlich, waren sie doch ihre nächsten Nachbarn! Bald fand sie denn auch Erfüllung; auch hier ging die Rede von einer tödlichen Feindschaft und dass es bis zur Einführung des Christentums bei den Indianern ganz undenkbar gewesen sei, dass sich die Wege der beiden Völker ohne Blutvergießen kreuzten.

Als ich aber nach den Quellen für die Sagen suchte, fand ich zu meiner Überraschung nur sehr spärliches Material. Dies liegt wohl zum Teil daran, dass diese beiden Völker einander zu nahe sind und das Tatsächliche deswegen nicht in die Sagen überzugehen braucht; auch ist es ja denkbar, dass die Eskimos, welche nach Grönland einwanderten, das kanadische Gebiet gerade zu dem Zeitpunkt verlassen haben, wo sich die Feindschaft auf besonders blutige Weise äußerte. Vieles deutet auch darauf, dass die ersten Eskimostämme aus dem Binnenland zum Meer hinab geflüchtet sind, weil sie damals im Kampfe mit den Indianern besiegt worden waren, dass aber die Zurückgebliebenen seitdem den Lauf der Streitigkeiten zu ihrem Vorteil haben wenden können.

Es ist eine Tatsache, dass die Indianer in allen Distrikten, wo sie mit Eskimos zusammenstoßen, eine ebenso große Furcht vor den Eskimos haben wie diese vor ihnen. Auf jeden Fall steht fest, dass die Indianer, welche in älteren Zeiten Jagdreisen bis in die Gegenden, wo wir uns jetzt befanden, unternahmen, heutzutage die Wälder niemals mehr verlassen. Als der Engländer Samuel Hearne im Jahre 1771 den Hikoligjuaq als Leiter einer Expedition für die Hudson Bay Company passierte, traf er in dieser Gegend nur Indianer, aber keine Eskimos. Dagegen traf der Kanadier J. B. Tyrrel in den Jahren 1893 bis 1894 und später der Engländer David Hanbury in den Jahren 1898 bis 1901 in der gleichen Gegend nur Eskimos, aber keine Indianer. Eigentümlich ist es auch, dass alle Binnenlandgegenden, die jetzt von Eskimos bewohnt sind, auf den alten Karten beinahe ausschließlich Indianernamen tragen als letzte Kunde von deren früherem Aufenthalt im Lande. Überall, wo die Eskimos noch gelegentlich mit den Indianern zusammenstoßen, sehen sie denn auch mit der Verachtung auf sie herab, die sie einer unterlegenen Rasse schuldig zu sein glauben.

Sucht man bei den Eskimos Aufklärung für den Anlass zu so

vieler Feindseligkeit, wird die Schuld auf den Feind gewälzt, ebenso wie in den Berichten immer die Indianer den Kürzeren ziehen. In dieser Hinsicht unterscheiden sich diese Naturmenschen in nichts von einem Kulturvolk. Der Erzähler ist immer der Sieger.

Die Indianer kommen

Es war einmal ein Indianer, der überfiel einen Wohnplatz, wo viele Kinder und nur eine erwachsene Frau zu Hause waren. Diese stellte sich vor die Kinder, welche sich in einer langen Reihe hinter ihr hielten, und die Arme ausbreitend, suchte sie diese zu beschützen. Aber der Indianer war so behänd, dass er ein Kind nach dem andern hervorzog und totstach. Zum Schluss war kein Kind mehr übrig.

»Das macht nichts«, sagte das Weib, »ich bin nicht böse, ich bin nicht böse!«

»Ich bin sehr böse!«, rief der Indianer. Aber da riss das Weib plötzlich ihr Krumm-Messer hervor und hieb ihm über die Augen. Er taumelte geblendet umher und rief aus:

»Wer hat mich geblendet? Wer hat mich geblendet?«

Das geschah einmal in längst verschwundenen Tagen, und nun ist es ein Spiel zwischen Kindern geworden. Das Spiel heißt »Die Indianer kommen«, und man stellt sich hintereinander auf. Vorne steht die Frau und hinter ihr alle Kinder, welche der Indianer vergeblich zu greifen versucht. (Erzählt von Kivkarjuk)

Damals konnte man sich Waren des weißen Mannes beschaffen, wenn man Indianer ermordete

Einstmals kamen viele Menschen angereist und nahmen Land am Hikoligjuaq, wo sie Jagd auf Rentiere betrieben. Eines Tages entdeckten sie in der Nähe ein Zelt mit Indianern. Sie überfielen diese im Schlaf, töteten sie alle miteinander und kamen so in den Besitz vieler Kostbarkeiten.

Es war zu der Zeit, wo die Indianer die Einzigen waren, die mit den weißen Männern handelten; sie zu töten und zu plündern, war die einzige Art, auf die die Eskimos Waren des weißen Mannes bekommen konnten.

Im Jahre darauf kam ein großes Indianerkanu voll von Männern, welche die Getöteten rächen wollten; aber ein Weib sah sie kommen. Es war ein Weib, welches niemals in seinem Leben ein einziges Stücklein Sehnenfaden geschluckt hatte, obgleich dieses allen, welche nähen, sehr leicht geschieht. Deshalb hatte ihre Zunge große Macht. Sie betete, der große Geist möge die Feinde umkommen lassen, und plötzlich schlug die See über das Indianerkanu und alle kamen um. (Erzählt von Kivkarjuk)

So weit die Sagen und Traditionen, aber die Feindschaft ist auch heutzutage noch gleich lebendig, trotz der milderen Sitten, die mit dem Christentum ins Land gekommen sind. Ich habe bereits erwähnt, wie man überall vor uns floh, wenn man uns für Indianer hielt. Dass das Misstrauen immer noch lebendig ist, bezeugt folgendes Vorkommnis, das sich nach Igjugarjuks Bericht erst neulich am Oberlauf des Kazanflusses zugetragen haben soll.

Ein Eskimo namens Qakhamik war auf der Handelsreise mit einigen Indianern. Es war tiefer Schnee, und der Weg war sehr schwierig. Sie fuhren derart mit drei Schlitten, dass auf jedem Schlitten zwei Indianer saßen, während der Eskimo auf dem seinen allein fuhr. Eines Tages entstand zwischen ihnen ein Streit, weil die Indianer von dem Eskimo einen Hund zu kaufen wünschten, dieser aber sich weigerte, auf den Handel einzugehen, da er nur wenige Hunde hatte und jeden Tag weiter hinter den Indianern zurückblieb. Jeden Abend pflegten sie im Walde ein offenes Lager aufzuschlagen und ein Feuer anzuzünden, an welchem sie ihre feuchten Mokassins trocknen konnten. Eines Abends, als der Eskimo wieder ein Lager erreicht hatte, trat einer der Indianer auf ihn zu und erzählte ihm, seine Kameraden führten etwas gegen ihn im Schilde, weil er den Hund nicht habe verkaufen wollen. Sie hätten beschlossen, ihn bei der ersten Gelegenheit zu töten. Es würden jedoch noch einige Tage vergehen, bis sie damit Ernst machen würden, vermutlich, damit der Eskimo seine Ladung näher an ihre Wohnplätze heranfahren könne, wo sie ihn mit umso größerem Gewinn ausplündern könnten, wenn er erst tot sei.

Qakhamik erschrak sehr über diese Mitteilung, aber der ihm freundlich gesinnte Indianer beruhigte ihn damit, dass er ihm schon ein Zeichen geben würde, wenn der für seine Tötung bestimmte Tag käme. Dann reisten sie weiter. Eines Abends, als Qakhamik wie gewöhnlich später als die anderen ins Lager kam, war ein großes Feuer von gewaltigen Baumstämmen angezündet, größer, als es gewöhnlich war. Es warf ein solches Licht in den Wald hinein, dass man ganz geblendet wurde, wenn man in seinen Umkreis kam. Der Eskimo vermutete sofort, dass man ihn auf diesem Feuer verbrennen wolle. Als ihm zudem sein Freund unter den Indianern ein Zeichen gab, war er sicher, dass man ihn überfallen wolle; aber er tat, als habe er nichts gemerkt, ging zum Lager hin, nahm einen Kessel und sagte, dass er Wasser für den Tee holen wolle. Kaum war er im Walde angekommen, als er auch schon zu seinem Schlitten lief, das Gewehr hervorholte und die drei feindlichen Indianer niederschoß. Darauf setzte er zusammen mit dem Mann, der ihn gewarnt hatte, die Reise fort, und sie gelangten wohlbehalten zu ihrem Wohnplatz.

Es glückte mir niemals, die Wahrheit dieser Geschichte bestätigt zu erhalten, aber das ist in dieser Verbindung auch gleichgültig.

Rückreise

14. bis 22. Juni
Während unseres Aufenthaltes am Hikoligjuaq war die Arbeit derart verteilt, dass Birket-Smith die materielle Kultur studierte, während ich mich der geistigen annahm, Helge Bangsted sammelte ethnografisches Material während seiner täglichen Besuche in den verschiedenen Zelten, und »Eidervogel« sorgte dafür, dass immer genug Fleisch für uns und die Hunde da war. Diese Arbeitsteilung hatte zur Folge, dass ich verhältnismäßig schnell durch den Stoff kam, der mir in dieser kleinen Siedlung zugänglich war. Da ich gehört hatte, dass sich an der Südküste des Sees ein größeres Zeltlager befinden sollte, beschloss ich, dorthin zu reisen und es zu besuchen.

Mit diesem Ausflug verband sich weiterhin ein ganz anderer Plan. Ich habe bereits erwähnt, dass ein Teil der Inlandbewohner in den späteren Jahren zur Hudsonbai bei Eskimo Point hinabgezogen war; es war deshalb nach einem Aufenthalt im Inlande natürlich, mit ihnen Verbindung zu suchen; denn für unsere verschiedenen Beobachtungen würde es von großer Bedeutung sein, dieses Übergangsstadium zwischen Inland- und Küstenkultur zu studieren.

Vom Südende des Hikoligjuaq-Sees führte ein alter Handelsweg nach einigen großen Seen, die mit einem bei Eskimo Point mündenden Fluss in Verbindung standen. Diesem mussten wir folgen, aber zur jetzigen Jahreszeit war dies ohne Kanu undenkbar. Ein solches konnten wir denn auch gegen ein Gewehr erwerben; freilich war es voll von Löchern und deshalb nicht viel wert, aber wir flickten es so gut wie möglich zusammen. Dann waren wir bereit zum Aufbruch.

Aber alle unsere Lagergenossen waren verzweifelt darüber, dass wir sie verlassen wollten, und erklärten es für Selbstmord, zu dieser Jahreszeit über Land zu reisen. Es war ihnen jedoch ein Trost, dass Birket-Smith und Bangsted zurückbleiben sollten, um später, Anfang Juli, den Kazanfluss hinunterzufahren, und zwar mit einem Eskimo, welcher nach dem Bakersee reisen sollte, um dort zu handeln. Dies war die einzige Möglichkeit für einen Transport der Sammlungen; außerdem wollten unsere Kameraden noch gern einige Zeit ihre Arbeit unter diesen Menschen fortsetzen, deren Vertrauen sie gewonnen hatten. Am Tage vor dem Aufbruch beschloss man, ein großes Sängerfest in Igjugarjuks Zelt abzuhalten, und so viele Menschen, wie das Zelt nur fassen konnte, versammelten sich hier am Nachmittag. Der Sänger stand mitten auf dem Boden mit geschlossenen Augen und begleitete seinen Gesang mit einem Wiegen der Hüften. Die Frauen, die zusammengedrängt auf den Bänken lagen, fielen hie und da im Chor ein und mischten ihre hellen Stimmen mit den dunklen Tönen des Sängers. Hier folgen einige der Lieder, welche gesungen wurden:

Igjugarjuks Lied

Jai – jai – jai,
Ja – ajai – ja.
Ich rannte, was ich konnte,
Und holte sie im Felde ein,
Die großen Ochsen blank und schwarz von Haar.
Hajai – ja – haja.

Zum ersten Male sah ich sie,
Äsend in den Blumen des Feldes,
Fern dem Berge, drauf ich stand.
Und ich dachte unerfahren:
Ach, wie sind sie klein und schmächtig!
Doch sie wuchsen aus der Erde,
Da ich nah zum Schuss heranging,
Groß zu großen Riesentieren,
Fern dem Dorfe
In den Weiten,
Wo die frohen Sommerjagden gehn.

Avanes Lied

Ach, ich spähe, ach, ich schaue
Ungeduldig, voller Spannung
Nach dem Rentier zwischen Hügeln.
Bin ich alt und matt geworden,
Dass ich so vergebens pirsche?
Ich, der früher treffen konnte
Mit dem Pfeile, mit dem Bogen,
Aufrecht stehend, ohne Stütze,
Bis der Bock mit breiten Schaufeln
Tot vom Hang herunterrollte
Und sein Maul ins Erdreich wühlte!

Nur selten singen Frauen ihre eigenen Lieder; denn man übt den eigentümlichen Brauch, dass keine Frau ohne Aufforderung eines Geisterbeschwörers dichten darf. Für gewöhnlich müssen sie sich damit begnügen, die Lieder der Männer zu singen.

Wenn aber ein Geist eine Frau auffordert, zu singen, kann

Die alte Akjartoq, die älteste Frau des Stammes, kocht Fett aus Rentierknochen.

sie frei aus dem Chore treten und ihrer Eingebung folgen. Unter den Frauen der Siedlung waren nur zwei, die von den Geistern auserwählt waren. Die eine war Igjugarjuks erste, nun verstoßene Frau, die andere war Akjartoq, Kinaliks alte Mutter.

Kivkarjuks Lied

Bin nur eine kleine Frau,
Will mich gerne abrackern,
Will gern und mit Freuden
Schleppen und schaffen.
Und fröhlich, mit Nutzen
Zu leben, zu dienen,
Pflück' ich graue Weidenkätzchen.
Die dem Bart des großen Wolfes gleichen.

Ich gehe gern dahin,
Weit, weit dahin.
Meine Sohlen kriegen Löcher,
Während ich vom Weidenzweige
Weiß' und graue Kätzchen pflücke,
Die dem Bart des großen Wolfes gleichen.

Das Lied der alten Akjartoq

Tief hole ich Atem auf,
Schwer atmet die Brust auf,
Schwer ruf' ich den Sang auf …

Böse Kunde hört man,
Von fernen Hungerdörfern hört man,
Fangtier fehlt, so hört man.

Ich rufe den Sang auf,
Hochauf,
Hajaja – haja.

Vergessen der alten Brust
Mühevoller Atemgang,
Wenn ich alter Zeiten froh gedenke,
Wo die flinke Hand drei große Tiere
Ohne Mühe ihres Fells beraubte,
Drei große Tiere,
Eh' die Sonne langsam ihren Weg fand
Auf zum Himmel.

Außer den gewöhnlichen Jagdweisen und Stimmungsgesängen hat man auch Spottlieder, welche die Fehltritte und Laster der Siedlung unbarmherzig geißeln. Es sind gewöhnlich zwei

Männer, die einander ansingen und ihre Fehler gegenseitig auf das rücksichtsloseste enthüllen. Namentlich Ausschläge von Grausamkeit, Treulosigkeit und Unsittlichkeit – worunter man Sodomie oder Blutschande versteht – werden in Gegenwart aller Freunde vorgenommen und bisweilen mit Faustkämpfen begleitet. Merkwürdigerweise werden die Enthüllungen immer ruhig hingenommen, während »böse oder zornige Worte« oft üble Wirkungen haben können.

Ich will hier Utahanias Spottlied über einen gewissen Kanaijuaq wiedergeben. Es lässt sich kaum wortgetreu übersetzen, weil das Lied die Kenntnis aller Einzelheiten der Geschichte voraussetzt. In diesem Falle hatte Kanaijuaq Zwistigkeiten mit seiner Frau gehabt und versucht, sie zu verlassen oder vielmehr sie in der Einöde ihrem Schicksal zu überlassen. Aber die Frau war nicht allein imstande gewesen, sich in einer Schlägerei zu behaupten, sie hatte obendrein noch ihren Mann »gutwillig« verlassen und ihr Söhnchen mitgenommen:

Kunde hört' ich
Von zwei Menschen,
Mann und Weib,
Die sich in die Haare kamen.
Weiß der Klatsch noch mehr zu melden?
Ja, das Weib in großem Zorne
Riss des Hausherrn Pelz in Fetzen,
Nimmt das Boot
Und rudert fort
Und das Söhnlein ist an Bord.
Aj – aj, sagt mir, Leute,
Die ihr meinem Spottlied zuhört,
Habt ihr Lust, ihn zu beneiden,

Armes Mannsvolk,
Groß im Zorne,
Schlapp an Kräften,
Heulend, machtlos und zerfetzt!
Wer fing an? Er selber war es,
Selber brach er Streit vom Zaune
Mit Gepolter dumm und stolz.

Kanaijuaq beantwortete das Spottlied mit einem Gesang, in dem er Utahania der Blutschande beschuldigte. Aber die scharfen Worte schienen keinen Einfluss auf ihre Freundschaft zu haben. Völlig anders wirkte einst die »Bosheit des Wortes« auf Utahanias Pflegesohn, welcher eines Tages von seinem Pflegevater mit folgenden Worten ausgescholten wurde:

»Wenn du doch tot wärst! Du bist nicht das Essen wert, das du isst!«

Das nahm der Pflegesohn sich so zu Herzen, dass er erklärte, niemals mehr essen zu wollen. Um den Schmerz kurz zu machen, legte er sich eines Nachts unter den Schlafpelz nackt auf den bloßen Schnee und erfror.

Mitten während des Festes wurde mitgeteilt, dass die Geisterbeschwörerin Kinalik ihren Hilfsgeist anrufen wollte, um alle Gefahr aus unserem Reiseweg wegzuräumen. Sila sollte um Rat und Hilfe ersucht werden. Aller Gesang verstummte, die Zauberin blieb allein mit festgeschlossenen Augen mitten auf dem Boden stehen. Sie sagte keine Zauberformeln her, aber bisweilen verzerrte sich ihr Angesicht im Schmerz, und sie begann über den ganzen Körper zu zittern. Dies war ihre Art, nach innen zu blicken und in die Geheimnisse des kommenden Tages zu schauen. Es galt, alle Kraft zusammenzufassen und alle Gedanken auf das eine zu sammeln; für den, der nun reisen sollte, etwas Gutes zu denken.

Igjugarjuk, welcher jede Gelegenheit benutzte, seinen Stamm auf Kosten der »Salzwasser-Eskimos« herauszustreichen, erzählte mir, dass die Schamanen seines Stammes niemals auf dem Boden umhersprängen und Kunststücke machten. Sie nähmen auch nicht ihre Zuflucht zur Dunkelheit oder zu einer besonderen Zaubersprache. Das Einzige, worauf man Gewicht lege, sei Glaubwürdigkeit und Wahrheit; keiner würde sich hier herabwürdigen, auf dem Boden herumzutanzen und in einer sogenannten Geistersprache zu lispeln, nur um seine Zuhörer zum Glauben an all das ungereimte Zeug zu zwingen, das er prophezeien wollte.

Als Kinaliks Wille und Gedanke den Gipfel erreicht hatte, wurde ich ersucht, vor das Zelt zu gehen und mich an einer Stelle im Schnee aufzustellen, wo keine Fußspur war. Dort sollte ich stehen bleiben, bis man mich wieder hineinriefe. Auf dieser reinen und unbefleckten Stelle sollte ich mich für Sila ausstellen, sollte stumm und demütig mit gesenkten Augen dastehen und wünschen, der Himmel, das Wetter und alle Naturkräfte möchten meiner gedenken und Mitleid mit mir haben.

Dies war eine merkwürdige Form von Andacht, welche ich hier zum ersten Male erlebte; zum ersten Male auch machte ich die Bekanntschaft mit Sila als der guten Gottheit.

Als ich eine Weile draußen gestanden hatte, wurde ich wieder hineingeholt. Kinalik hatte ihren natürlichen Gesichtsausdruck wiedergewonnen und sah fröhlich und strahlend aus. Sie erzählte mir, der große Geist habe sie erhört und alle Gefahren sollten fern von meinem Wege sein; jedesmal wenn wir Fleisch brauchten, sollten wir glückliche Jagden bekommen.

Diese Voraussage wurde von allen mit Beifall und Freude begrüßt. Wir erhielten einen lebendigen Eindruck davon, dass diese Menschen auf ihre einfache und unschuldige Weise alles, was sie konnten, getan hatten, ihren Segen auf uns herabzurufen. Ich glaubte ihnen aufs Wort und gab schöne Perlen als Opfergabe.

In der folgenden Nacht jagten wir in voller Fahrt über die winterlichen Flächen des Hikoligjuaq. Oben auf dem festen Eis lag eine dünne Schicht von weichem und feuchtem Schnee, welcher linde und weich auf die Pfoten der Hunde wirkte. Die lange Zeit, in der sie in ungestörter Ruhe ihre Magen mit frischem Fleisch hatten füllen können, hatte ihnen eine solche Lebenskraft gegeben, dass es wirklich ein Fest war, wieder auf Fahrt zu kommen. Als Wegweiser hatten wir zwei junge Burschen mit uns, welche sich Igjugarjuks Hunde hatten leihen dürfen, aber es dauerte nicht lange, bis sie abfielen und bald ganz verschwanden. Wir mussten den Kurs einigermaßen auf die Richtung nehmen, wo wir Wohnplätze vermuteten.

Es war eine merkwürdige und ungewöhnliche Fahrt mitten im Juni. Oben auf den Schlitten hatten wir das lange Kanu geladen, das uns die Flüsse hinabführen sollte. Wir lagen auf dem Boden des Bootes auf weichen Rentierfellen und überließen die Hunde sich selbst. Am Achtersteven hatten wir als einen letzten Gruß an unsere winkenden Freunde die Flagge gehisst. Das rote Tuch des Danebrog stand festlich gegen das weiße Eis und flatterte im Wind, den die Galoppade der Hunde gegen uns erhob.

Früh am Morgen vor Eintritt der eigentlichen Sonnenwärme hatten wir das südliche Ufer des Sees erreicht und schlugen das Lager in einem freundlichen Tale auf. Die Hunde hatten wir in einem blühenden Weidengebüsch festgemacht, welches mit seinen großen schwellenden Knospen das Frühjahr pries.

Gegen Nachmittag begaben wir uns landeinwärts, um zu rekognoszieren. Es dauerte nicht lange, bis wir einen einzelnen Rentierjäger gewahrten, welcher uns von einem kleinen Felsen aus beobachtete. Er wollte gerade fliehen, als die beiden Burschen, die uns inzwischen eingeholt hatten, ihn erkannten und bei Namen riefen, worauf wir einander lachend entgegengingen. Er erzählte uns, es sei nur einige Stunden landeinwärts bis zu fünf Zelten, die wir trotz des schneefreien Landes ohne Schwierigkeit würden erreichen können. Wir luden ihn in unser Lager ein, aber er wollte lieber nach Hause laufen und seinen Kameraden von seiner merkwürdigen Begegnung erzählen. Wir waren denn auch noch nicht weit gekommen, als wir schon auf alle Männer des Zeltlagers stießen, die so ungeduldig auf unseren Anblick gewesen waren, dass sie unsere Ankunft nicht hatten erwarten können. Obwohl das Kanu kaum mehr als fünfzig Kilo wog, schleppten die Hunde es nur mit Mühe über die vielen Hügel. Auch die Ebenen boten keinen behaglichen Weg; überall watete man im Wasser, und das holprige Erdreich der Tundra schuf eine Bahn, welche unseren Hunden durchaus nicht gefiel. Aber es fehlte uns ja nicht an hilfreichen Händen, und in munterem Gespräch ging es langsam vorwärts, während »Eidervogel« und ich ein Kreuzfeuer von Fragen beantworten mussten. Für diese Inlandmenschen liegt das große, rätselhafte Salzwasser unendlich weit weg; als wir ihnen erzählten, dass wir über viele Meere hätten reisen müssen, um zu ihnen zu gelangen, legte ein Märchenglanz sich über unsere Ankunft. Wir mussten ihnen recht geben: Es war ein Wunder, dass wir einander so leicht verstehen konnten.

Wir fuhren weiter und erreichten nach einer Stunde das Zeltlager, das an einer Stelle errichtet war, die »Steinhaufen« hieß. Stimmungen und Gefühle wechseln schnell unter diesen Menschen. Sobald wir das Lager aufgeschlagen hatten, machten die Männer sich daran, auf einer großen Schneewehe mit unseren Schneeschuhen zu spielen. Man hatte niemals vorher Schneeschuhe gesehen, und stürmische Heiterkeitsausbrüche begrüßten die Schneeschuhläufer, die jedesmal übereinander purzelten.

Das Lager, in das wir gekommen waren, lag außerhalb der großen Wanderwege der Rentiere; mehr zufällig kamen einzelne zerstreute Schwärme vorbei. Deswegen herrschte häufig Fleischmangel im Lager. Man hungerte sich durch und wandte sich recht ungeniert an uns um Fleisch und Tee, aber unser Reiseproviant war für uns selbst so genau berechnet, dass wir nichts weggeben konnten. Man schleppt keine Ladung mit sich über schneefreies Land, um einen ganzen Wohnplatz zu füttern, der bloß einige Meilen nach Osten oder nach Westen zu ziehen braucht, um mitten in einer Speisekammer zu sein. Wir beschlossen deswegen, schon am nächsten Morgen weiterzufahren.

Am 19. Juni bekommen wir ein gutes Bild davon, wie schnell das Wetter sich hier ändert. Mehrere Tage hatten wir Sommerwetter mit starker Wärme über dem schneefreien Land, aber plötzlich werden wir von einem Schneesturm mit einigen Grad Kälte überrascht. Das ganze Land bedeckt sich mit Schnee, die kleinen Seen frieren mit einer dünnen Eisschicht zu, »Eidervogel« und ich benutzen den Schnee, um länger landeinwärts zu fahren. Nach Erlegung von drei Rentieren haben wir das Fleisch, welches für uns und die Hunde zur Rückreise notwendig ist.

Am 21. sind wir wieder auf dem Eis des Hikoligjuaq, wo alles noch winterlicher ist als bei unserer Ausreise. Wir legen die ganze Heimreise in einer Fahrt zurück und erleben ein ganz lustiges Abenteuer mitten auf dem Eise. Wir fahren mit guter Geschwindigkeit dahin, als die Hunde plötzlich beginnen, sich umzusehen; als wir ebenfalls zurückblicken, entdecken wir, dass wir von einem großen Schwarm Rentiere verfolgt werden. Die Tiere haben uns hier draußen auf dem Eise gesehen, sie haben uns für ein zweites Rudel Rentiere gehalten und sind uns darauf nachgesetzt, um sich uns anzuschließen. Mit einem Griff holen wir Gewehr und Munition heraus; jedoch im gleichen Augenblick, wo wir halten, entdecken die Tiere ihren Irrtum und galoppieren in wilder Flucht landeinwärts. Die Hunde setzen ihnen augenblicklich nach, aber bei der starken Fahrt schlingert der Schlitten mit dem großen Kanu so gewaltig, dass uns nur der Abschuss von zwei Tieren glückt. Der Rest des Rudels setzt über ein breites Landwasser und verschwindet in der Tundra.

Am Morgen des 22., gerade bei Sonnenaufgang, erreichen wir das Zeltlager unserer Kameraden. Niemals vorher habe ich einen so fantastisch aussehenden Himmel gesehen. Am nördlichen Horizont steht eine dichte weiße Wolkenbank im Widerschein des großen Sees; aber unter ihrem Rand entfaltet sich ein schmales Band in zarten grünen Farben. Das Land ringsum liegt in scharfen Konturen da. Plötzlich zeigt sich eine Feuerzunge in dem hellgrünen Band, und aufwärts schlägt eine züngelnde Flamme, welche den ganzen Himmel rot färbt.

Schleierleichte rosa Wolken entblättern sich uns zu Häupten, und das Eis strahlt in helllila Schattierungen. Das Land längs des Sees glüht in noch dunkleren Farben als vorher, während Feuerblumen am Horizont aufspringen wie Lichter, die angezündet werden. Sie sammeln sich zu einem großen, flammenden Feuer, und während die Sonne sich nun ganz über die Erde hebt, verschwinden alle Farben in dem starken roten Schein, der auch unsere Gesichter purpurrot malt.

Es ist, als ob wir in eine brennende Stadt hineinführen, und nicht eher werden wir aus der Verzauberung gerissen, als bis Hundegebell und Willkommenrufe uns zur Erde zurückbringen und zu dem lärmenden, morgenfrischen Wohnplatz.

Uanguaq – Geschichte von einem Mörder

Dicht an der reißenden Strömung des Kazanflusses, nur einige Stunden Wegs von unserem Zelt entfernt, liegt ein einsames Grab, welches im letzten Winter ein Liebesdrama nicht alltäglicher Art abschloss.

Uanguaq hieß ein junger und mutiger Rentierjäger, der an der Südküste des Hikoligjuaq wohnte. Jedes Jahr erlegte er viele Rentiere, aber er war einsam und hatte niemand, welcher sein Zeltfeuer brennend und seinen Topf kochend erhalten konnte, bis er müde und hungrig von seinen langen Jagden heimkehrte. Er musste ebenso wie andere ohne Sippe an den zufälligen Mahlzeiten des Lagers teilnehmen, ohne je die Freude zu fühlen, ins eigene Zelt treten und sich auf die weichen Bankfelle werfen zu können, während ein freundliches Weib

Uanguaq, der Mörder vom Hikoligjuaq-See.

dampfende Fleischstücke in geräumiger, fettduftender Holzschüssel aufträgt.

Es hatte nicht den Anschein, dass Uanguaq je ein Ehemann werden sollte, denn im Lager war kein gleichaltriges Weib, um das er freien konnte, und er konnte auch zu keinem fremden Stamm wandern, um sein Glück zu finden; denn wie konnte er erwarten, dass Eltern ihre Tochter einem Elternlosen geben würden? Und dies gerade war Uanguaqs Unglück; er hatte keine Sippe, keine Brüder, welche ihm Ansehen gaben in der kleinen Gemeinschaft, in der er lebte; was konnte es denn nützen, dass er in allen männlichen Leibesübungen tüchtiger war als die meisten?

Auf demselben Wohnplatz wohnten zwei Brüder, die beide verheiratet waren. Der jüngere hatte ein junges und schönes Weib, welches mit Uanguaq aufgewachsen war. Wenn es zufällig geschah, dass sie einander trafen, sprachen sie lange miteinander, länger vielleicht, als der gute Ton beim Wohnplatz es zuließ, und wenn sie sich trennten, fühlte Uanguaq doppelt schwer die Einsamkeit, die auf seinem jungen Leben lag. Ihn plagten Gedanken, vor denen er selbst erschrak. Wenn die Unruhe über ihn kam, griff er oft zu seinem Gewehr und wanderte, wenn andere zur Ruhe gingen, ins Land hinaus. Auf diesen Gängen spähte er nicht viel nach Wild aus, es war mehr ein Zufall, dass er sein Gewehr mitnahm; denn er ging dahin, ohne etwas zu suchen, schnell und ruhelos, wie um Luft für etwas zu schaffen, das ihn drückte. So eilte er dahin, bis er in der Sonnenhitze des nächsten Tages im Schutz eines Steines umsank und in Schlaf fiel.

Die meisten Rentiereskimos können in einem primitiven Zeichensystem schreiben, welches über die Küstenbewohner weither von Baffinland zu ihnen gekommen ist. Dort hat ein Missionar diese sehr einfachen Zeichen erfunden, die ein Alphabet darstellen und leicht erlernbar sind. Diese Hieroglyphen sind dann von Durchreisenden von Stamm zu Stamm gebracht worden. Ins Innere des Landes kamen sie von der Bevölkerung am Bakersee, welche in der Walfängerzeit zusammen mit den Küstenbewohnern in der Gegend der Chesterfieldförde überwinterte. Es währte nicht lange, und die übrigen Rentiereskimos erlernten diese Kunst ebenfalls, wenn sie während ihrer Handelsreisen zum Bakersee kamen. Man fand es wundervoll, dass man auf diese Weise sein Wort hören lassen konnte, ohne selbst zur Stelle zu sein, und dieses Gefühl von etwas Wunderbarem machte das Briefschreiben außerordentlich populär bei diesen Leuten, die nur Gesang und Tanz haben, um sich ihre Freizeit zu vertreiben.

Es geschah nun, dass Uanguaq eines Tages in seinem Fausthandschuh einen Brief fand; als er ihn aufriss und las, war er von dem jüngeren der beiden Brüder, die seine Lagergenossen waren. Der Brief war ganz kurz und meldete ihm, dass er getötet werden würde, wenn er nicht sofort aus der Gegend verschwände.

Die Rentiereskimos haben einen sehr einfachen Sinn, der nicht auf viele Überlegungen eingestellt ist; wenn etwas Wichtiges geschehen soll, explodieren die Gedanken ruckartig, und dann geschieht etwas, was nicht lange vorbedacht ist.

Uanguaq nahm deswegen die Herausforderung sofort an. Er verstand, dass das, was er tun musste, eine einfache Folge des Zwanges zur Notwehr war. Er wollte nicht flüchten, aber er wollte eine Frau haben, und die konnte er nur bekommen, wenn er den Männern, die ihm drohten, zuvorkam. Dann konnte er ja später zusammen mit der Frau, die er gern hatte, immer noch flüchten. Die Brüder wohnten in zwei dicht aneinanderliegenden Zelten. Schon am nächsten Morgen, während sie noch schliefen, ging Uanguaq hin und erschoss sie. Das war sein Recht laut den alten Satzungen des Stammes. Hier ist der Tod nur der Tod, gleichgültig unter welchen Formen er kommt. Keiner verlangt offenen Kampf, nur rasche Exekution.

Der kleine Wohnplatz wurde durch die Schüsse und die Notschreie der zwei erschrockenen Weiber aus seinem Morgenschlaf geweckt. Als die schlaftrunkenen Männer aus ihren Zelten stürzten, um zu sehen, was geschehen sei, stand Uanguaq mit dem rauchenden Gewehr in der Hand unten am Ufer des großen Sees. Sein Gesicht war weiß wie das Eis des Sees; ohne die Fragen, die an ihn gerichtet wurden, zu beantworten, rief er ununterbrochen und mit einer Stimme, die man durch das ganze Lager hören konnte, vor sich hin:

»Heute habe ich Großfang gehabt! Es ist frisches Fleisch im Lager, zwei Stück Wild mit zwei Schüssen!«

Die Frauen und Kinder des Lagers sahen mit Entsetzen auf den schreienden Mann unten am See; seine Augen starrten verwirrt in den Horizont, wie wenn sie nach einem Punkt weit, weit ferne suchten; und doch war sein Rücken gebeugt, und die Schultern hingen schlaff und ohne Willen herab.

Keiner im Lager dachte daran, Uanguaq für seine Tat verantwortlich zu machen. Er hatte selbst gerichtet, und da die beiden Brüder keinerlei Anhang hatten, ging die Sache niemand etwas an. Uanguaq hatte eine Herausforderung erhalten, war aber seinen Feinden, die doppelt so stark waren wie er selbst, zuvorgekommen. Das war geschehen, ohne dass die Satzungen des Stammes für die Entscheidung zwischen Männern in irgendeiner Weise verletzt worden waren.

Aber dann geschah das Merkwürdige, dass Ratlosigkeit über Uanguaqs Sinn kam. Alles das, was hinter seinem Beschluss gelegen hatte, entglitt ihm in einen Nebel hinein. Er war nicht sentimental und er bereute nicht, was er getan hatte, denn er war sich klar darüber, dass er nur für sein Leben gekämpft hatte. Aber das, was ihm wertvoller als sein eigenes Leben erschienen war, versank nun in der Lähmung über den Mord an zwei Menschen. Uanguaq war nicht schlecht, und er hatte gar nicht daran gedacht, dass nach jedem Mord ein Rückschlag erfolgt. Er konnte dem Gefühl nicht entrinnen, dass es nicht so leicht sei, zwei Jagdkameraden totzuschlagen, auch wenn ein Weib dazwischen steht. Seine Ratlosigkeit wuchs, und er kam gar nicht dazu, seine Pläne auszuführen. Die Lagergenossen sahen ihn schief an, Weiber und Kinder gingen ihm aus dem Wege. Das Land ringsum hatte andere Farben bekommen, selbst das Licht der Sonne tat weh, und als der Tag vergangen war und das Zeltlager wiederum in Ruhe versank, ergriff er sein Gewehr und wanderte ins Land hinaus. Er war entschlossen, auf die Frau zu verzichten, die hinter seinem ganzen Unglück stand und die die Einzige war, die ihn wieder hätte fröhlich machen können. Aber während er über die Felsen ging und sich zwischen den wilden Höhenzügen der Einöden verlor, verstand er auch, dass alles ganz anders gekommen war, als er es sich gedacht hatte.

Im Laufe des nächsten Herbstes erhielt die Polizei in Chesterfield Mitteilung von dem Doppelmord. Sobald die Schneeverhältnisse es erlaubten, wurde eine Patrouille ausgesandt, den Mörder zu fangen. Uanguaq lebte damals in einer Siedlung nahe dem Kazanflusse. Er ließ sich ruhig von seinem Onkel Igjugarjuk ergreifen, der ihn darauf der Polizei auslieferte. Das Recht des weißen Mannes ging nun seinen Gang. Mit Staunen begriff Uanguaq plötzlich, dass er Rechenschaft ablegen sollte vor Leuten, die bisher mit seinem Leben gar nichts zu tun gehabt hatten. Diese großen, starken Soldaten waren in keiner Weise mit den Getöteten verwandt, und doch teilten sie ihm mit, dass sie ihn für sein Verbrechen verantwortlich machen würden. Die weißen Männer fragten nicht nach dem Warum und Wozu, wenn von Mord die Rede war; aber obwohl sie niemals versucht hatten, die umherstreifenden Rentiereskimos zu lehren, was Recht und Unrecht ist, behaupteten sie doch wie etwas ganz Feststehendes, dass die eskimoischen Gesetze und Satzungen zwar im täglichen Leben gälten, dass sie aber aufgehoben seien, sobald etwas mehr als Alltägliches geschehe.

Uanguaq wurde nach den Polizeibaracken in Chesterfield gebracht; sobald der Sommer die Hudsonbai öffnete, wurde er über den Nelsonfluss nach Winnipeg geschafft, wo er vor ein Gericht gestellt wurde. Uanguaq konnte kein Englisch, und deshalb verstand er nicht viel von dem, was die vielen ernsthaften Männer zu ihm sagten. Indessen waren verschiedene Formalitäten bei seiner Verhaftung zu ordnen, unter anderem verlangte das Gesetz des weißen Mannes eine Zeugenvernehmung, wenn der Mann, der verurteilt werden solle, auch nur ein Eskimo aus den äußersten Barren Grounds war. Man hatte aber ganz vergessen, sich Zeugen zu sichern. Uanguaq hatte nicht einen Augenblick versucht, seine Tat zu leugnen, denn nach der Auffassung seines Stammes hatte er ja kein Verbrechen begangen. Er fand es deshalb ganz natürlich, als ihm mitgeteilt wurde, dass er wieder nach Chesterfield zurückreisen dürfe; freilich als Gefangener der Polizei. Die Polizeileute waren nette und anstellige Männer, mit denen Uanguaq gern zusammenlebte; dass er ein Gefangener war, war ihm bis jetzt überhaupt noch nicht bewusst geworden.

Uanguaq war Polizeigefangener, aber da es kein Gefängnis in der kleinen Siedlung gab, durfte er frei umhergehen, wenn er sich nur zu den Mahlzeiten einstellte und abends zusammen mit seinen Wächtern zur Ruhe ging. Der Chef der Polizeibaracken war ein humaner und verständiger Mann, welcher begriff, dass man einen wilden Mann aus den Einöden des Binnenlandes nicht in eine Reihe mit den gewöhnlichen Verbrechern stellen konnte. Er hatte ihm deswegen jede erdenkliche Freiheit gegeben, ihm aber auch gleichzeitig mitgeteilt, dass ihm, falls er versuchen würde, das Vertrauen der Polizei zu missbrauchen, sofort Handschellen angelegt und er streng bewacht werden würde.

Uanguaq fürchtete sich nicht vor dem Tod, aber er liebte seine Freiheit. Wenn er auch an einen bestimmten Platz gebunden war, so hatte er doch bisher in dem gegebenen Rahmen seine Freiheit genossen. Mehr als der Galgen, der möglicherweise einmal das Resultat der weisen Versuche der weißen Männer sein würde, quälte und peinigte ihn der Gedanke an die Handschellen. Er hatte sie bei der Polizei gesehen, und es erschien ihm als die tiefste Erniedrigung eines Mannes, jemals mit Hilfe von Eisenketten und Stahlfedern, die ums Handgelenk zusammenklappen, wehrlos gemacht zu werden. Und nun geschah das Merkwürdige, dass Uanguaq, der niemals vorher daran gedacht hatte, sich der Gerechtigkeit zu entziehen, nun im Ernst eine Flucht zu planen begann. Lieber friedlos umkommen als wie ein Fuchs in der Falle gefangen werden!

In den Tagen, wo er seinen Fluchtplan fasste, war die Polizeibaracke im Umbau, und die Abteilung, die aus drei Mann bestand, wohnte im katholischen Pfarrhof. Hier schliefen sie in ihren Schlafsäcken auf dem Boden der Kirche zusammen mit ihrem Gefangenen.

Wieweit sich Uanguaq im Voraus einen detaillierten Plan für seine Flucht zurechtgelegt hatte, ist niemals aufgeklärt worden; man weiß nur, dass die Polizei, als sie eines Morgens in einem brüllenden Schneesturm erwachte, seinen Schlafsack leer fand. Erst dachte man überhaupt nicht an die Möglichkeit einer Flucht und begab sich zu den Schneehütten der Eskimos in dem Glauben, dass Uanguaq sich hier auf einem frühen Morgenbesuch befinde. Aber es dauerte nicht lange, bis man entdeckte, dass der leichteste Schlitten der Polizei und die besten und schnellsten Hunde weg waren; als man näher zusah, entdeckte man auch, dass mehrere von den Gewehren der Polizei und Munition fehlte. Gleichzeitig kamen Leute aus der Siedlung und meldeten, dass ein Teil ihrer Winterpelze und Schlaffelle verschwunden war.

Es konnte nun kein Zweifel mehr darüber sein, dass Uanguaq im Schutze des Schneesturmes in die Freiheit hinausgefahren war, die er nicht länger missen konnte. Die Polizei setzte ihm sofort zusammen mit einigen Eskimos nach; aber trotz allen Respektes vor der Polizei schienen die Eskimos nicht weiter an der Verfolgung interessiert zu sein. Uanguaq hatte ja nichts anderes getan, als was sie selbst in einem ähnlichen Falle getan haben würden, und außerdem waren sie überzeugt davon, dass der Flüchtling, selbst wenn man ihn wirklich einholen sollte, sein Leben teuer verkaufen würde. Er war nicht nur ein hervorragender Schütze, sondern verfügte auch über die besten Gewehre am Platze. Die Polizei tat ihr Bestes, konnte aber mit den unbrauchbaren Hunden, die Uanguaq zurückgelassen hatte, nichts ausrichten, außerdem raste der Schneesturm und verwischte jede Spur, der man zu folgen versuchte. Die Jagd musste aufgegeben werden, bis das Wetter besser würde.

Eine Woche später erschien die Polizei vollzählig bei einer Handelsstation am Bakersee; aber als sie sich nach dem verschwundenen Uanguaq erkundigte, erzählte der Handelsverwalter, dass er bereits vor mehreren Tagen durchgekommen war; er hatte bei der Station Aufenthalt genommen und im Namen der Polizei die Auslieferung von Proviant verlangt unter dem Vorgeben, dass er auf einer Schlittenreise für die Polizei begriffen sei. Da der Handelsverwalter sowohl die Schlitten als auch die Hunde und Gewehre wiedererkannte, war er in die Falle gegangen, ohne einen Augenblick Misstrauen zu fassen. Jetzt musste Uanguaq bereits über alle Berge sein.

Es wurde augenblicklich nach allen Siedlungen in Barren Grounds, mit denen man in Verbindung kommen konnte, Mitteilung ausgesandt, und während des ganzen Winters wurde nach Uanguaq gesucht, aber er wurde nicht gefunden. Erst im Frühjahr, als die Sonnenwärme den Schnee schmelzte, stieß ein Rentierjäger zufällig auf eine zusammengefallene Schneehütte. Er erkannte sogleich den Schlitten der Polizei wieder, ebenso die Leichen der entführten Hunde. Im Innern der Schneehütte lag tot Uanguaq. Er hatte sich in keine Siedlung wagen dürfen, und da im Winter fast gar keine Rentiere in Barren Grounds sind, war es ihm nicht möglich gewesen, Jagd zu treiben. So hatte er von dem Proviant gelebt, den er beim Bakersee erhalten hatte, und als dieser schließlich aufgebraucht war, hatten Hunger und Kälte sich seiner erbarmt und ihn zu den ewigen Jagdgründen seines Stammes gesandt, aus denen keine Macht der Welt ihn je wieder zurückholen kann.

Als ich zusammen mit Igjugarjuk das Grab besuche, ist die Sommerwanderung der Rentiere in vollem Gang. Während mir der Zauberer mit gedämpfter Stimme Uanguaqs Geschichte erzählt, steht die Landschaft ringsum in lächelndem Gegensatz zu der Winteröde, welche den kühnen Flüchtling überwältigt hatte.

Leben ist um des toten Mannes Grab. Hermeline springen zwischen den Steinen umher und suchen nach Vogeleiern, Lemminge sind in ihre zarteste Sommertracht gekleidet und schlecken Sonnenschein auf den kleinen Schneehäufchen, und selbst die Murmeltiere, die sich sonst aus Furcht vor den lautlosen Eulen nur selten bei Tageslicht zeigen, sind heute aus ihren Höhlen hervorgekrochen und sitzen mit aufgerichtetem Körper da wie richtige kleine Menschen. Sie blinzeln ins Licht und fuchteln mit ihren Vorderbeinchen vor eitel Sommerlust.

Hoch oben in der Luft schwebt ein Bussard auf starken Schwingen und prüft die Rentierrudel; die Kühe haben noch nicht gekalbt, aber er freut sich schon auf die fetten und mürben Kälbchen, die noch matt in den Knien sind nach dem warmen Winterschlaf im Leibe der Mutter.

IX

Zurück zur Küste

26. Juni bis 30. Juli

Igjugarjuks Weib und ihr fünfjähriges Töchterchen schleppen ihre Habe über Land, während das Kanu leer durch die Stromschnellen fährt.

Es herrschte Unruhe in der Luft, nachdem das Eis der Flüsse aufgebrochen war und die Rentiere die Siedlung passiert hatten. Igjugarjuk hatte lange davon gesprochen, dass er in seinem Kanu zum Bakersee hinabfahren wollte, um Fuchsfelle zu verkaufen. Da er gern rechtzeitig vor den Herbstjagden zurück sein wollte, hatte er bereits begonnen, sich zum Aufbruch zu rüsten. Da kam eines Tages ein anderes Kanu im Landwasser des Hikoligjuaq angefahren; es zeigte sich, dass es einige unserer alten Freunde aus den südlichen Zeltlagern waren, die sich ebenfalls auf dem Wege nach dem Bakersee befanden. Das war für uns eine gute Gelegenheit, uns für die Reise den Fluss hinab fertig zu machen. Der Führer des neuangekommenen Kanus war Uningujaoqs Bruder Equmeq. Es wurde bestimmt, dass Birket-Smith und Helge Bangsted mit dem größten Teil unserer ethnografischen Sammlungen den Eskimos zum Bakersee folgen sollten. Die Verfrachtung des Restes unserer Sammlungen übernahm Igjugarjuk.

Die Entfernung bis zum Bakersee war an und für sich nicht besonders imponierend – auf dem von uns geplanten Weg konnte sie vielleicht vierhundert Kilometer betragen –, aber die Schwierigkeit lag darin, dass »Eidervogel« und ich die ganze Strecke über schneefreie und sumpfige Tundren reisen mussten, da wir selbstverständlich unsere zwölf Hunde nicht in die kleinen Kanus laden konnten. Wir konnten sie aber auch nicht lose mitführen, da wir dann Gefahr liefen, sie zu verlieren, sobald ihre Jagdlust sie zur Verfolgung von Rentieren hinreißen würde, die wir unterwegs sicher treffen würden.

Die Leute schüttelten den Kopf über uns, weil wir es wirklich für möglich hielten, mit einem Schlitten quer durch das unwegsame Land zu fahren, dazu noch im Sommer. Aber wir besaßen einen soliden Schlitten von Kap York mit starkem Eisenbeschlag und zweifelten nicht daran, unser Vorhaben durchführen zu können. Schwierigkeiten erwarteten wir einzig und allein von den vielen Nebenflüssen des Kazanflusses, die quer zu unserem Kurs lagen. Wir wussten, dass selbst der kleinste Wasserlauf in dieser Jahreszeit zu einem reißenden Strom angeschwollen war, den man unmöglich durchwaten oder durchschwimmen konnte. Deswegen wurde mit dem immer hilfsbereiten Igjugarjuk verabredet, dass er uns überall, wo wir ein Kanu brauchen würden, erwarten sollte.

Nach einigen Wochen abenteuerlicher Sommerreise schlagen wir das Lager am Ufer des Bakersees auf. Reisig und Weidenwurzeln sammeln wir zu einem großen Haufen und zünden ein gewaltiges Feuer an, dessen Rauch als weiße, gewundene Säule senkrecht in der stillen Nachmittagsluft steht. Acht Stunden halten wir das Feuer an, aber als die Sonne untergeht, ohne dass sich das rettende Kanu auf dem Eise zeigt, geben wir das Warten für heute auf. Wir sind achtundzwanzig Stunden ununterbrochen tätig gewesen und gar nicht dazu aufgelegt, den Sonnenuntergang zu genießen.

Der Abend ist ungewöhnlich mild, keiner hat Lust, das Zelt aufzuschlagen. Wir werfen uns zwischen den Hunden auf die Erde, um ein wenig zu ruhen, bis die anderen heran sind. Trotz Enttäuschung und Müdigkeit kann ich es nicht unterlassen, mit halbgeöffneten Augen die Landschaft um mich zu betrachten, bevor mich der Schlaf übermannt. Während die Sonne untergeht, wird der Himmel hellblau wie eine gewaltige Glockenblume, und scharfe grünliche Töne stehen um die warme sinkende Sonne. Wir liegen am Fuße des Haubenberges, der als kühler Wächter über dem Flachland steht, dem großen Land der Rentiere. Tausend kleine Seen leuchten im schummerigen Abend wie blanke Augen, und als die Sonne nun ganz verschwindet, schweigen alle Vögel. Selbst das herausfordernde Gelächter des Schneehuhns verstummt.

Am Mittag des nächsten Tages reißt uns der Geduldsfaden. Wir finden eine Eisscholle und benutzen sie als Fähre, indem wir mit den Schneeschuhen rudern. Einige Stunden später kommen wir bei der Handelsstation an, wo Herr Ford sowie Bangsted und Birket-Smith, die beide vor vier Tagen hier angekommen sind, uns mit Butter, Weißbrot, Kaffee, Käse und kalifornischen Früchten erwarten. Unsere Kameraden haben eine ungewöhnlich anstrengende Reise gehabt.

Am Bakersee waren zu dieser Jahreszeit so gut wie gar keine Menschen, deswegen war es auch kein Arbeitsgebiet für mich. Während Birket-Smith und Bangsted zurückblieben, um eine möglichst vollständige botanische Sammlung von der kleinen fruchtbaren Insel zusammenzustellen, reiste ich nach einem Ruhetage in der Richtung auf Chesterfield weiter. Einen großen Teil des Bakersees konnte man noch mit dem Schlitten befahren, aber große Eisstrecken waren bereits so brüchig, dass wir es vorzogen, ein Kanu zu mieten und die Rinne des Landwassers hinabzurudern. Die Kameraden sollten später mit einem kleinen Schoner folgen, sobald das Fahrwasser für die Schifffahrt offen war. In Chesterfield erwartete man in der ersten Augustwoche den großen Dampfer *Nascopie* von der Hudson Bay Company. Es lag uns viel daran, mit dem Schiff in Verbindung zu kommen. Es sollte uns nicht nur Post bringen, sondern auch unsere Briefe und Berichte über die Arbeit des letzten Winters mitnehmen.

Es wurde eine lange und beschwerliche Eisfahrt, die in vieler Beziehung eine Wiederholung der Fahrt auf dem Kazanflusse war. Erst in der eigentlichen Chesterfieldförde kamen wir in offenes Wasser, waren aber inzwischen so lange und so oft aufgehalten worden, dass wir Chesterfield erst am 30. Juli erreichten.

Zwei kleine Mädchen, frühjahrsmäßig in Lumpen gekleidet. Ihr Tabu verbietet ihnen neues Zeug, bevor die Rentiere gehaart haben. Das eine Mädchen trägt Haarschützer, die aus Holz- oder Knochenstäbchen bestehen, worum man weiße und schwarze Lederstreifen wickelt, teils zur Zierde, teils zum Schutze gegen Unreinlichkeit.

X

Sommerreise nach dem »Blasebalg«

31. Juli bis 15. September 1922

John-Ell und Jimmy, zwei Aiviliker von der Southampton-Insel, beide Fachleute für Walfang vom Boot aus.

Das vorige Mal hatten wir Chesterfield zur Schneesturmzeit besucht, wo alles ein strenges, arktisches Gepräge trug; man konnte niemals vor die Türe gehen, ohne Gefahr zu laufen, dass die starke Kälte sich in Nase und Wangen festbiss und das Blut erstarren ließ. Umso mehr musste man deshalb die große Fähigkeit der Einwohner bewundern, sich der ganzen Rauheit ihrer Heimat anzupassen. Wir haben bereits von der wunderbaren Konstruktion ihrer Schneehütten gehört, die ihnen selbst tief in der gefrorenen Schneewehe Schutz vor Wind und Wetter gewährten. Ihre eigentümliche Kleidung, die vom Scheitel bis zur Zehe aus weichen Rentierfellen bestand, erlaubte es nicht nur den Männern, sondern auch den Kindern und Frauen, sich in jedem Wetter zu behaupten; wenn sie nur imstande waren, sich ihre tägliche Nahrung zu verschaffen, konnte ihnen der kalte Winter nicht das Geringste anhaben.

Nun kamen wir zur Sommerszeit wieder und fanden alles verändert. Die schönen Rentierfellkleider, welche den Leuten ein zu ihrer Rasse und Umgebung passendes Aussehen verliehen hatten, waren gegen den Pfennigkram der Handelsstation eingetauscht worden. Die Männer gingen in Sweater und Stoffhosen, die unvermeidliche Sportmütze schief auf das lange, flatternde Haar gedrückt, während die Weiber ihre reizvollen, doppelschürzigen Pelze, ihre Stiefel und die koketten Puffen an den Waden mit hausgenähten, lose hängenden Kleidern aus maschinengebügeltem Kattun vertauscht hatten, der jede Ahnung von Anmut und Form sorgfältig verbarg.

Sie wohnten in großen, weißen Leinwandzelten, welche die Küste mehr einem Pfadfinderlager als einer Eskimosiedlung ähnlich machten, und wenn man in ihre Nähe kam, bekam man unter allen Umständen die Ohren voll vom Lärm moderner Apparate, ob der Laut nun von einem Grammofon oder von einer Nähmaschine kam.

Zum ersten Male konnte ich beobachten, wie verloren sich diese früheren Inlandbewohner, meistens von der Gegend um den Bakersee, an der Küste des offenen Meeres vorkamen. Obwohl der Zug der Seehunde gleich hinter der Landspitze an der Mündung der Chesterfieldförde vorbeiging und die Walrossschwärme die heißen Dämpfe ihrer Lungen dicht bei der nahe liegenden Marmorinsel emporsandten, ging niemand auf Fang. Diese Menschen waren Sportsleute und Akrobaten, wenn sie in ihren zerbrechlichen Kajaks über die Stromwirbel der Flüsse dahinritten, aber hier lebten sie lieber von Pfannkuchen und Tee, und ihr einziger Erwerb bestand darin, ein Netz in der Bucht dicht vor dem Zelt auszusetzen, um sich frische Forellen zu fangen. Hin und wieder allerdings sandte die Polizei ihre Leute auf Walrossfang aus, aber nur um Hundefutter für die Schlittenreisen des Winters zu besorgen. Die Walrosse, die in die Siedlung gebracht wurden, verursachten keine Freude unter den Leuten; ihr Fleisch und Speck waren entweder Tabu oder eine Kost, die man nicht schätzte. Selbst ein paar erlegte Eisbären wurden nur wegen des Pelzes mitgenommen; das Fleisch, welches für jeden Grönländer der größte Leckerbissen ist, wurde auf der Abschussstelle zur großen Überraschung und Freude für die vielen schreienden Möwen zurückgelassen.

Nur wenn eine Bootsmannschaft einmal ins Innere der Förde auf Rentierjagd zog, konnte ihre Beute die altbekannte eskimoische Essfreude entfachen. Es war übrigens eine gute Jahreszeit für Rentiere, ihre Haarung war fast vorüber, das

Fleisch war fest, und der leckere Talg lag weiß wie Schnee um ihre fetten Lenden. Die Passivität dieser Menschen gegenüber den Fangtieren des Meeres gründete sich nicht auf Lässigkeit, sondern muss als ein Ausschlag ihrer ureigenen Inlandkultur bezeichnet werden. Sie konnten die Rentierjagd nicht entbehren, und es herrschte bei ihnen eine durch Generationen hindurch fest begründete Auffassung, dass sie Landtiere und Seetiere nicht zusammenbringen durften, ohne die Landtiere zu verlieren. Das war umso merkwürdiger, als dieselben Menschen hervorragende Bootsleute für die Walfänger gewesen waren. Ich konnte nur die eine Erklärung finden, dass sie den Meerfang als einen künstlichen Erwerb betrachteten, der von den weißen Männern geschaffen war und unter deren Verantwortung gegenüber den strafenden Mächten des Universums betrieben wurde. Obwohl der Walfang in diesem Gebiete längst eine Sage war, waren doch alle Männer vorzügliche Seeleute; auf meinen Reisen bei Chesterfield konnte ich oft die überlegene Fertigkeit bewundern, mit der sie ihre Walboote selbst in schwerem Sturm und trotz der großen Segel steuerten. Jeder tüchtige Mann hatte sein eigenes Boot, welches sein einziges Beförderungsmittel auf Reisen zwischen der Küste und dem Bakersee war; denn in diesem Distrikt ist das Frauenboot oder das Lederboot unbekannt, und der Kajak, der übrigens immer seltener wird, wird niemals im Salzwasser verwandt.

In Chesterfield traf ich alle meine alten Freunde vom Winter her wieder und genoss große Gastfreundschaft, sowohl in den Baracken der Polizei wie auch im Pfarrhof und bei der Hudson Bay Company. Ich zog es jedoch ebenso wie das letzte Mal vor, meinen eigenen Haushalt zu führen, um so viel wie möglich mit Eskimos zusammen zu sein. Deshalb schlug ich mein eigenes Zelt zwischen ihnen auf.

Am 9. August kam der Dampfer *Nascopie* von der Hudson Bay Company mit frischem Nachschub für die Handelsplätze und der lange erwarteten Post. Dank dieser unerwarteten Schiffsgelegenheit steuerten wir am 20. August nordwärts, und bereits am 23. warfen wir in der Repulsebucht Anker.

Hier erfuhren wir, dass Peter Freuchen und Therkel Mathiassen ihre große Schlittenreise nach Baffinland glücklich durchgeführt hatten und im Juni mit glänzenden geografischen und ethnografischen Resultaten nach Hause gekommen waren. Freuchen war nun mit der Kartografierung des Gebietes um die Däneninsel beschäftigt, während Mathiassen nach einem zweimonatigen Aufenthalt bei der alten Siedlung Naujan, wo er archäologische Ausgrabungen vorgenommen hatte, zusammen mit Jakob Olsen zur Southamptoninsel gereist war, um die Untersuchungen auf dieser interessanten Insel fortzusetzen. Die archäologischen Ausgrabungen in den Hausruinen bei Naujan, von denen später die Rede sein soll, hatten das überraschende Ergebnis von zweitausendfünfhundert Altertumsstücken einer alten, bisher unbekannten eskimoischen Kultur geliefert.

Nun galt es, so schnell wie möglich mit unserem Hauptquartier in Verbindung zu kommen, damit wir dort Pläne für die Sommerarbeit aufstellen konnten, denn die Eisverhältnisse versprachen schwierig zu werden. Nach dem ursprünglichen Plan sollte Freuchen bereits jetzt bei der Repulsebai sein, um uns im kleinen Motorboot der Expedition, das speziell für Sommerreisen berechnet war, abzuholen, aber alle Nachrichten, die wir über das Eis erhielten, deuteten darauf, dass es unmöglich gewesen war, von der Däneninsel wegzukommen. Das mächtige Packeis im Foxkanal hatte die ganze Frozen Strait angefüllt, und die Aussichten für die Schifffahrt waren vorläufig sehr zweifelhaft. Therkel Mathiassen und Jakob Olsen waren am 14. August nach der Southamptoninsel übergesetzt, also zu einer Zeit, wo das feste Wintereis in der Repulsebucht sich noch nicht losgerissen hatte. Nachdem es nun aufgebrochen war, traf sich das Eis von Frozen Strait mit den Resten des alten Wintereises, die durch Roes Welcome hinaufkamen, und schien alle Küsten in Blockade zu halten. Nur in der Repulsebucht selbst war das Eis zerstreut, aber sobald man die Havilandbucht passiert hatte und den Küsten nach Osten folgte, stand das Eis bis ins Land hinein. Wir waren auf große Schwierigkeiten am Hurdkanal gefasst, aber auf der anderen Seite bestand Hoffnung, dass der starke Strom, welcher durch diesen schmalen Sund läuft, das Eis genügend in Bewegung halten würde, um uns nach der Vansittart-Insel hindurchzulassen. Um unabhängig von fremder Hilfe zu sein, hatten wir in Chesterfield ein großes Kanu gekauft, aber wir sahen bald ein, dass es zu gefährlich war, ohne anderes Fahrzeug durchs Eis zu segeln. Außerdem hatten wir ja unsere Hunde, welche nach Hause gefahren werden sollten. Wir mieteten deshalb ein Walboot, welches einem Manne von der Southamptoninsel mit Namen Autdlanaoq oder, wie er von den Handelsleuten genannt wurde, John-Ell gehörte. Das war derselbe Mann, welcher Mathiassen nach der Yorkbucht übergesetzt hatte. Er war der Ansicht, dass er uns ebenso gut helfen könne, da der Weg nach Hause für ihn doch durchs Eis versperrt sei.

Dieses Engagement, welches eigentlich nur auf wenige Tage berechnet war, sollte sich späterhin über den größten Teil des

Winters ausdehnen, und dadurch bekam ich Gelegenheit, in John-Ell einen Mann kennen zu lernen, welcher weit über dem Durchschnitt stand. Er war an Bord der Walfängerschiffe erzogen worden und hatte deswegen nicht nur fließend Englisch gelernt, sondern auch eine glänzende Ausbildung in der Bootführung und Eisschifffahrt genossen. Kraft seines würdigen Auftretens und seiner Fähigkeit, zu disponieren, wurde er von seinen Landsleuten als eine Art Häuptling betrachtet. Er war auch ein wohlhabender Mann. Außer einem großen, starken Hundegespann und verschiedenen Typen von Schlitten besaß er ein wohlausgerüstetes Walboot und weiterhin, was zweifellos unter den Eskimos sehr selten ist, ein Motorboot, welches er für fünfundsiebzig Fuchsfelle gekauft hatte. Er führte eine ausgedehnte Korrespondenz mit der übrigen Bevölkerung in dem überall hier oben angewandten Zeichensystem, das von dem bekannten Missionar Peck bei Cumberlandsund erfunden worden ist; außerdem führte er Buch über seine Einnahmen und Ausgaben während des Jahres. Ganz eigentümlich war es, dass ein solcher Mann, der so viel unter weißen Männern gelebt und nicht wenig von ihrer Kultur in sich aufgenommen hatte, gleichzeitig ein hervorragender Schamane war.

Der Sommer, auf den wir uns während des Winters im täglichen Kampf mit dem Wetter so sehr gefreut hatten, blieb ganz aus, abgesehen von einigen unvergesslichen Frühlingstagen bei den Inlandeskimos und wenigen Sonnenscheintagen bei Chesterfield, wo die Lebensfreude allerdings von Moskitoschwärmen verdunkelt wurde. Trotz des milden Klanges, der im August liegt, löste ein Schneesturm den anderen ab, und das Eis, das sich dichter und dichter landeinwärts presste, atmete seine Kälte über den Zeltplatz hin, sodass wir in unsere Pelzkleider kriechen mussten. Dann schlugen Schneestürme über uns hin, und das ganze Land hüllte sich in Weiß, um ein paar Tage später wieder braun und sommerlich zu werden, sobald nur die Sonne ein wenig schien.

So gingen die Tage hin, und trotz unserer Ungeduld kam der 1. September heran, bis es uns endlich glückte, mit einem frischen Landwind aufs Meer hinauszusegeln. Wir mussten uns dicht an der Küste halten, um durchs Eis zu kommen, aber trotzdem lag es oft so dicht um uns, dass ich die Sicherheit bewundern konnte, mit der John-Ell sein Boot durch alle Hindernisse steuerte. Am folgenden Tage erreichten wir den Hurdkanal, aber nur um festzustellen, dass das Eis hier dicht gepackt lag und undurchdringlich geworden war. Aber wir hatten in einigen kleinen Sunden, die zwischen verschiedenen Inselchen dicht am Kanal hindurchliefen, so bedeutende Züge von Weißwalen gesehen, dass wir eine Landung beschlossen, um etwas Futter für die Hunde zu schaffen. Die Hunde waren ganz toll, als sie losgelassen wurden, und da sie nicht angebunden zu werden brauchten, weil wir hier ganz allein waren, genossen sie ein Dutzend Tage lang ihre volle Freiheit, während wir Fang vom Kanu aus betrieben. Leider wurde unsere Hoffnung auf Weißwale getäuscht, da sie so scheu waren, dass wir ihnen niemals mit der Harpune nahe kommen konnten. Einige, die wir zu schießen versuchten, sanken unter. Dagegen erbeuteten wir verschiedene Seehunde und namentlich eine sehr große Bartrobbe; obwohl unsere Hunde davon so viel zu fressen bekamen, wie sie wollten, fanden uns die Kameraden doch im Besitze bedeutender Fleischdepots, als sie am 12. September zurückkehrten.

Ein Grönlandwal, der im Sommer 1922 in der Repulsebucht gefangen wurde. Die weißen Felder auf der Seite sind Stellen, wo die Haut bereits als erster Leckerbissen abgeschnitten worden ist.

Der Wal, ein junges männliches Tier von nur 14 m Länge, wird geflenst. In jeder Kieferhälfte fand man etwa 275 Barten.

Das Boot von Repulsebai brachte eine große Neuigkeit. Während der Zeit, wo es dort gelegen hatte, war ein Wal gefangen worden, und John-Ell mit seiner ganzen Besatzung war am Fang beteiligt gewesen. Das war wirklich eine große Begebenheit, über die man schon einige Worte verlieren darf. Es bedeutete Speck genug für die Lampen in allen Siedlungen der Gegend, große Depots von Fleisch und herrliche Walhaut, die als ein lukullischer Leckerbissen ohnegleichen angesehen wird.

Wie früher erwähnt, hat der Walfang eine bedeutende Rolle in der Gegend zwischen Chesterfield und Lyonförde gespielt. Viele Schiffe überwinterten früher in diesem Abschnitt und bedienten sich beim Fang der Hilfe der Eskimos.

Einer der letzten Walfänger, der in diesem Abschnitt zu überwintern pflegte, war Kapitän George Comer, der sich auch als Sammler von ethnografischen Gegenständen für verschiedene amerikanische Museen einen Namen gemacht hat. Von ihm hatte John-Ell seine ganze Seemannskunst gelernt. John-Ell konnte ihn nicht genug für die ausgezeichnete Art loben, in der er die bei ihm arbeitenden Eskimos immer behandelt hatte. Aber mit den Walfängerschiffen verschwanden auch die modernen Geräte, mit denen die Eskimos zu fangen gelernt hatten. Der soeben gefangene Wal war mit Geräten erlegt worden, die dem alten Kapitän Cleveland gehörten, denn die Eskimos, die hier in einem Übergangsstadium zwischen Küstenbevölkerung und Inlandbevölkerung leben, haben selbst keine Werkzeuge für den Walfang, obwohl die Ausgrabungen Therkel Mathiassens beweisen, dass er in diesen Gegenden zu früheren Zeiten als ein großes nationales Gewerbe betrieben worden ist, lange bevor der weiße Mann erschien. Aber die Technik aus der Zeit der amerikanischen Walfänger ist noch in so frischer Erinnerung, dass es von der größten Bedeutung wäre, wenn entweder die kanadische Regierung oder die Hudson Bay Company den Fang wieder aufnehmen würde, solange die Bootsführer und Harpunierer noch nicht ausgestorben sind. Bei den geringen Preisen, die gegenwärtig für Walbarten gezahlt werden, dürfte ein solcher Fang wohl keinen besonderen Geldgewinn ergeben, würde aber von unschätzbarer Bedeutung für die eingeborene Bevölkerung sein. Beinahe jedes Jahr herrscht hier Fleisch- und Speckmangel, und nur mit der größten Schwierigkeit lässt sich genügend Futter für die Hunde beschaffen. Nur einige wenige Wale jeden Sommer würden dem Distrikt ausreichende Fleischversorgung für den ganzen Winter sichern, und diese Fleischversorgung würde den Jägern ganz andere Möglichkeit zur Betreibung der Pelzjagd geben; denn die meisten Wintermonate vergehen nun mit der Jagd auf kleine Seehunde, welche nur die allernotdürftigste Nahrung liefern, aber kein Geld, weder in die Taschen der Eskimos noch in die der Handelsleute.

John-Ell brachte einige große Stücke Walhaut mit. Da wir von Grönland her daran gewöhnt sind, diese Speise als selten und erlesen zu betrachten, beschlossen wir, das Geschenk bei einer großen Festmahlzeit zu verschwelgen, zu der auch Usugtaq und seine ganze Familie eingeladen wurde.

Es war ein wunderbarer Abend. Wir waren gerade auf den Bergen gewesen, um Überblick über die Eisverhältnisse zu bekommen, und hatten mit Freude entdeckt, dass das Eis in der südwestlichen Mündung des Hurdkanals genügend zerstreut war, um uns am nächsten Tage hindurchzulassen. Es war hauchstill in der Bucht, in der wir lagen; nur draußen vor den Inseln wehte eine schwache Landbrise, welche das Eis von der Küste abhielt. Die Dunkelheit war im Anzuge, und der Schein des großen Lagerfeuers fiel weit über die Bucht hinaus. Es lag ein Hauch von Herzlichkeit über der Stunde und ein Gefühl von Behaglichkeit, welches, ohne dass man sagen konnte, warum, die Menschen mitteilsam machte. Ich wusste, dass John-Ell in den alten Traditionen seines Volkes wohlbewandert war, und bat ihn deswegen, die Festmahlzeit mit einigen Erzählungen über die Bräuche aus alten Tagen zu würzen. John-Ell zierte sich niemals, und während wir anderen dasaßen und in den frischen, wohlschmeckenden Stücken der marmorgrauen Walhaut schwelgten, erzählte er Folgendes:

»In alten Tagen gab es viele Wale an diesen Küsten, welche dicht ans Land heranzuschwimmen pflegten, sodass die Männer immer ihre Fanggeräte am Strand klar hielten, während die Harpunenleine an einem starken Klippenstück festgebunden war. Die Harpune lag wurfbereit daneben, und sobald man die Wale blasen hörte, brauchte der Fänger bloß hinzulaufen und sie zu harpunieren, so dicht schwammen sie an die Küste heran, ohne Furcht vor den Menschen.

Aber dann geschah es eines Nachts, dass zwei Männer Frauentausch halten wollten, und das ging auf die Weise vor sich, dass sie selbst zu Hause blieben und ihre Frauen gegenseitig zu ihren Zelten schickten. Es war in der Nacht, als die Leute schliefen, und wie die beiden Frauen nun einander begegneten, kamen sie ins Gespräch, und wie sie so über das Meer hinausschauten, gewahrten sie einen großen Wal, der den Strand entlang geschwommen kam. Ohne die Männer zu wecken, liefen sie sofort zu den Harpunen hinab und jagten sie in den Rücken des Tieres. Auf diese Weise fingen die zwei Frauen einen Wal, aber man erzählt, dass den Tieren seit dieser Zeit vor den Menschen bange ist, dass sie sich weiter seewärts halten und niemals mehr ihren alten Wegen dicht am Lande folgen.

Reife Frauen und Mütter wurden seitdem für unrein angesehen und durften sich niemals in den Fang mischen, und um die Wale zu versöhnen, suchte man sie durch neue Bräuche ruhig und zutraulich zu machen. Wenn die Fangzeit gekommen war, mussten alle Frauen einen Stirnschmuck aus weißem Quarz tragen; damit sollten sie dem Wal zu den Menschen hinleuchten. Auch die Männer im Walboot mussten sehr vorsichtig sein; sie durften weder ins Boot noch ins Wasser spucken. Konnte man es nicht vermeiden, musste man auf sich selbst spucken. Auch durfte man das Meer, welches die Wohnung der Wale ist, nicht dadurch verunreinigen, dass man sein Wasser hineinließ, sondern man musste dafür besondere Töpfe mitführen.

Sobald ein Wal harpuniert war, mussten sich alle verheirateten Frauen in den Zelten halten und durften sich nicht im Freien zeigen, um den Wal nicht zu erschrecken. Sie mussten sich auf die Bank legen und dort ausgestreckt mit schlaffen Gliedern liegen bleiben und alle strammen Bänder an ihrer Tracht lösen. Wenn sie das nicht täten, würde der Wal die Harpunenleine schnell abwickeln und das Boot auf den Grund ziehen.

Alles, was man am Land tat, hatte eine wunderbare Wirkung auf den Wal, und deswegen hatte man viele Bräuche. So pflegte man Knaben zu zweien zusammenzubinden, das linke Bein des einen an das rechte des andern, und so mussten sie möglichst schnell landeinwärts humpeln, bis sie in Deckung der Klippen gekommen waren, wo sie den Wal nicht mehr sehen konnten. War die Anzahl der Knaben ungleich und blieb einer übrig, musste dieser den Zusammengebundenen nachlaufen und versuchen, sie über den Haufen zu werfen. Je öfter sie fielen, je schwerer sie vorwärts kamen, desto langsamer war auch der Wal in allen seinen Bewegungen. Auch die alten Frauen mussten Kunststücke für die Seele des Wals machen. Ihre Beine wurden ein Stück oberhalb des Ristes zusammengebunden, und so mussten sie landeinwärts humpeln, wobei sie oft über kleine Abhänge fielen und rollten. Ihre Bewegungen wirkten auf den Wal, und je schwieriger sie vorwärts kamen, umso langsamer schwamm der Wal und zog die Boote niemals von der Küste fort.

Wenn das Boot mit dem toten Wal am Schlepptau sich dem Lande näherte, sollten alle jungen Mütter aus dem Zelt kommen und dem Wal entgegenlaufen. Sie sollten wetteifern, wer zuerst ankäme, und so weit ins Wasser hinauslaufen, wie sie Grund fanden. Das machte ihre Kinder zu guten Walfängern.

Wenn sich das Boot auf Wurfweite dem Land genähert hatte, schnitt man große Scheiben aus der leckeren Walhaut; die Kinder stellten sich auf, die Knaben für sich und die Mädchen für sich, und dann wurde ihnen die Walhaut zugeworfen. Es kam darauf an, wer sie zuerst schnappte und wer sie zuerst verschlang; denn die Seele des Wales sieht es gern, wenn die Menschen darum wetteifern, wer ihn zuerst verzehrt.

Dann begann die Abhäutung selbst, und es dauerte nicht lange, bis die Arbeitenden vor lauter Blut und Speck ganz unkenntlich waren, denn es freut die Herrscherin der Seetiere, dass sich die Menschen bei der Abhäutung der lieben Fangtiere nicht scheuen, sich vollzuschmieren.

Endlich baute man einen Kreis von großen Steinen mit

einem flachen Stein in der Mitte. Hierhin setzten sich die Männer und aßen die erste Festmahlzeit zusammen mit den ältesten Weibern, und wenn man so viel gegessen hatte, wie man konnte, hielt man die ganze Nacht hindurch Trommeltänze ab. Junge Frauen mit Kindern durften an der Festmahlzeit nicht teilnehmen, sondern mussten ihren Teil vom Essen in besonderen Töpfen kochen; und nicht einmal dies war erlaubt, bevor das Rückgrat des Wales durchgeschnitten war. Das mussten sie tun, weil es junge Frauen gewesen waren, welche den Wal vom Land weggescheucht hatten.

Walfleisch durfte niemals auf gewachsenen Brennstoffen gekocht werden, sondern nur auf Tierknochen mit Speck vermischt oder über einer Specklampe, und es wurde sehr streng darauf gesehen, dass jede Arbeit drei Tage nach dem Walfang ruhte.

Alle diese Bräuche wurden eingehalten, weil man sich fürchtete, die Seele des Wales zu kränken; außerdem hegte man den Glauben, ein getöteter Wal könne wiedererstehen und wieder zu den Menschen kommen, um sich aufs Neue fangen zu lassen. Deshalb war es wichtig, ihn niemals zu verdrießen.«

Am 12. September glückte es uns endlich, über den Hurdkanal zu kommen. Das Eis war sehr dicht, und wir mussten unablässig staken. Da der Strom die Schollen mit großer Kraft vorwärts trieb, erhielt unsere Fahrt beinahe den Charakter einer Flucht von der einen Eisscholle zur anderen. Bei der Mündung des Kanals selbst mussten wir auf einer sehr großen Insel Aufenthalt nehmen, um den Gezeitenwechsel abzuwarten, und während wir hier lagen, hörten wir ununterbrochen große

Züge von Weißwalen vorbeiziehen. Bisweilen sahen wir sie längs des Eises in dichten Geschwadern, aber kaum stießen wir mit dem Boot von Land, um Fang zu versuchen, so waren sie schon spurlos verschwunden.

Nach einem letzten und recht spannenden Kampf mit dem Eis glückte es uns endlich, durchzukommen und das Land zu erreichen, gerade als die Dunkelheit jede Fahrt zwischen dem Treibeis lebensgefährlich machte.

Wir waren nun endlich auf der Vansittart-Insel und wussten, dass es nur eine Frage von Tagen war, bis wir nach der Abwesenheit von vielen Monaten wieder zu Hause im »Blasebalg« sein würden.

Am nächsten Morgen früh nahm John-Ell Abschied von uns. Vom Gipfel eines Felsens aus sahen wir ihn mit vollen Segeln in den Malstrom hinausschießen, und seine Haube schwenkend und uns ein letztes Wort zurufend, verschwand er im schweren Packeis.

Es war, als ob das Ganze nur ein Spiel für diesen behänden Bootsführer sei, für den Geisterbeschwörer mit dem festen Blick und der sicheren Hand! Bewundernd blickten wir diesem Prachtkerl nach, der mitten im wirbelnden Großstrom mit den Eisschollen Haschen spielte.

Bei der Vansittart-Insel lag das Eis nun ganz fest bis ins Land hinein, und es war nicht nur altes Packeis von Frozen Strait, sondern auch Herbstneueis, welches die Schollen so gründlich zusammengefügt hatte, dass von einer Bootsfahrt nach der Däneninsel keine Rede sein konnte. Alles Gut wurde deswegen vorläufig zurückgelassen. Dann stürmten wir mit unseren arbeitsfrischen Hunden ins schneefreie Land hinein. Es ging in wilder Fahrt über das steinige Gelände, und unsere einzige Sorge war, die Hunde könnten den Schlitten zerschmettern.

Am Abend des 15. gelangten wir über den schmalen Sund, der uns als letztes Hindernis von der Däneninsel trennte. Es bestand eine Verabredung mit den Kameraden, dass eine Jolle für uns ausgelegt werden sollte, damit wir zu jeder Zeit hinüberkommen könnten. Wir suchten und suchten nach dieser Jolle, bis es dunkel wurde; dann mussten wir brummend eine halbe Stunde von dem lieben »Blasebalg« entfernt das Lager aufschlagen.

Beim ersten Tagesgrauen nahmen wir einen Überblick über die Situation und entdeckten, dass wir bei Ebbe auf das Packeis kommen konnten. Es glückte uns auch, und nach einer halben Stunde landeten wir auf der Däneninsel. Wir hatten uns nach dieser Heimkehr gesehnt seit dem Augenblick, da wir unsere Arbeit in Barren Grounds beendet und den Kurs heimwärts gesetzt hatten. Nicht nur nach dem »Blasebalg« hatten wir uns gesehnt, sondern auch nach einem Wiedersehen mit den Kameraden, und um das Ganze so festlich wie möglich zu machen, waren wir wirklich so kindlich, dass wir das alte, verbrauchte Reisezeug auszogen und uns funkelnagelneue Kleider von der letzten ureskimoischen Mode anlegten. Wir gingen hinter einem großen Felsen vorbei, der gleich vor dem Hause lag. Der Schlitten war zurückgelassen worden, und mit großer Mühe hielten wir die Hunde zurück; sie hatten längst entdeckt, wo wir waren, und konnten gar nicht verstehen, warum wir uns die Heimkehr so umständlich machten. Wie Jäger, die sich an das Wild heranpirschen, krochen wir über den letzten Hügelkamm, bis wir dicht vor dem Holzschuppen standen, welcher schon

Sommerbild von der Däneninsel. Grönländerinnen beziehen einen unserer Jagdkajaks mit neuem Leder.

nach diesem einen vergangenen Jahr so viele Erinnerungen umfasste.

Dann brachen wir in laute Rufe aus, aber das Wort blieb uns im Halse stecken, als wir im gleichen Augenblick entdeckten, dass kein einziger Hund zu sehen war. Und trotz unserer Rufe, deren Echo von weit her zurückkam, zeigte sich auch niemand vor dem Hause. Mit hängenden Ohren gingen wir langsam den Berg hinab, ohne Freude im Herzen. Wir traten ein und hofften, wenigstens einen Brief zu finden. Nicht ein Wort. Das Stationstagebuch meldete kurz und trocken, dass sie alle auf Fang beim Sonnenfelsen in der Frozen Strait ausgezogen waren.

Keine Jolle im schmalen Sund! Kein Brief im Hause! Hatte man uns denn ganz vergessen?

XI

Die Begegnung mit den Kameraden

17. September bis 4. Oktober 1922

Arqioq in Knud Rasmussens Zimmer im »Blasebalg«.

Das Erste, was uns der »Blasebalg« nach einem langen Fernsein schenkte, war ein süßer und ungestörter Schlaf von vierzehn Stunden. Jedesmal, wenn eine lange Reise durchgeführt ist, fühlt man sonderbarerweise mit einem Schlage Müdigkeit in allen Gliedern. Nachdem wir, ein wenig schwer im Kopf von der allzu langen Ruhe, aufgestanden waren, hatten wir die Enttäuschung des verflossenen Tages bereits vergessen und waren sofort von neuen Plänen in Anspruch genommen. Einen Tag verschwendeten wir darauf, unsere Sachen zu trocknen und zu allen vertrauten Plätzen hinzuschlendern, ausschließlich von dem Gefühl des Zuhauseseins erfüllt. Aber dann mussten wir uns zum Aufbruch fertig machen und den Fangplatz beim Sonnenfelsen aufsuchen.

Schon im letzten Winter hatten wir beschlossen, bei Frozen Strait von einer langen, flachen Landzunge aus, die sich vor einer von uns »Sonnenfelsen« getauften kleinen Insel hinzog und eine Tagesreise westlich von der Däneninsel bei der Vansittart-Insel lag, Sommerjagd zu betreiben. Wir wussten von den Eskimos, dass dort gewöhnlich Walrosse waren, und nach diesen trachteten wir ganz besonders, weil sie ein wirklich füllendes Hundefutter bedeuteten. Dagegen schien die Mündung der Gorebucht und der Lyonförde allen Anzeichen nach so eisgefüllt zu sein, dass der Fang vom Boot oder Kajak aus als unmöglich angesehen werden musste. Birket-Smith blieb auf der Station zurück, um sofort mit unserem meteorologischen Beobachtungsdienst zu beginnen, während »Eidervogel« und ich am 18. aufbrachen, um wieder über den schmalen Sund zu setzen.

Es war ein hartes Stück Arbeit, das uns bald über hohes, unwegsames Presseis führte, bald über Neueis, das beunruhigend unter uns knisterte und knackte. Wir hatten daher alle Hände voll zu tun, um mit den vielen, immer neuen Situationen fertig zu werden, und hatten keine Zeit, uns umzusehen. Erst da wir ungefähr auf der anderen Seite sind, hören wir ein Gebrüll, das seiner Stärke nach gut vom Geistervolk der Insel hätte stammen können. Wir blicken uns um und sehen eine riesenhafte Gestalt hoch oben auf der Spitze eines Presseisblocks. Daneben steht eine kleine, gedrungene Person, die ebenso rund wie der andere länglich zu sein scheint. Es ist Peter Freuchen und unser alter Freund »Puppe«, der bei den Fleischtöpfen der Station bis zur Unkenntlichkeit fett geworden ist. Es dauert fast eine Stunde, bis wir miteinander in Verbindung kommen, da wir innerhalb einer Gezeitenrinne sind, wo das Eis nicht tragen kann. Wir müssen deshalb auf Schollen durch den Eisbrei hinüberrudern. Aber endlich kommen die große Umarmung und die vielen unzusammenhängenden Mitteilungen, wie man sie unwillkürlich bei einem ersten Wiedersehen herunterrasselt. Das Einzige, was der eine vom anderen im ersten Augenblicke wirklich erfuhr, war eine allgemeine Zufriedenheit mit den erreichten Resultaten.

Es wurde sofort das Lager aufgeschlagen. Die ganze Nacht verging mit dem Austausch von Neuigkeiten. Die Eisverhältnisse rings um die Däneninsel waren für jegliche Bootsfahrt so verzweifelt gewesen, dass man noch Anfang August mit dem Hundeschlitten auf dem Meereis fahren konnte; deswegen auch hatte man uns noch nicht erwartet und weder eine Jolle im Sunde noch einen Willkommensbrief im »Blasebalg« für uns bereitgelegt.

Am meisten von allen Dingen interessierte mich jedoch in

diesem Augenblick das Ergebnis der Baffinlandreise, und damit verging nun eine behagliche Nacht, in der wir uns keine Zeit zum Schlafen gönnten.

Wenn Freuchen etwas auf dem Herzen hat, ist er ein ungewöhnlich beredter Mann, und seine Darstellung war denn auch voller Humor und Salz. Wie früher erwähnt, trennte ich mich von der Baffinland-Abteilung bei Kap Elisabeth am 16. Februar; aber auf Grund verschiedener Schwierigkeiten, die mit der Hundefutterfrage zusammenhingen, glückte es ihr erst am 28., nordwärts zu starten. Diese Nordabteilung bestand aus Freuchen, Therkel Mathiassen, den Kap Yorkern »Bootsmann« und Arqioq mit seiner Frau sowie Aua als Ortskundigem samt Frau und einem kleinen Pflegesohn. Die Leute in dieser Gegend gehen sehr ungern auf Langfahrt, ohne ihre Familien mitzunehmen. Außerdem folgten Usugtaq und Aua Quelitaik (der Pelzbekleidete) als Hilfsschlitten das erste Stück Wegs.

Freuchen und Mathiassen waren die Ostseite der Melville-Halbinsel entlang nach Norden gereist und hatten sich dann getrennt; während Freuchen die Fury-and-Hecla-Straße kartografiert hatte, war Mathiassen in die Admiralitätsförde eingedrungen und hatte dort wichtige geologische und kartografische Arbeit geleistet. Die Neuigkeiten dieses Berichtes stürzten plötzlich über mich herein; da gleichzeitig ein wenig von dem, was wir selbst erlebt hatten, erzählt werden sollte, litten wir nicht an Stoffmangel in dieser Nacht. Leute, die mit dem Reiseleben nicht vertraut sind, glauben gewöhnlich, dass die Mitglieder einer Expedition derart eng zusammenhocken, dass schließlich einer des andern Anblick nicht mehr ertragen kann; in Wirklichkeit aber hat jeder auf seinem besonderen Felde so viel zu schaffen, dass man kaum Zeit findet, sich einmal gründlich auszusprechen. Deshalb bedeutet es immer ein Fest, sich wieder zu begegnen, besonders wenn alles während der Trennungszeit einigermaßen nach Wunsch gegangen ist.

Bei der Rückkehr der Nordabteilung war das Eis noch ausgezeichnet gewesen, und nach einer kurzen Ruhe von zehn Tagen, die mit Entwickeln von Fotografien, Berechnungen, Kartenzeichnen und aller Art Arbeiten vergingen, die unterwegs unmöglich waren, war man wieder aufgebrochen.

Therkel Mathiassen war nach Repulsebucht gegangen und hatte mit der Ausgrabung der dortigen Hausruinen begonnen, welche in vieler Beziehung grundlegend für die Theorien wurde, die jeder Einzelne von uns seitdem aus unserem gemeinsamen Material herauslöste. Freuchen war ganz unten an der Wagerbucht gewesen und hatte die Kartografie dieses Distrikts nachgeprüft. Wir entbehrten nun in hohem Grade noch Therkel Mathiassen, besonders ich, da ich meine Reise durch die Nordwestpassage gern vor Weihnachten begonnen hätte.

»Eidervogel« und ich hatten unsere vierzehn Hunde zusammengetan und kamen nun wie eine Bö über die niedrige Ebene gefahren, die zum Jagdlager der Kap Yorker hinabführte. Schon von weitem wurden wir ihrer ansichtig. Sie kamen von der Rentierjagd heim, und allein schon ihr Anblick wirkte auf uns mit einer besonderen Stärke. Sie waren alle, Männer wie Frauen, in ihren Kap Yorker Trachten, und es kam uns einen Augenblick so vor, als ob das ganze stürmische und vereiste Kanada versinke und wir auf dem Wege zu einem der alten vertrauten Dörfer in Grönland seien. Wir sahen die Felsen, welche die Macht und die Schönheit dieser armen arktischen Küsten sind, wir hörten die freien Wogen über die eisfreien Strandbreiten schäumen, während kleine Flottillen von Kajaks den Fang landeinwärts schleppten. Die Kinder liefen spielend umher, und fleißige Frauen machten alles bereit, um die Jäger und die Beute wohl zu empfangen …

Unsere Kameraden stutzten bei dem Anblick des Schlittens mit den vielen Hunden hier in dieser Gegend, wo bald kein einziges ordentliches Hundegespann mehr zu finden war. Als sie uns endlich erkannten, war es, als ob die Erde unter ihnen lebendig würde. Sie sprangen hoch in die Luft, schwenkten die Arme und suchten einen Ausdruck für alles, was der Worte ermangelt, wenn man wie wir aus dem Gesetz der heimischen Scholle heraustritt und sich die Gemeinschaft aufbaut auf der freien Kameradschaft der fahrenden Jäger.

Die zweite Überwinterung

Der arktische Herbst ist nicht unheimlich, wie man gern glaubt. Man tritt sachte aus des Sommers lebendem Land und findet eines Tages die Natur in Kälte erstarrt, ohne an die Dunkelheit zu denken, der man entgegengeht, oder an die Stürme, durch die man sich schlagen soll. Im Gegenteil, alle Gefühle werden von den Verheißungen beherrscht, die im ersten Schnee und im ersten Eis liegen. Denn der Winter ist kein Feind, er ist der große Helfer, der Brücken über die Meere schlägt, der die Steine des Berges zudeckt und die Klüfte ausfüllt. Sobald die Schlittenbahnen lange Reisen möglich machen, meldet sich das Fernweh, neue Pläne werden geboren, und man wartet ungeduldig nur darauf, dass die Kälte wächst.

So grüßten wir auch diesmal den zweiten Winter der Expedition. Kein Wunder deswegen, dass täglich viele Schneeschuhspuren zum Ausguck hinaufführten, den wir auf dem höchsten Berg der Däneninsel errichtet hatten. Von Tag zu Tag sahen wir, dass der Frostrauch über den offenen Waken kleiner wurde. Das Eis in der Mündung der Gorebucht trieb noch vor Strom und Wind auf und nieder, aber lange würde es nicht mehr dauern, bis es befahrbar wurde.

Wir wollten alle hinaus, um uns auf unsere Aufgaben zu werfen, die vor dem Verlassen der Hudsonbucht gelöst werden sollten. Wir hatten nur eine Sorge, die uns den richtigen Anfang erschwerte: Solange wir keine Verbindung mit Therkel Mathiassen und Jakob Olsen hatten, war es unmöglich, auf Langfahrt zu gehen. Auch waren die verschiedenen Pläne derart ineinander verkettet, dass wir die beiden nicht entbehren konnten. Peter Freuchen, Mathiassen und Bangsted sollten zusammen nach Baffinland reisen, um die Arbeiten des letzten Winters fortzusetzen, während Birket-Smith und ich den ersten Teil des Reiseweges nach Westen gemeinschaftlich zurücklegen wollten. Und selbst wenn die anderen, falls die Wartezeit sich allzu lange erstreckte, vielleicht notgedrungen ihr Arbeitsgebiet aufsuchen mussten, war ich doch auf jeden Fall bis zur Heimkehr der anderen an die Umgebung der Däneninsel gebunden. Allerdings hegten wir keinerlei Nervosität wagen ihres Schicksals. Aber ohne Gewissheit abreisen konnte ich selbstverständlich nicht, denn es konnten leicht einige Winter vergehen, bis ich auf meiner Reise durch die

Nordwestpassage würde Nachricht von ihnen haben können. Unsere Dispositionen gerieten daher ins Stocken. Es war vorläufig unmöglich, unsere Pläne zur Einheit zusammenzuschließen; wir mussten uns alle auf Ausflüge in die Umgegend beschränken.

Eine Zeit lang führten wir nun ein recht einförmiges Dasein. Einige von uns trieben Fang beim Sonnenfelsen, andere waren im »Blasebalg« mit häuslichen Arbeiten beschäftigt. Denn die Vansittart-Insel war die einzige Stelle, bis zu welcher wir kommen konnten. Am 18. Oktober, bevor wir noch ahnten, dass der Weg zwischen unserer Insel und dem Festland befahrbar sei, kam Helge Bangsted überraschenderweise von seiner Reise nach Wagerbucht zurück. Er sah gesund und strahlend aus nach dem frischen Freiluftleben, das er geführt hatte, und erfreute uns sogleich mit der Nachricht, dass ihm die Erwerbung der ethnografischen Sammlungen, die der Zweck seiner Reise gewesen war, geglückt sei. Außerdem hatte er einige Hunde von einem gewissen Lukas gekauft, einem Manne aus Labrador, der bei Wagerbucht überwinterte.

Die Winterpost, die von Repulsebucht am 1. Januar abgehen soll, muss nun fertig gemacht werden. Wir beschließen, dass Peter Freuchen, ohne länger auf Mathiassen zu warten, nach Baffinland aufbrechen soll, und zwar in Begleitung Bangsteds und der beiden Grönländer Arqioq und Patdloq. Ich selbst suche unmittelbar nach Neujahr Auas Dorf auf, um Hundefutter für die Reise zu schaffen. Aua ist hilfreich wie immer, und wir bekommen Fleisch von vier Bartrobben; das ist mehr, als die Nordabteilung neben der Last, die vom »Blasebalg« mitgenommen wird, frachten kann.

Es war längere Zeit kalt und stürmisch gewesen mit einer

Temperatur, die zwischen vierzig und fünfzig Grad Celsius schwankte. Aber beim Aufbruch von Kap Elisabeth am 9. Januar herrschte prachtvolles, klares Frostwetter mit nur achtzehn Grad Celsius. Nichts kann unschuldiger, nichts freundlicher aussehen als solch ein glückverheißender Morgen, wo die Natur zwischen zwei Schneestürmen ausruht. Nichts vergisst sich schneller als Plagen und Schmerzen, und man glaubt unwillkürlich, dass alle Reisetage festliche Sonne bringen werden, Windstille und glatte Bahn beim frischen Gebell der Hunde.

In Herzlichkeit nahmen wir alten Kameraden Abschied voneinander. Wenn alles plangemäß verlief, würden wir uns erst später einmal in Dänemark wiedersehen, und dann würde Freuchen seine lange Schlittenreise von der Hudsonbucht bis hinüber nach Grönland durchgeführt haben, während ich nördlich um den ganzen amerikanischen Kontinent gereist sein würde.

In scharfem Trab liefen die Hunde mit ihren schwer beladenen Schlitten über das Eis dahin. Noch ein letzter Abschiedsruf – und dann waren sie schon weit fort.

Am 13. Januar war ich wieder im »Blasebalg« und machte mich sofort an die Ordnung desjenigen Teils unserer Sammlungen, der vor dem endgültigen Abschied von der Däneninsel fertig sein musste, denn es machte einige Mühe, alle die Felltrachten zu schaffen, die nötig waren, um eine wirklich gute Anschauung zu liefern.

Endlich am 29. Januar war die Arbeit so weit fertig, dass ich mich zu einem Jagdlager an der Mündung der Lyonförde begeben konnte, wo ich meinen alten Freund Aua besuchen wollte, um abschließende ethnografische Studien zu machen.

Das Eis lag nun fest, und da Mathiassens Heimkehr deswegen täglich zu erwarten war, musste ich mich mit dem Abschluss meiner eigenen Arbeiten innerhalb dieses Distrikts beeilen, um marschfertig für die Nordwestpassage zu sein, sobald die Möglichkeit vorlag.

Der 29. Januar war einer jener schönen klaren Frosttage, wo die Unruhe über einen kommt und man es daheim nicht mehr aushält. Auf glänzender Bahn war ich ungefähr halbwegs nach Lyonförde gekommen, als ich voraus einige Schlitten gewahrte, die mit großem starkem Hundegespann auf mich zugesprengt kamen. Ich blieb halten und wollte einen Augenblick meinen eigenen Augen nicht trauen. Das konnten nur grönländische Hunde sein, was man leicht sieht, denn hierzulande fährt man mit ungleich langen Strängen. Sie näherten sich hurtig, und jetzt sah ich deutlich, dass es ein grönländischer Kutscher war, der seine Peitsche schwang.

Keiner von unseren Schlitten war nach dieser Richtung hin unterwegs, ausgenommen der Baffinlandtrupp, aber was wollte der hier? Für lange Vermutungen blieb jedoch keine Zeit, und im Laufe von wenigen Minuten waren wir Seite an Seite. Auf dem ersten Schlitten saß Arqioq mit Freuchen, etwas später kamen Helge Bangsted und Patdloq. Ihre drei Gespanne waren zu zweien vereinigt. Wir machten halt, und ich entdeckte sofort, dass Freuchens einer Fuß mit großen Pelzverbänden umwickelt war. Etwas Ernstes musste geschehen sein, denn er nahm gar keine Notiz von unserer Begegnung, sondern blieb ganz ruhig mit dem Rücken zu mir sitzen. Nur Arqioq kam herangelaufen und teilte mir in wenigen Worten mit, dass Freuchen erfrorene Füße habe.

Es ist nicht zu leugnen, dass ich mit traurigen Gefühlen vor dieser Abteilung stand, auf die ich so große Hoffnungen gesetzt hatte. Aber selbstverständlich konnte die Enttäuschung die Freude darüber, dass Peter sein unglückliches Abenteuer lebend überstanden hatte, nicht verdrängen. Unser Wiedersehen war herzlich, aber ohne viel Worte. Es ist immer schwer für einen Mann, der ungern die Flinte ins Korn wirft, seine Reisepläne bis auf weiteres zu begraben. Glücklicherweise war nur der eine Fuß erfroren, aber da bereits kalter Brand hinzugetreten war, war die Katastrophe ernst genug.

Bis zu unserem warmen Hause waren es nur einige Stunden Fahrt, und wir machten es uns deswegen in dem schönen, stillen Sonnenwetter bequem. Wir bauten eine Windmauer von Schnee, schmolzen Eis und kochten Tee, damit ich die näheren Einzelheiten des traurigen Ereignisses erfahren konnte.

Der Hergang der Erfrierung war schnell erzählt. Freuchen fuhr eine große und schwere Ladung, und als sie vom Eis aufs Land zwischen Kap Wilson und Usugarssuk gekommen waren, wo der Schnee weich und tief war, konnte er mit den anderen Schlitten nicht mehr Schritt halten. Der Wind begann aufzufrischen, und um die übrigen einzuholen, erleichterte er seinen Schlitten um einen Teil des Gepäcks und erreichte auf diese Weise den Lagerplatz, gerade als man begonnen hatte, ein Schneehaus für die Nacht zu bauen. Bis zu dem zurückgelassenen Gut war es nur eine Stunde Fahrt, und da er annahm, dass es mit dem Schneesturm nicht ernst werden könne, brach er sofort auf, um die Sachen zu holen. In einer guten Stunde ist er heran, belädt seinen Schlitten und ist gerade auf dem Wege heimwärts, als der Sturm ernstlich einsetzt. Er muss auf einer Stelle übernachten, wo er keine Möglichkeit hat, ein Haus zu bauen, und begeht den für einen müden Mann verständlichen, aber trotzdem unverzeihlichen Leichtsinn, sich hinzulegen und in einem Unterschlupf unter dem Schlitten zu schlafen. Dass gerade unser tüchtigster Schneehausbauer dieser Versuchung unterlag, war tragisch, denn das Schlafen im Schneesturm ohne Haus ist immer lebensgefährlich, ein Umstand, den der erfahrene Freuchen selbst den Neulingen der Expedition immer eingeschärft hatte.

Hier folgt seine Schilderung:

»Der Sturm pfiff, und der Schnee peitschte mir um die Ohren. In unglaublich kurzer Zeit war alles, was Richtung hieß, vor mir verschwunden, und ich fuhr einzig und allein nach dem Winde, den ich gerade gegen mich hatte. Es ist schwierig für die Hunde, gegen das Schneefegen anzugehen. Wir anderen, die hochaufgerichtet über ihnen gehen, haben Mühe genug, überhaupt nur Atem zu bekommen. Vorwärts zu sehen, ist unmöglich. Die Hunde wussten, dass es dem Lager zugehe, aber es war ihnen unmöglich, zu ziehen. Sie krochen über den Schnee vorwärts, aber der Schlitten wirkte wie ein Segel, das sie rückwärts zog. Es blieb nichts anderes übrig, als abzuladen und die Kisten aufzustapeln, sodass sie leicht wiedergefunden werden konnten, und im Übrigen sich nach Hause zu retten. Ich behielt nur einen Tragsack mit meinem Fußzeug, legte mich auf den Schlitten, um den Windfang nicht zu vergrößern, und suchte die Hunde vorwärts zu treiben – eine Schneckenfahrt im Sturmeswirrwarr. Dann sprang ich vom Schlitten herunter und ging vor den Hunden her. Oft glaubte ich, eine Spur vom Vormittag zu sehen, verlor sie dann aber wieder, verirrte mich in einem Steingeröll und geriet von dort in tiefen Schnee, den wir, wie ich wusste, heute noch nicht passiert hatten. Plötzlich war es, als ob die Hunde etwas witterten. Sie setzten Fahrt auf und stürzten vorwärts. Ich sah bereits im Geiste die Schneehütte mit Licht und Essen. Aber stattdessen endeten wir oben auf einem Steinhaufen, und hier verloren die Hunde das Interesse. Vielleicht hatten sie einen Vielfraß oder einen Fuchs gewittert, aber ich war in jedem Falle aus meiner Richtung gekommen und konnte sie nicht wiederfinden. Nur mein treuer Hund Alberti, der mir so manches Mal eine Hilfe in der Not gewesen ist, schien nach einer bestimmten Richtung hin zu drängen. Ich ließ ihn los und folgte ihm, um den Weg zu suchen. Sehr weit wagte ich aber nicht zu gehen, um nicht vom Schlitten wegzukommen. Ich kehrte deswegen bald wieder um und fuhr in der Richtung, die ich für die richtige hielt, weiter. Wir fuhren und fuhren, Alberti ging nebenan, und plötzlich sprang er davon. Ich versuchte ihm zu folgen, aber er war sofort im Schneegestöber verschwunden.

Wie es doch stürmte! Ich habe in Grönland starke Windstöße erlebt, in denen man unmöglich aufrecht stehen konnte, aber niemals diesen ständigen Wind mit einer so gewaltigen Stärke. Es war, als ob wir gegen eine Mauer gingen, die man beständig vor sich herschieben sollte, und dazu kam die Kälte. Wind und Schnee krochen unter den Pelz und in die Haube hinein, und ich sah ein, dass es unmöglich war, im Gehen warm zu bleiben. Ich entschloss mich deswegen, unterzukriechen, und kam gerade an einen großen Stein, vor dem der Wind eine tiefe Höhle eingegraben hatte. Es war, als wenn die Hunde meine Idee erraten hätten, sie sprangen plötzlich hinab und krochen zusammen, um ein Obdach vor dem Sturm zu suchen. Ich wollte mich daranmachen, ein Haus zu bauen, aber mein Schneemesser konnte kaum durch den Schnee dringen, so fest war er zugeweht. Ich sah ein, dass das Material sich zum Hausbau nicht eignete, und entschloss mich deshalb, zu warten, indem ich auf und ab ging.

Eine Nacht ist lang, und wenn man friert, ist sie unendlich.

Ich ging fünfundzwanzig Schritte vor und dann wieder fünfundzwanzig Schritte zurück. So hielt ich mich in Gang, bis ich so verschlafen und ermüdet war, dass ich einen Unterschlupf unter dem Schlitten zu suchen beschloss. Ich grub eine Rinne im Schnee, die bis zu der erwähnten Höhlung am Stein führte, und dann zog ich den Schlitten darüber hin und legte losen Schnee obenauf, um zwischen den Querhölzern abzudichten, sodass der Sturm mich nicht erreichen konnte. Mein kleines Stück Bärenfell nahm ich als Unterlage mit hinein, und meinen Tragsack stopfte ich in den Höhleneingang, dann lag ich darin, frei vom Sturm, und holte ruhig Atem. Ich war wohl voll Schnee, aber mein Pelz war warm und gut. Wie wohltuend war es doch, zur Ruhe zu kommen. Der Platz war freilich eng. Aber ich war müde, fiel bald in Schlaf und träumte herrlich. Nach einigen Stunden erwachte ich, weil ich fror, und wollte hinaus, um mir ein wenig die kalten Füße zu vertreten. Aber als ich meinen Tragsack hinwegstoßen wollte, merkte ich, dass er zugeweht war, sodass ich ihn unmöglich hinausdrücken konnte. Um hinauszukommen, hätte ich meinen ganzen Unterschlupf zerstören müssen; ich zog es daher vor, noch ein wenig zu schlafen. Die Kälte gibt ja eigentlich einen guten Schlaf, und ich schlummerte schnell wieder ein. Wie lange ich geschlafen habe, weiß ich nicht, aber als ich aufwachte, hatte ich starke Schmerzen in den Füßen. Ich trat gegen den Sack, er rührte sich nicht von der Stelle. Ich suchte mich unter den Schlitten zu bücken, aber es war zu niedrig. Dann wollte ich mich herauskratzen. Aber die Wände der Höhle waren hart wie Holz, und ich drang mit meinen weichen Pelzhandschuhen nirgendwo durch. Jetzt verstand ich, dass die Situation ernst war. Mit großer Mühe kam ich auf den Bauch und dann auf die Knie, sodass ich den Rücken gegen den Schlitten stemmen konnte, um ihn so fortzuheben. Aber er war zu schwer. Ich hatte ihn ja selbst mit Schnee bedeckt, um den Zug abzuhalten. Da lag ich nun, lebendig begraben und vollständig klar darüber, dass ich einige Mühe würde daran wenden müssen, wieder hinauszukommen. Denn je länger ich darin blieb, umso kälter wurden mir die Füße. Glücklicherweise hatte ich mein Stück Bärenfell bei mir. Es ist ungegerbt und deswegen dick und steif. Ich bog es zu einer kleinen Schaufel zusammen, mit der ich arbeiten konnte, dann machte ich mich daran, den Schnee dort abzukratzen und abzuschaben, wo meiner Meinung nach ein Ausgang am leichtesten zu finden war. Ich lag während der Arbeit zusammengerollt wie ein Stück Tauwerk, und meine Stellung war so unbequem, dass es nur langsam vorwärts ging. Wie lange ich grub, weiß ich nicht mehr. Es kam mir wie eine Ewigkeit vor, aber da es nun das Leben galt, konnte von Aufhören keine Rede sein.

Wie froh war ich, als es mir endlich glückte, eine Öffnung auszubohren! Sie war aber bei weitem nicht groß genug, um hinauszukommen. Ich begann zu fürchten, dass ich erfrieren könnte, meine Beine fühlte ich überhaupt nicht mehr, und die Kräfte begannen abzunehmen. Mit Aufbietung all meiner Energie grub ich deswegen weiter, aber bald konnte ich nicht mehr Schnee drinnen bei mir haben und musste aufs Neue versuchen, hinauszukommen. Ich krümmte mich wie ein Wurm und schob den Kopf zur Öffnung hin, die eine Schulter folgte mit, aber dann saß ich fest. Ich konnte jetzt aus meinem Haus heraussehen und erblickte eine gewaltige Schneewehe über meiner ganzen Höhle. Zurück durfte ich nicht kriechen, weil sich dann der Pelz über mich gestülpt hätte. Da spielte ich meine letzte Karte aus: Ich atmete so tief wie möglich und schob mich so weit vor, als ich konnte; und mit der ganzen Stärke, die in den Atmungsmuskeln liegt, glückte es mir, den Schlitten ein wenig zu verrücken. Dann noch einmal und noch einmal! Und so fuhr ich fort, bis ich beide Schultern und beide Arme draußen hatte. Dann war das übrige nur ein Spiel; bald war ich im Freien und fand mich neben meiner Höhle sitzend, atemlos, wie wenn ich weit gerannt wäre.

Nachdem ich mich eine Weile erholt hatte, musste ich weiter. Die Sonne schien, und das Schneegestöber war nur noch schwach. Ich musste daran denken, mich ein wenig umzusehen. Ich erhob mich, um weiterzugehen, fiel aber beim ersten Schritt hin. Dann erst entdeckte ich, dass das linke Bein gefühllos und ohne Kraft war. Wenn ich darauf treten wollte, war es genauso, als ob ich in Wasser träte, es tat nicht weh, ich fiel bloß einfach hin. So musste ich kriechen und kam auf diese Weise auf eine kleine Höhe, von der aus ich ein wenig Rundblick hatte. Ich gewahrte in der Ferne einen Hund, und obwohl er sofort wieder verschwand, richtete ich meinen Kurs auf ihn. Im Laufe einer halben Stunde war ich im Lager und wurde mit Tee, Grütze und Freundlichkeit empfangen. Patdloq und Bangsted waren da.

Es zeigte sich, dass es während der Nacht, wo wir draußen

waren, –54 Grad Celsius gefroren hatte. Dann aßen wir, erzählten und machten es uns behaglich. Patdloq wurde nach meiner Ladung ausgeschickt, die nur eine halbe Stunde Fahrt vom Schneehaus entfernt lag, und dann legte ich mich zum Schlafen hin. Unmittelbar nach meiner Ankunft war an meinen Füßen nichts Auffallendes zu sehen gewesen, sodass ich schon glaubte, ich sei mit dem Schrecken davongekommen. Aber nach einigen Stunden erwachte ich von einem gewaltigen Schmerz, und als ich mir den Fuß betrachtete, zeigte es sich, dass er weg war. Stattdessen hatte ich am Ende des Beines einen Fußball sitzen; es war eine riesengroße, geschwollene Blase, zum Gehen völlig ungeeignet. Wir glaubten sofort, dass der Fuß von der Hacke bis zum Zeh verloren sei. Es blieb uns deshalb nichts anderes übrig, als umzukehren. Mit diesem Bein konnte ich nirgendwo in der Welt reisen. Wir ließen Pemmikan, Petroleum und die Handelswaren als ein Depot für Mathiassens spätere Reise zurück und fuhren mit leichtem Schlitten heimwärts.

Patdloq munterte mich mit Erzählungen von Leuten auf, die ihre Glieder verloren hatten. Einer Frau aus seiner Bekanntschaft waren beide Füße abgefroren, weswegen man sie nach einigen Jahren totschlug. Einem Manne weit im Norden fehlte eine Hand, weil er einmal seinen Fausthandschuh verloren hatte usw. Zwischen den Geschichten sang er über meinen Fuß. Einige Gesänge waren so düster, und sein Gebrüll war so gewaltig, dass von neuem Wachstum in die Zehen kam; wenn er nur lange genug singt, werden alle Zehen gerettet werden. Nun bin ich hier und suche Heilung im ›Blasebalg‹. So endet meine Frühjahrsreise 1923!«

Im »Blasebalg« war natürlich große Aufregung über unsere Ankunft. Aber alle mussten wir uns damit zufrieden geben, dass die Gefahr nun hoffentlich überstanden wäre. Birket-Smith und Bangsted übernahmen es, den Patienten nach besten Kräften zu pflegen, und da Freuchen selbst als alter Mediziner die ganze Behandlung leitete, war meine Anwesenheit ganz überflüssig.

Schon am folgenden Tage setzte ich daher meine abgebrochene Reise fort.

XII

Der Prophet von Baffinland

Februar 1923

Vom Dache einer jeden Schneehütte wehte eine kleine weiße Flagge zum Zeichen dafür, dass sie alle Christen geworden waren.

Eines Nachmittags, als die Sonne schon niedrig am Himmel stand und einen goldenen Schimmer über die strahlenden Kuppeln der Schneehäuser warf, kam ich in Auas Jagdlager an, das weit draußen auf dem Eise in der Lyonförde lag.

Man hatte mich erwartet. Vom Dache jeder Schneehütte wehte eine kleine weiße Flagge als Zeichen dafür, dass sie sich alle von ihrer alten heimischen Religion losgesagt hatten und zu der neuen Lehre übergegangen waren, die sie den »Himmelsglauben« nannten. Die weiße Farbe der Flagge war das Symbol des Schnees und der Reinheit.

Männer, Frauen und Kinder traten hinaus und stellten sich in einer langen Reihe bei Auas Schneehaus auf. Sobald ich meine Hunde angehalten hatte, die wie wild auf die Hauseingänge losstürmten, stimmten sie alle einen Psalm an. Die Melodien waren recht verschieden von den Tönen ihrer eigenen Geisterweisen, sodass der Chor linkisch und unbeholfen klang. Aber es lag eine solche Andacht in diesem Gruß, dass er trotzdem Eindruck auf mich machte.

Ich stand zwischen meinen Hunden und wartete, bis sie durch sämtliche Verse gekommen waren. Und dann kamen sie auf mich zu, einer nach dem anderen, und drückten mir herzlich die Hand. Unwillkürlich musste ich an meine erste Begegnung mit diesen Menschen genau vor einem Jahre bei Kap Elisabeth denken. Damals war alles um mich ein kochender Wirbel von Lebensfreude, Luftsprüngen und Geschrei gewesen. Und nun diese schweren, bekümmerten Mienen! Aber glücklicherweise dauerte es nicht lange, bis der zeremonielle Ernst beiseitegeschoben war, und bald leuchtete überall die alte Munterkeit hervor. Ein Seehund wurde meinen Hunden vorgeworfen, und während sie in dem blutigen Fleisch schlemmten, erfuhr ich die ersten Jagdergebnisse.

Mein Schlitten wurde auf ein Gestell von hohen Schneeblöcken gesetzt, und dann endlich konnte ich ins Haus treten und mich auftauen lassen. Auas mütterliche und anziehende Frau Orulo hatte wie immer einen dampfenden Topf Tee für mich bereit stehen, und nachdem er heruntergespült war und die Kälte aus meinem Körper vertrieben hatte, fühlte ich mich zu einem Gespräch mit meinen alten Freunden wohl aufgelegt. Natürlicherweise wandte sich dies bald ihrer Bekehrung zum Christentum zu, und was ich dabei erfuhr, war ein bemerkenswerter und bezeichnender Ausdruck dafür, wie geistige Strömungen sich durch die arktischen Einöden ihren Weg bahnen.

Ein Mann aus Baffinland namens Noratlaq hatte irgendwo an der Mündung der Admiralitätsförde einen Handelsmann totgeschlagen. Diese Tat wurde von den Eskimos keineswegs als ein Verbrechen angesehen. Denn sie waren der Auffassung, dass der Händler ein gefährlicher Mann sei, von dem man nichts Gutes zu erwarten habe, wenn man ihm nicht zuvorkäme; als es dann eines Tages so weit kam, dass er Noratlaqs alten Vater mit dem Messer bedrohte, meinten die Leute, dass dies nach den Rechtsbegriffen des Stammes für den Sohn ein Grund sei, Rache zu nehmen – und dann war es geschehen.

Noratlaq nahm als Dank für seine Tat von seinen Landsleuten Geschenke entgegen, und obwohl sein Gewissen solchermaßen rein blieb, verstand er doch, dass Selbsthilfe dieser Art recht gefährlich war, wenn das Opfer ein weißer Mann war. Deshalb verließ er das Dorf und nahm Land bei Igdlulik, fern von den Küsten, die von Schiffen befahren werden. Igdlulik ist das größte und reichste Dorf im ganzen Foxbecken. Die Jagdverhältnisse sind hervorragend, und besonders die Jagd auf die großen und gefährlichen Walrosse bietet für einen wagemutigen Jäger eine gute Möglichkeit. Da Noratlaq ein junger Riese im besten Alter war, verschaffte er sich bald großes Ansehen unter seinen neuen Kameraden. Er war eine Häuptlingsnatur, der seine Stellung, die seine Tat ihm geschaffen, zu nutzen verstand. Und dann kam noch hinzu, dass er als Verkünder einer neuen Religion in den Vordergrund trat. Er war ein weit gereister Mann, der auf seinen Langfahrten häufig Missionare und getaufte Eskimos angetroffen hatte, und er hatte immer aufmerksam auf alles Neue gelauscht, was sie ihm erzählten. Als alter Schamane wusste er aus Erfahrung, dass seine Landsleute vor nichts einen so großen Respekt hatten wie vor einem Vermittler religiöser Erkenntnisse. Und er wusste, dass die alten heimischen Überlieferungen mit den verzwickten Verboten und den unerträglichen Taburegeln in den lebensfrohen Dörfern nicht besonders beliebt waren.

Da verkündete er eine Lehre der Liebe, die kein Tabu kannte, sondern ganz und gar auf einer wunderbaren und unbegreiflichen Gnade aufgebaut war, die allen Gläubigen zuteilwurde. An Stelle der Mutter der Seetiere, deren gefährlicher Sinn nur durch unzählige Diätvorschriften im Zaume gehalten werden konnte, wurde ihnen nun ein guter Gott gezeigt, der nur das Beste der Menschen wollte, wenn man bloß an ihn glaubte.

Die neue Lehre fand einen überwältigenden Zuspruch. Alle bekehrten sich. Sie waren auch seit Jahren darauf vorbereitet worden, und zwar durch das Peck'sche System, eine Lautschrift, die genial in ihrer Einfachheit und deshalb sehr leicht zu erlernen war. Von Mann zu Mann hatte sie ohne Mitwirkung des Lehrers ihren Siegeslauf vollführt, und die in diesen Zeichen gedruckte Bibel war von Hand zu Hand gegangen, ohne

ᐅᑳᐅᓯᑦ ᑑᓯᓈᒃᑐᑦ

ᒫᑎᐅᓯᑉ ᐃᑉᕙᕐᖑᑐᑉ ᐋᒃᑖᖅᒥᑦ.

ᐋᒃᒍᑦ ᐄᓛᖅᒥᑦ I.

1 ᐋᒃᒍᑦ ᙯᑐᓯᑉ ᓯᕗᕐᖓᖅᒥᑖ ᒫᓐᒃᑎᒦᖅᓂᖅᒫᓂᒃ, ᑖᒪᓈ
ᑌᐱᑎᑉ ᐃᕐᓂᓛ, ᑖᒪᓈ ᐁᐸᕗᐋᒻ. ᐃᕐᓂᓛ.
2 ᐁᐸᕗᐋᒻ ᐃᕐᓂᒃᑖᒃᐳᒃ ᐆᓵᑭᒥᒃ; ᐆᓵᑭᒍ ᐃᕐᓂᒃᑖᒃᐳᒃ
ᔦᑯᐱᒦᒃ; ᔦᑯᐱᒍ ᐃᕐᓂᒃᑖᒃᐳᒃ ᔫᑖᓯᒥᒃ ᑳᑦᑖᖅᔫᑎᖅᒥᓂᒃᒍ;
3 ᔫᑖᓯᒍ ᐃᕐᓂᒃᑖᒃᐳᒃ ᕓᕆᓯᒥᒃ ᓴᕌᒍ ᑌᓛᕆᒥᑦ;
ᕓᕆᓯᒍ ᐃᕐᓂᒃᑖᒃᐳᒃ ᐃᓯᐃᒥᒃ; ᐃᓯᐃᒍ ᐃᕐᓂᒃᑖᒃᐳᒃ ᐁᕋᒥᒃ;
4 ᐁᕋᒥᒍ ᐃᕐᓂᒃᑖᒃᐳᒃ ᐋᒥᓈᑖᒥᒃ; ᐋᒥᓈᑖᑉ ᐃᕐᓂᒃᑖᒃᐳᒃ
ᓀᓵᓈᒥᒃ, ᓀᓵᓈᒍ ᐃᕐᓂᒃᑖᒃᐳᒃ ᓵᓗᒨᒥᒃ;

Anfang des Neuen Testaments, Matthäus-Evangelium, 1. Kap. Gedruckt in dem Zeichenalphabet, welches die meisten Eskimos sowohl lesen als auch schreiben können.

dass man das Gelesene eigentlich verstand. Nur so viel hatte man klar gefühlt, dass es ein starker Glaube war, der da aus dem Lande der weißen Männer kam. Aber niemand hatte den Mut besessen, mit den alten Bräuchen des Stammes zu brechen.

Von der Heiligen Schrift her suchte Noratlaq nun das Christentum, so gut er es selbst verstand, zu erklären. Sowohl bevor die Leute auf die Jagd zogen, als auch, wenn sie nach Hause kamen, hielt er Versammlungen ab. Jede Gelegenheit benutzte er, »das Wort hören zu lassen«, und die Psalmen, die er früher ganz oder teilweise niedergeschrieben hatte, wurden vor und nach den Zusammenkünften gesungen. Die Erzählungen der Bibel wurden in derselben buchstäblichen Art wie ihre eigenen heidnischen Sagen aufgefasst, und man vereinfachte lediglich die Mannigfaltigkeit der alten Amulette dadurch, dass man sie durch das Kreuz ersetzte, durch kleine, rührende Holzkreuze, die man aus Treibholz schnitzte und innen auf der Brust trug. Und ebenso gut, wie früher sowohl Menschen als Tiere durch die verborgenen Kräfte der Amulette gegen das Unglück geschützt wurden, hielt man es jetzt für genauso natürlich, dass auch die Hunde Kruzifixe um den Hals bekamen.

Als die Nordabteilung der Expedition im Winter 1922 Igdlulik erreichte, trat Noratlaq nicht nur als Priester auf, der alle geistlichen Andachtsübungen leitete, sondern er empfing sie auch als Häuptling, welcher die ganze Jagdbeute nahm und sie auf die verschiedenen Haushalte verteilte. Er erzählte unaufgefordert von seinem Totschlag und gab Peter Freuchen obendrein noch einen schriftlichen Bericht darüber, der von ihm selbst in folgenden Worten niedergeschrieben worden war:

»Ich kam zum Hause des weißen Mannes und sah viele Männer, die laut miteinander sprachen. Auch ihn sah ich. Er schrie, dass die Eskimos nur Gedanken für sich selbst und für ihr Fressen hätten. Er wünschte, dass alle Hunde erschossen würden. Auch die Eskimos, sie alle miteinander ... Da dachten wir, dass es besser sei, wenn er selbst stürbe, und die Leute sagten, es würde gut sein, wenn er getötet würde. Da schoss ich ihn nieder, als er aus seinem Hause kam. Alle meine Landsleute sagten, das war eine gute Tat.«

Schon damals hatte es starken Eindruck auf Aua gemacht, dass alle seine Verwandten und alten Freunde Anhänger des Himmelsglaubens geworden waren. Und doch dauerte es fast ein Jahr, bis er selbst seinen Hilfsgeistern den Rücken kehrte. Seine Bekehrung fand erst im letzten Herbst statt, wo er während eines Aufenthaltes bei der Repulsebucht mit einigen

Familien des Aivilikerstammes zusammentraf, welche Betstunde in einer Schneehütte abhielten. Ich hatte ein wenig von dieser Bekehrung gehört und war jetzt sehr gespannt, zu erfahren, ob er seinem Glauben so gründlich abgeschworen habe, dass er die alten Überlieferungen und Lebensregeln seines Stammes überhaupt nicht mehr aufrechterhielt. Ich erzählte deswegen sofort den Grund meines Kommens und äußerte die Hoffnung, dass sein Übertritt zu einem anderen Glauben sich unserer Zusammenarbeit nicht hindernd in den Weg stellen möge. Zu meiner großen Freude antwortete er, dass dies nicht der Fall sein würde. Er erklärte, dass er seine Hilfsgeister zwar fortgeschickt habe, da er nun keine Verwendung mehr für sie habe, aber dass er mir gerade deswegen nunmehr alle Geheimnisse erzählen könne, die ihm früher für eine Mitteilung zu heilig gewesen seien. Ein gläubiger Geisterbeschwörer kann die Geheimnisse seines Lebens nicht entschleiern, ohne sein Verhältnis zu den Übernatürlichen zu schwächen. Und das war der Grund, dass er früher so zurückhaltend gewesen war. Nun hingegen stehe sein gesamtes Wissen mir offen, und er freue sich geradezu auf die vielen Abendgespräche, die wir vor uns hätten. Ich verbrachte nun einige Wochen als Auas und Orulos Gast und konnte in dieser Zeit ein umfangreiches Material über die geistige Kultur der Eskimos niederschreiben, das späterhin auch für meine Arbeit unter anderen Stämmen grundlegend wurde.

Mit großer Mühe und Beschwerde hatten die Neubekehrten eine Menge Psalmen gelernt, die auf verschiedene Papierlappen geschrieben waren und danach zu kleinen, fettigen Büchern zusammengeheftet worden waren. Einige von diesen Psalmen stammten von Baffinland und waren protestantisch, andere waren von ganz unten her, von Chesterfield, geholt worden und waren katholisch. Aber das machte keinen Unterschied, sie wurden zusammen gebraucht. Diese Bekehrungen sind ein guter Maßstab für den ungewöhnlichen Einfluss, den der Mörder Noratlaq auf seine Landsleute ausübte, welche sonst mit der ganzen ängstlichen Vorsicht, die eine Folge der abergläubischen Vorstellungen ist, an dem von ihren Vätern ererbten Gedankengut blind und konservativ festhielten. Was kein gewöhnlicher Missionar im Verlaufe vieler Jahre hätte ausrichten können, das hatte er in einem einzigen Winter verwirklicht.

XIII

Gespräche mit Schamanen

Februar 1923

Der Schamane Aua und seine Frau Orulo.

Ich war zum Fangplatz bei der Lyonförde im schwersten Monat des Jahres gekommen. Die Sommervorräte waren aufgebraucht, und täglich sollte von neuem Nahrung für Menschen und viele hungrige Hunde beschafft werden. Der Seehundfang wurde teils durch die Atemlöcher betrieben, teils auch im offenen Wasser an der Eiskante. Das Wetter war rau und stürmisch, Schneegestöber hatten wir täglich, und die Temperatur stand ununterbrochen bis auf 50 Grad Kälte. Die Tage waren kurz, und um das Licht so weit wie möglich auszunutzen, brach man in der Dunkelheit auf und kam erst in der Dunkelheit zurück. Der ganze Fang wurde sofort geflenst und im ganzen Lager verteilt, und da die Ausbeute in der Regel gerade so groß war, dass die Anteile in den meisten Häusern sofort aufgezehrt wurden, wurde die Heimkehr der Jäger von den Hungrigen mit Spannung und Sehnsucht erwartet. Wenn der Mann dann aus der Dunkelheit auftauchte und mit einer Robbe im Schlepptau in den Lichtkreis der Schneehütte trat, wurde er immer von einer Schar froher Weiber und Kinder begrüßt, und sobald diese sich davon überzeugt hatten, dass nun Fleisch für den Topf und Speck für die Lampe da war, stürzten sie ausgelassen in die kalten Schneehütten und entfachten das Licht der Specklampe zur höchsten Flamme. Es kam Sommer in die Gemüter und Wärme in die kleine Heimstätte aus Schnee, wenn ein fetter, glänzender Seehund auf seinen glatten Haaren durch den Gang ins Haus glitt und auf dem Boden, wo er geflenst werden sollte, liegen blieb. Was bedeutete jetzt das Beißen der Kälte und das Rumoren des Windes draußen, wenn die leuchtende Lampe die Schneekuppel zum Triefen brachte, gerade als wenn man sich im Monat Mai befände!

Diese Abendstunden, die ein behagliches Wohlgefühl über alle breiteten und selbst die Stummen mitteilsam machten, benutzte ich zu meinen Unterhaltungen mit Aua und seinen Lagergenossen.

Jede folkloristische Arbeit ist ganz und ausschließlich von den Quellen abhängig, aus denen man schöpft. Man muss Erzähler finden, die nicht nur Wissen und Fantasie besitzen, sondern auch Interesse an der Zusammenarbeit haben. Außerdem müssen sie so zuverlässig sein, dass man ihnen ohne Vorbehalt und ohne allzu viel Kritik lauschen kann. Erst dann können die Berichte die echte Stimmung enthalten und die Farbe, die notwendig ist, um den ganzen fremdartigen Stoff lebendig zu machen. Zwischen Aua, seiner Frau und mir war eine Freundschaft entstanden, auf der ich aufbauen konnte, und die beiden Alten ergänzten einander hervorragend in alledem, was sie in ihrem langen und schweren Leben gehört und erfahren, gesehen und durchgemacht hatten. Der Leser kennt Aua bereits von meinem ersten Besuch in seiner großen und märchenhaften Schneehütte auf Kap Elisabeth. Damals erzählte er mir vom Leben nach dem Tode, vom »Land des Tages« und vom »Land des schmalen Grates«, und er schuf in seinen Schilderungen von den Seelenfahrten der Schamanen zum Himmel und zur Mutter der Seetiere unter dem Meere einen lebendigen Ausdruck für die malerische Einbildungskraft des Naturmenschen.

Ich bat Arnaqaoq, einen jungen Netsiliker aus der Gegend von King-Williams-Land, eines Tages, er möge versuchen, einige von seinen Geistervisionen für mich aufzuzeichnen. Anfänglich weigerte er sich, aus Furcht davor, er könnte die Mächte kränken. Aber als ich ihm eine gute Bezahlung versprach, damit seine Hilfsgeister ihn von der Sünde lossprechen könnten, willigte er unter der Bedingung ein, dass ich die Zeichnungen keinem von seinen Dorfgenossen zeige. Er war natürlich ein Mann, der niemals in seinem Leben mit Bleistift und Papier hantiert hatte, aber man muss sagen, dass er mit der wahren Demut eines Künstlers an die Arbeit ging. Es war keine Rede davon, dass er gedankenlos etwas hinkratzte. Stundenlang konnte er mit geschlossenen Augen dasitzen, nur vom Wiedererleben in Anspruch genommen, und erst wenn die Offenbarungen klar und lebendig vor ihm standen, versuchte er ihnen Form zu geben. Bisweilen konnte das Wiedererleben so stark auf seine Fantasie einwirken, dass er über den ganzen Körper zu zittern begann und das Zeichnen aufgeben musste. Ich erhielt von diesen Inspirationen den bestimmten Eindruck, dass er ein gläubiger Mann war. Schon möglich, dass er sich einmal zwischendurch selbst mit dem Blute einer Robbe oder eines Rentieres einschmierte, um später mit desto größerer Wirkung von seinen Kämpfen mit Geistern erzählen zu können. Aber selbst wenn er auf diese Weise bewusst ausschmückte, glaubte er doch bestimmt daran, dass das Erlebnis selbst Realität sei. Dies ist eine Art von Situation, welche es für ein »zivilisiertes« Hirn oft ganz unmöglich macht, den ungeschulten Sinn zu beurteilen. Aber versetzen wir uns ganz an die Stelle des Naturmenschen und nehmen die Gesichte als etwas hin, das wir nicht erklären können, so werden wir in den meisten Fällen besser begreifen können, wie es möglich ist, dass ein Zauberer bewusst betrügt und gleichzeitig doch nicht aufhört, an sich selbst zu glauben.

Alle Zeichnungen Arnaqaoqs waren ein überquellender Ausdruck für die Fantasie der eskimoischen Schamanen.

In diesem Zusammenhange verdient auch Arnaqaoqs Bruder Ivaluartjuk als einer der besten Helfer der Expedition genannt zu werden. Wir trafen ihn das erste Mal an der Repulsebucht, und einer seiner Gesänge ist auf Seite 49 wiedergegeben. Er befasste sich nur im Notfall mit Zauberei. Seine Spezialität waren Volkssagen, von denen über fünfzig nach seinem Diktat niedergeschrieben wurden. Ihre Wiedergabe würde leider in einem Buch, das hauptsächlich Reisen und Menschen schildern soll, zu viel Platz einnehmen. Um aber die eskimoischen Erzählungen mit ihrer Schilderung der geistigen Kultur der Stämme an der Hudsonbucht nicht ganz zu überspringen, will ich eine Übersicht geben.

Ursprungssprache und Naturumgebung knüpfen alle Eskimos so innig zusammen, dass die Gemeinschaft in Mythologie und religiösen Überlieferungen auch durch die Sagen selbst geht, in denen alle alten Volkserinnerungen in einer verblüffenden Art und Weise zusammenfallen, ob man nun einen Erzähler in Grönland oder im arktischen Kanada hört. Es sind, wenn es sich nicht gerade um eine lokale Erscheinung handelt, die gleichen Episoden der gemeinsamen eskimoischen Urzeit, die geschildert werden, und wir finden die gleiche Fähigkeit, eine Erzählung aufzubauen, welche für alle Zeiten diesen Menschen den Ruf hervorragender Beobachter gegeben hat. Tierfabeln und Kindermärchen, vermischt mit fantastisch aufgefassten Begebenheiten, sind Zeugnisse einer originellen und künstlerischen Gestaltungskraft und eines saftigen Humors, der noch mit Vorliebe durch Tonfall und Mimik des Erzählers unterstrichen wird. Man findet charakteristische Beobachtungen aus dem Leben der Tiere und Menschen, Schilderungen aus Notzeiten und Glückstagen, allesamt durchsetzt mit drastischen Bildern, die fesseln, weil sie immer derb und knapp umrissen sind.

Der Schamane Arnaqaoq, der in den folgenden Bleistiftzeichnungen seine Geistervisionen wiedergegeben hat.

Hier ist ein Resümee einiger dieser Sagen, die Ivaluartjuk erzählte und die auch in Grönland überall bekannt sind:

Frauen wanderten in den ersten Tagen der Welt über Land und fanden Menschenkinder zappelnd im Laub zwischen Gebüschen. Es waren die Kinder der Erde, die die Menschen zahlreich machen und alle Dörfer überfüllen sollten.

Bericht von den Zeiten, da eine ewige Nacht über der Erde brütete. Der Fuchs benutzte die Dunkelheit, weil er dann von den Fleischverstecken der Menschen stehlen konnte, ohne gesehen zu werden. Aber der Rabe, der in der ewigen Nacht keine Nahrung finden konnte, wünschte Licht, und die Erde wurde licht.

Die Werbung des Uhus um die Schneespätzin, die auf Seite 188 in einer Variante von den Rentiereskimos wiedergegeben ist.

Der Rabe, der sich mit einer Gans verheiratete und dann ertrank, als die Wildgänse über das große Meer zu wärmeren Ländern fortzogen.

Das Zauberweib, das zu Nebel wurde. Die Variante bei den Rentiereskimos siehe Seite 191.

Kaugjagjuk, der elternlose Knabe, der nicht wachsen konnte und von seinen Dorfgenossen misshandelt wurde. Sie zogen ihm die Zähne aus dem Munde, damit er nicht zu viel essen sollte, und warfen ihn zu den Hunden in den Hausgang hinaus. Eines Nachts ruft der Mond den Elternlosen zu sich, löst den Zauber, der ihn am Wachsen hindert, und macht ihn zu einem starken Mann, der Rache nimmt für die Bosheit seiner Dorfgenossen.

Igimarajugjuk, der einmal während der Hungerzeit sein Weib fraß, um sein Leben zu retten. Seitdem hatte er einen solchen Geschmack an Menschenfleisch, dass er seine Frauen fraß, sooft er sich verheiratete. Schließlich nahm er eine Zauberin zur Frau, die seine bösen Pläne entdeckte und nach Hause zu ihrem Bruder flüchtete, welcher den Menschenfresser endlich totschlug.

Der Riese, der so groß war, dass er die Walfische Kaulquappen nannte und ein Frauenboot samt Besatzung in seiner hohlen Hand entführte.

Die zwei kleinen Mädchen, die Vater, Mutter und Kinder spielten. Das eine von ihnen verheiratete sich mit einem Walknochen, das andere mit einem Adlerflügel, der auf dem Abfallhaufen lag. Sofort wurde der Walknochen zu einem richtigen Wal und der Adlerflügel zu einem lebendigen Adler. Sie entführten die kleinen Mädchen und heirateten sie. Endlich glückte es den beiden Mädchen mit großer Kunst und Geschicklichkeit, wieder zu ihren Eltern nach Hause zu flüchten.

Rabe und Eisvogel, welche sich gegenseitig mit Mustern bemalen sollten, als noch alle Vögel weiß waren.

Der Uhu, der so gierig war, dass er sich nicht mit einem Hasen zufrieden gab, sondern nach zweien auf einmal schlug, sodass er im Schritt riss.

Die Menschenseele, die durch alle Tiere wanderte und schließlich wieder Mensch wurde und vom Leben der Tiere erzählte.

Ein altes Weib und sein kleines Enkelchen wurden im Stich gelassen, um zu verhungern. Aber die alte Großmutter verstand es, alle Arten von Tieren zu rufen, und als die bösen Dorfgenossen kamen, um nach ihnen zu sehen, lebten sie in großem Überfluss an Fleisch und aller Art Pelzwerk.

Ein altes Weib wurde samt einem kleinen Mädchen im Stich gelassen. Durch Zauberei schuf sie sich zum Manne um. Als man später kam, um nach ihnen zu sehen, lebten sie als Mann und Frau.

Das Weib, das mit einem Hund verheiratet wurde. Siehe die Variante bei den Rentiereskimos Seite 188.

Wie Donner und Blitz entstanden.

Sonne und Mond. Es waren einmal ein Bruder und eine Schwester, die eine böse Mutter hatten, welche den Knaben immer hungern ließ, weil er blind war. In seiner Verzweiflung darüber suchte der Knabe Heilung beim Eisvogel und bekam sein Gesicht wieder. Um sich an der Mutter zu rächen, bindet er ihr seine Fangleine um den Leib, unter dem Vorwand, sie solle ihm helfen, die Tiere zu halten, die er von der Eiskante aus harpunieren wolle. Dann harpuniert er einen Wal, der die Mutter mit sich ins Meer hinunterzieht, sodass sie ertrinkt. Nach diesem Muttermord schämten sich die zwei Geschwister und wanderten ins Land hinaus, wo sie ein merkwürdiges Volk trafen, das nicht wie andere Menschen geschaffen war. Sie heirateten beide in den fremden Stamm ein, aber dann geschah es, dass der Bruder sich in seine Schwester verliebte und sie nachts besuchte, während die anderen ein Sängerfest abhielten. Als die Schwester entdeckte, dass es ihr Bruder war, der sie liebte, schnitt sie sich ihre Brüste ab und warf sie ihm ins Gesicht, indem sie ausrief: »Wenn du mich so gern hast, so iss auch dies!« Darauf zündete sie eine Fackel an und flüchtete in die dunkle Nacht hinaus. Der Bruder entzündete auch eine Fackel und folgte ihr. Während sie noch rund um die Schneehütte liefen, hoben sie sich plötzlich von der Erde und stiegen gen Himmel. Hier wurden sie Sonne und Mond. Die Schwester leuchtete und wärmte mit ihrer Fackel die ganze Erde, der Bruder leuchtete nur, denn als er sich von der Erde hob, stolperte er, und das Feuer seiner Fackel erlosch; deshalb glüht der Mond nur, ohne zu wärmen, während die Sonne brennt.

Atungait, welcher die Welt umreiste und viele Abenteuer erlebte.

Die kinderlose Frau, die einen Wurm zu sich nahm und ihn mit ihrem Blut säugte.

Zwei friedlose Seelen. Der große heißt Nalaqnaq, der Lauscher; großer Mund, zwei Zähne, Zunge aus dem Munde heraushängend, unförmige Hand mit sechs Fingern; bewegt sich im Laufe. Der andere heißt Punqoq, »Langohr«; hat zwei Mäuler, drei Beine. Eines Nachts schlief der Zeichner im Schutze eines Steines, als diese beiden bösen Geister über ihn kamen und ihn gefressen hätten, wenn die Hunde sie ihm nicht vom Leibe gehalten hätten. (Zeichnung von Arnaqaoq)

Der Mann, der die Dörfer der Möwen und Raben besuchte und mit deren Lieblingsmahl gespeist wurde.

Der Mann, der sich mit einem Fuchs in Menschengestalt verheiratete.

Ein alter Mann stand bei einem Atemloch nahe am Rande und wartete, bis ein Seehund auftauchen würde. Er wurde bei seinem Fang von einem Schwarm Kinder gestört, welche in einer Klippenschlucht spielten, und der Seehund entkam. In seinem Zorn hierüber schloss er die Klippenkluft durch Zauberei, und alle Kinder mussten verhungern.

Ich habe hier nur einige von den Sagen nennen wollen, die auch in ganz Grönland am besten bekannt sind und daher aus der Zeit stammen müssen, da Grönland noch nicht bevölkert war und alle Eskimos in Kanada zu Hause waren. Wann die Eskimos nach Grönland einwanderten, kann man nicht mit Bestimmtheit sagen. Aber wenn nicht alles täuscht, ist es ungefähr tausend Jahre her. Die Tradition hat indessen diese Sagen von Geschlecht zu Geschlecht mit einer solchen Peinlichkeit und Genauigkeit überliefert, dass nicht nur das Gerippe der Erzählung von gleicher Art ist, sondern sogar Frage und Antwort häufig mit genau den gleichen Worten wiedergegeben werden.

Wenn ich mit Vorliebe mit den Schamanen zusammenarbeitete, so lag dies natürlich daran, dass diese Leute insgesamt mit den Fragen, die den Stamm beschäftigten, am besten vertraut sind; obwohl die Sagen ein guter Ausdruck für die eskimoische Fantasie sind, würde der Gesamteindruck der geistigen Kultur einseitig bleiben, wenn man nicht ein erschöpfendes Bild von Glauben und Aberglauben zu geben versuchte. Nur dadurch erfährt man wirklich etwas von dem, was die Gedanken der primitiven Menschen in Anspruch nimmt. Alle Anschauungen, die aus diesen Quellen geschöpft werden, sind tastend und weitläufig und vielleicht gerade deshalb der ursprünglichste Kern, zu dem man überhaupt gelangen kann.

Zum Glück für meine Arbeit interessierte sich Aua gerade für diese Fragen am meisten, während er die Sagen am liebsten als Ammenmärchen bezeichnete, die nur entstanden seien, um Ruhe in der Schneehütte zu schaffen, wenn die Kinder zu viel weinten. Im Folgenden führt er deswegen beinahe ununterbrochen das Wort. Wir anderen begnügten uns damit, ihn mit einzelnen Zurufen zu ermuntern, wenn er an einen Punkt kam, den wir besonders eingehend geschildert wünschten. Sein erstes Thema war:

Wie die ersten Geisterbeschwörer entstanden

Die Menschen haben immer Furcht vor Krankheit gehabt, und schon in den allerersten Zeiten standen Männer auf, die versuchten, sich in all dem Unverständlichen, das die Menschen umgibt, zurechtzufinden. Damals hatte man dafür noch keine Geisterbeschwörer, und man war in Unkenntnis aller Lebensregeln, welche die Menschen später aus Furcht vor Gefahr und Bosheit beachten lernten. Das erste Amulett, welches entstand, war die Schale eines Seeigels. Durch diese geht ein Loch, weswegen es den Namen Iteg (Anus) führt, und es wurde deshalb das erste Amulett, weil man ihm eine besondere Heilkraft zuschrieb. Wenn ein Mann krank wurde, setzte man sich an seine Seite, und indem man auf die kranke Stelle zeigte, ließ man einen Wind fahren. Dann ging man hinaus, während ein anderer seine hohle Hand auf die kranke Stelle halten musste, indem er gleichzeitig seinen Atem über seine andere Handfläche blies. Auf diese Weise glaubte man, dass der Wind und der Atemzug alle Kraft vereinigten, die aus dem Innern des Menschen kommt, eine Kraft so rätselhaft und stark, dass sie heilen kann.

Auf diese Weise waren alle Menschen Ärzte, und Schamanen waren deshalb nicht nötig. Aber eines Tages entstand Not und Missfang in der Nähe von Igdlulik. Viele starben hungers, und die Ratlosigkeit war groß. Da geschah es eines Tages, dass viele Menschen in einem Hause versammelt waren und ein Mann, ohne dass man wusste, wozu, verlangte, hinter den Fellvorhang der Schlafbank gebracht zu werden. Er sagte, dass er zur Mutter der Seetiere hinabfahren wolle. Keiner im Hause verstand ihn, und keiner glaubte ihm. Er bekam seinen Willen und wurde hinter den Fellvorhang gebracht. Dort sagte er, er wolle eine Kunst üben, die von nun an den Menschen von großem Nutzen sein werde. Aber keiner dürfe ihn sehen. Es dauerte jedoch nicht lange, bis die Ungläubigen und Neugierigen den Vorhang lüfteten; zu ihrem Erstaunen entdeckten sie, dass er im Begriff war, in die Erde hinunter zu tauchen. Er war bereits so tief hineingedrungen, dass nur noch seine Fußsohlen sichtbar waren. Wie der Mann auf den Gedanken gekommen war, wusste niemand zu sagen. Er selbst behauptete, dass Geister ihm hülfen, mit denen er draußen in der großen Einsamkeit einen Pakt geschlossen habe. So entstand der erste Geisterbeschwörer.

Er fuhr zur Mutter der Seetiere hinab und holte die Fangtiere zu den Menschen zurück, und auf die Not folgte Großfang, und die Menschen waren wieder glücklich und vergnügt.

Seitdem entwickelten die Schamanen ihr Wissen um die verborgenen Dinge und helfen den Menschen auf manche Art. Sie bekamen auch ihre heilige Sprache, die nur bei Geisterbeschwörungen angewandt wird und nicht in täglicher Rede.

Wenn ein junger Mann Schamane werden wollte, musste er etwas aus seinem Besitz dem Geisterbeschwörer schenken, der sein Lehrer sein sollte. Holz galt bei Igdlulik als eine besonders kostbare Ware, und deshalb wurde es nach und nach Brauch, dass man eine Zeltstange verschenkte. An diese Zeltstange musste ein Möwenflügel festgebunden sein, als Zeichen dafür, dass der Lehrling lernen wolle, durch die Luft zu fliegen. Die Gabe wurde draußen vor dem Hause als Opfer für die Hilfsgeister aufgestellt. Am Abend musste dann der Schamane seine Hilfsgeister beschwören, um Leib und Seele seines Lehrlings zu reinigen. In Gegenwart aller musste er seine Tabubrüche und seine übrigen Vergehen beichten. Während der Reinigung musste er beständig ausrufen: »Alles dies, weil ich gern sehend werden will!«

Der Lehrmeister musste sich hinter einem Vorhang aufhalten, der vor der Schlafbank, dem heiligen Platz der Geisterbeschwörer, angebracht war. Wenn der Lehrling ganz gereinigt war, musste er hinter den Vorhang treten. Hier musste dann der Schamane, verborgen vor allen neugierigen Blicken, die Seele aus den Augen, dem Gehirne und den Eingeweiden seines Lehrlings herausnehmen. Dies, so sagte man, mache das Innere des Körpers licht, und ein Schamane musste vom Licht umgeben und durchdrungen sein.

War der Lehrling ein Mann, so konnten sein Gehirn, seine Augen und seine Eingeweide drei Tage ohne Seele sein, war es ein Weib, vier Tage.

Während dieser Zeit durfte im Hause keine Arbeit ausgeführt werden, und der Schüler musste sich ununterbrochen hinter dem Vorhange aufhalten. Man hatte den Glauben, dass die Kraft in seinen Augen, seinem Hirn und seinen Eingeweiden während dieser Tage auf seine zukünftigen Hilfsgeister übergehe, damit er keine Furcht vor ihnen habe, wenn er sie eines Tages sähe. Und dies konnte erst fern von den Menschen geschehen, draußen in der großen Einsamkeit. Denn nur in der Einsamkeit konnte ein Mensch sich näher zu den Geistern hinarbeiten. Aber diejenigen, aus denen etwas werden sollte, mussten sehr früh beginnen, ja oft sogar bevor sie geboren wurden.

Aua wird zu den Geistern eingeweiht

Ich war noch nichts weiter als eine kleine Frucht im Leibe der Mutter, als ängstliche Leute begannen, teilnehmend nach mir zu fragen. Alle Kinder, die meine Mutter bisher geboren hatte, hatten quer gelegen und waren tot zur Welt gekommen. Sobald nun meine Mutter merkte, dass sie ein Kind trug, ein Kind, das einmal ich werden sollte, sprach sie folgendermaßen zu ihren Hausgenossen: »Nun trage ich wiederum eine Frucht, die kein Mensch werden soll.« Alle bekamen großes Mitleid mit ihr, und ein Weib mit Namen Artjuaq, die Schamanin war, hielt sogleich an demselben Abend Geisterbeschwörung ab, um meiner Mutter zu helfen. Schon am nächsten Tage konnte man merken, dass ich gewachsen war, aber das kam mir damals noch nicht zugute, denn die Zauberin hatte vergessen, dass sie am Tage nach der Beschwörung keinerlei Arbeit verrichten durfte. Sie hatte aber das Loch in einem Fausthandschuh zugenäht. Dieser Tabubruch kam augenblicklich über mich. Die Mutter bekam zur Unzeit Geburtswehen, und ich zappelte und arbeitete, als ob ich aus ihrer Seite herauswollte. Eine neue Beschwörung wurde abgehalten, und da man diesmal alle Vorschriften peinlich wahrnahm, half sie sowohl der Mutter als mir. Aber da geschah es eines Tages, dass mein Vater, der auf eine Jagdreise sollte, zornig und erregt war; um ihn zu beruhigen, machte meine Mutter sich daran, ihm beim Bespannen des Schlittens zu helfen. Sie vergaß, dass in ihrem Zustande jegliche Arbeit Tabu für sie war. Kaum hatte sie daher ein Hundegeschirr genommen und die Pfote eines Hundes auf-

Eine Vision auf einer Bergwanderung. Der Geist wirkte in seiner stummen Unheimlichkeit so gewaltig auf den Zeichner, dass er flüchtete, ohne ihn zum Hilfsgeist genommen zu haben. (Zeichnung von Arnaqaoq)

gehoben, um ihn einzuspannen, als ich augenblicklich zu treten begann und versuchte, durch ihren Nabel herauszukommen, und wiederum musste ein Geisterbeschwörer herbei, um uns zu helfen.

Alte Leute erzählten nun meiner Mutter, dass meine große Empfindlichkeit gegen alle Tabubrüche ein Zeichen dafür sei, dass ich leben und ein großer Schamane würde. Aber gleichzeitig würde viel Gefahr und Ungemach mich verfolgen, bis ich geboren wäre.

Mein Vater hatte ein Walross gefangen, welches trächtig war; als er versuchte. die Frucht herauszuschneiden, ohne daran zu denken, dass meine Mutter mit einem Kinde ging, begann ich wiederum im Mutterleib zu zappeln, und diesmal wurde es ernst. Aber im gleichen Augenblick, wo ich geboren wurde, verließ mich alles Leben, und ich lag mausetot da. Die Nachgeburt der Mutter hatte sich um meinen Hals geschlungen und mich erwürgt. Artjuaq, die in einem anderen Dorfe wohnte, wurde sogleich geholt, und es wurde für meine Mutter ein besonderes Wochenhaus gebaut. Als die Schamanin herbeikam und sah, dass meine Augen aus dem Kopf standen, trocknete sie mit einem Rabenbalg das Blut der Mutter von meinem Körper und nähte eine kleine Jacke für mich aus dem gleichen Stoff.

»Er ist geboren, um zu sterben, aber er wird leben«, sagte sie.

Und dann blieb Artjuaq bei meiner Mutter, bis wieder Leben in mich kam. Die Mutter musste sich einer sehr strengen Diät und schwierigen Taburegeln unterwerfen. Hatte sie z. B. von einem Walross gegessen, war dies Walross für alle anderen Tabu. Das Gleiche war mit Robben und Rentieren der Fall. Sie musste eigene Töpfe haben, aus denen niemand anders speisen durfte; keine Frau durfte sie besuchen, wohl aber Männer. Meine Kleider wurden auf eine besondere Art genäht. Die Haare des Felles durften niemals im Strich nach oben oder nach unten gehen, sondern mussten quer zu meinem Körper laufen. So lebte ich im Wochenhaus, ohne die ganze Umsorge zu ahnen, die mir erwiesen wurde.

Während eines ganzen Jahres mussten Mutter und ich für uns allein leben und durften nur selten Besuch von Vater empfangen. Obwohl er als großer Jäger immer auf der Pirsch war, durfte er niemals selbst seine Messer schleifen; sobald er dies tat, schwoll seine Hand an, und ich wurde krank. Ein Jahr nach meiner Geburt durften wir eine Hausgenossin zu uns nehmen; sie musste aber jedesmal, wenn sie gezwungen war, hinauszugehen, aus Vorsicht ihre Haube über den Kopf schlagen, in Stiefeln ohne Strümpfe gehen und ihren Pelzschoß mit der einen Hand hoch halten.

Ich war schon ein großer Junge, als meine Mutter zum ersten Male auf Besuch gehen durfte. Alle zeigten sich freundlich, und sie wurde zu allen unseren Dorfgenossen eingeladen. Aber sie blieb zu lange fort. Die Geister sehen es nicht gern, dass Frauen mit kleinen Kindern zu lange vom Hause wegbleiben, und sie rächten sich auf die Weise, dass die Haut auf ihrem Kopfe sich schälte. Ich selbst, der damals nichts von alledem verstand, schlug sie mit meinen kleinen Fäusten auf den Leib, und als wir nach Hause gingen, ließ ich mein Wasser ihren Rücken hinab.

Niemand, der ein tüchtiger Jäger oder ein guter Schamane werden will, darf zu lange in einem fremden Hause auf Besuch bleiben. Das Gleiche gilt für eine Frau, solange sie einen Knaben im Rückenbeutel trägt.

Endlich wurde ich so groß, dass ich mit den Erwachsenen auf die Seehundjagd bei den Atemlöchern gehen konnte. An dem Tage, als ich meine erste Robbe harpunierte, musste mein Vater sich mit nacktem Oberkörper aufs Eis legen, und die Robbe, die ich gefangen hatte, wurde über seinen Rücken hingeschleift, solange noch Leben in ihr war. Nur Männer durften von meiner ersten Beute essen, und nichts durfte übrig gelassen werden. Das Fell und der Kopf wurden draußen auf dem Eise versteckt, damit ich später imstande sein sollte, denselben Seehund wieder zu fangen. Drei Tage und drei Nächte durfte niemand von den Männern, die an der Mahlzeit teilgenommen hatten, auf Jagd gehen oder eine andere Arbeit verrichten.

Meine nächste Jagdbeute war ein Rentier. Es war mir streng verboten, ein Gewehr zu gebrauchen, ich musste es mit Bogen und Pfeil töten. Auch dies Tier wurde nur von Männern verzehrt, kein Weib durfte daran rühren. Dann verging einige Zeit, und ich wurde erwachsen und stark genug, um mit auf den Walrossfang zu gehen. Als ich mein erstes Walross harpunierte, rief mein Vater so laut er konnte, indem er die Namen aller ihm bekannten Dorfbewohner hinzufügte: »Jetzt ist Fleisch da für alle Menschen!«

Das Walross wurde aufs Land geschleppt, während noch Leben in ihm war, und erst auf dem Strande wurde es ganz getötet. Mein Vater, welcher es flensen sollte, wurde an die Fangleine festgebunden, bevor die Harpunenspitze aus dem Körper des Tieres entfernt war. Nachdem ich dieses Walross erlegt hatte, konnte ich alle jene Leckerbissen, die mir früher verboten gewesen waren, ja sogar die Eingeweide essen, und jetzt durften auch die Frauen von meiner Beute essen, wenn es nur keine Wöchnerinnen waren. Nur meine Mutter musste noch lange sehr vorsichtig sein, und jedesmal, wenn sie nähen musste, wurde ein besonderes Haus für sie

Der schwermütige Hilfsgeist Isitoq oder »Riesenauge«. Kurz nachdem Arnaqaoq seine Eltern verloren hatte, kam dieser betrübte Geist zu ihm hin und sagte: »Du brauchst dich nicht vor mir zu fürchten, auch ich kämpfe mit traurigen Gedanken, darum will ich dir folgen und dein Hilfsgeist sein.« Er hat gewaltiges, struppiges Haar, das senkrecht in die Höhe steht, jedes Auge ist in zwei Abteilungen geteilt, und der große Mund sitzt senkrecht, mit einem langen Zahn oben und zwei kürzeren an der Seite. Seine Spezialität ist, Leute zu finden, die das Tabu gebrochen haben. (Zeichnung von Arnaqaoq)

gebaut. Ich war nach einem kleinen Geiste namens Aua genannt worden, und man sagte, meine Mutter müsse so manche Vorsichtsmaßregel beobachten, um ihn nicht zu kränken; er war mein Schutzgeist und achtete genau darauf, dass man nichts Verbotenes tat. So durfte ich mich niemals in einem Schneehause aufhalten, wo junge Frauen sich auskleideten, um zur Ruhe zu gehen. Ebenso wenig durfte eine Frau in meiner Gegenwart ihr Haar zurechtmachen.

Noch lange nach meiner Heirat lag ein strenges Tabu über meiner Jagdbeute. Wenn Wöchnerinnen in unserer Nähe lebten, durfte meine Frau nur von Tieren essen, die von mir getötet waren. Auf den Walrossen, die ich erlegt hatte, lag aber das Tabu, dass keine Frau von ihren Eingeweiden essen durfte, und dieses Verbot wurde aufrechterhalten, bis ich Vater von vier Kindern war. Und eigentlich erst jetzt, wo ich alt geworden bin, sind diese Verpflichtungen weggefallen, welche die alte Schamanin damals aufstellte, damit ich leben durfte.

Obwohl schon zu der Zeit, als ich noch im Mutterleibe war, alles für mich bereitet war, versuchte ich doch vergebens, ein Geisterbeschwörer mit Hilfe anderer zu werden. Aber das wollte niemals glücken. Ich suchte viele berühmte Schamanen auf und gab ihnen große Geschenke, welche sie augenblicklich an andere weitergaben. Denn wenn sie sie selbst behalten hätten, wären ihre Kinder gestorben. Dann suchte ich die Einsamkeit und wurde bald sehr schwermütig. Auf eine mystische Art und Weise konnte ich in Klagen ausbrechen und unglücklich werden, ohne den Grund zu begreifen. Dann wurde manchmal plötzlich alles ganz anders, und ich fühlte eine große und unerklärliche Freude, eine Freude so stark, dass ich sie nicht beherrschen konnte. Ich musste in einen Gesang ausbrechen, in einen gewaltigen Gesang, der nur Raum für dies eine Wort hatte: Freude! Freude! Freude! Und mitten in dieser rätselhaften, überwältigenden Wonne wurde ich Schamane, ohne selbst zu wissen, wie. Aber ich war es, ich konnte auf eine ganz neue Weise sehen und hören.

Jeder wirkliche Geisterbeschwörer muss ein Leuchten in seinem Körper fühlen, im Innern seines Kopfes oder in seinem Gehirn, etwas, das wie Feuer leuchtet, das ihm die Kraft gibt, mit geschlossenen Augen in die Dunkelheit, in die verborgenen Dinge oder in die Zukunft zu sehen oder auch in die Geheimnisse anderer Menschen. Ich fühlte, dass ich im Besitz dieser wunderbaren Fähigkeit war.

Mein erster Hilfsgeist wurde mein Name, ein kleiner Aua. Als er zu mir trat, war es, als ob der Hausgang und das Dach sich höben, und ich erhielt eine solche Sehkraft, dass ich quer durchs Haus sehen konnte, in die Erde hinein und in den Himmel hinauf. Es war der kleine Aua, der mir all dieses innere Licht brachte, indem er über mir schwebte, solange ich sang. Darauf stellte er sich draußen in einen Winkel des Hausgangs, unsichtbar für alle anderen, aber immer bereit, wenn ich ihn rufen würde.

Ein Aua ist ein kleiner Geist, eine Frau, die unten am Strande wohnt. Dort sind viele dieser Strandgeister. Sie laufen umher mit spitzen Fellhütchen auf den Köpfen, ihre Hosen sind putzig kurz und aus Bärenfell. Sie haben lange Stiefel mit schwarzen Mustern und Pelze aus Seehundfell. Ihre Füße sind aufwärts gedreht, und sie scheinen nur auf den Hacken zu gehen. Die Hände halten sie so, dass die Daumen immer auf die Handflächen gepresst sind. Die Arme halten sie hoch erhoben mit gefalteten Händen, wie wenn sie ununterbrochen über den Kopf hinstrichen. Sie sind ausgelassen und vergnügt, wenn man sie ruft, und gleichen am meisten kleinen, lieben, lebendigen Püppchen, denn voll aufgerichtet sind sie nicht größer als eines Armes Länge.

Mein zweiter Hilfsgeist wurde ein Hai. Eines Tages war ich im Kajak draußen, als er an mich herangeschwommen kam, sich auf die Seite legte und meinen Namen flüsterte. Ich war sehr überrascht, denn ich hatte niemals vorher einen Hai gesehen. Sie sind sehr selten hier oben. Seitdem half er mir bei jeder Art von Jagd und war immer bei mir, wenn ich ihn brauchte.

Diese beiden, Strandgeist und Hai, waren meine wichtigsten Hilfsgeister, und sie halfen mir bei allem, was ich wünschte. Das Lied, das ich zu singen pflegte, wenn ich sie rief, hatte nicht viele Worte und lautete folgendermaßen:

> Freude! Freude!
> Freude! Freude!
> Ich sehe den kleinen Strandgeist,
> Meinen Namen.
> Freude! Freude!

Diese Worte konnte ich immer und immer wiederholen, bis ich schließlich in Tränen ausbrach, als Beute einer sonderbaren Angst. Dann konnte ich plötzlich über den ganzen Körper zittern, während ich wiederum ausrief:

> Ah – A – A – A –
> Freude! Freude!
> Nun will ich nach Hause,
> Freude! Freude!

Einmal hatte ich einen Sohn verloren, und ich glaubte, dass ich niemals mehr den Ort verlassen könnte, wo ich seinen Körper begraben hatte. Ich war gerade wie ein Berggeist, dem bange ist vor den Menschen. Wir hielten uns sehr lange im Innern des Landes auf, und meine Hilfsgeister verließen mich. Aber eines Tages kam das Lied von der Freude ganz plötzlich wieder zu mir. Ich sehnte mich wieder nach Menschen, meine Hilfsgeister kehrten zu mir zurück. Ich war wieder ich selbst. Seit diesem Tage singe ich immer das Lied, wenn ich sie rufe.

Das geschah mir vom Mutterleibe bis zu dem Tage, wo ich Schamane wurde. Nun, wo ich Christ geworden bin, habe ich meine Hilfsgeister zu meiner Schwester in Baffinland hinabgesandt. Aber wollt ihr mehr von Schamanen wissen, werde ich euch von meinem Vetter Niviatsian erzählen, den die Geister auf eine märchenhafte Weise zu sich riefen, damit er ein großer Schamane werde.

Die Geister rufen Niviatsian

Niviatsian war zusammen mit vielen anderen Männern bei Igdlulik auf Walrossfang. Einige gingen vor ihm, andere hinter ihm. Plötzlich tauchte ein großes Walross unmittelbar neben ihm aus dem Eise empor, ergriff ihn mit seinen gewaltigen Vorderflossen, so wie eine Mutter ihr kleines Kind fasst, und trug ihn mit sich in die Tiefe hinab. Die anderen Männer eilten hinzu, und als sie durch das Loch im Eise hinabschauten, durch welches das Walross verschwunden war, konnten sie sehen, dass es ihn ständig in seiner Umarmung festgepresst hielt und ihn mit seinen Stoßzähnen zu durchbohren suchte. Nach einer Weile ließ es ihn los und suchte weit, weit fort die Oberfläche auf, um Luft zu holen. Aber Niviatsian, der von dem Loche, wo er hinabgezogen worden war, fortgekommen war, arbeitete nun mit Armen und Beinen, um wieder aufzutauchen. Die Männer konnten seine Bewegungen verfolgen und hieben ein Loch ungefähr dort, wo sie sein Auftauchen erwarteten, und hier konnte mein Vater ihn wirklich hochziehen. Er hatte eine klaffende Wunde im Schlüsselbein, durch welche er atmete. Der Riss ging bis in die Lungen hinab. Einige von den Rippen waren geknickt und an den Bruchstellen in die eine Lunge gedrungen, sodass er sich nicht mehr aufrichten konnte.

Igtuk oder der Dröhner. Wenn es draußen in den Bergen dröhnt, ist er der Urheber des Lärmes. Niemand weiß, wo er sich aufhält. Er ist anders beschaffen als alle anderen Lebewesen. Seine Beine und Arme sitzen hinten an seinem Körper, seine gewaltigen Augen sitzen dicht an den Armen, während die Nase sich in den Mund verkrochen hat. Am Kinn hat er ein Büschel dicken Haares, und darunter liegen seine Ohren. Der Mund öffnet sich zu einem dunklen Schlund, und wenn die Kiefer sich bewegen, hört man das Dröhnen vom Lande her. (Zeichnung von Arnaqaoq)

Niviatsian lag lange bewusstlos. Als er wieder zu sich kam, konnte er sich ohne Hilfe erheben. Die Wunde im Schlüsselbein war die einzige ernstliche Verletzung. Man konnte Spuren von dem Stoßzahn des Walrosses an seinem Kopf sowohl als auch rings an seinem Körper sehen, aber es war, als ob das Walross ihn nicht habe verletzen können. Alte Leute sagten, dass dieses Walross von der Mutter der Seetiere abgesandt worden sei, da sie zornig darüber war, dass Niviatsians Weib einen Abortus verheimlichte, um sich nicht dem Tabu unterwerfen zu müssen. Niviatsian folgte dann seinen Kameraden ans Land, aber er musste ein Stück von ihnen entfernt auf dem Eise gehen, wo keine Fußspur war. Nahe am Lande wurde ein kleines Schneehaus gebaut, und hier wurde er eingeschlossen und auf einen kleinen Fetzen Robbenfell gesetzt, mit seinem ganzen nassen Zeug auf dem Körper. Hier saß er drei Tage und drei Nächte ohne Speise und Trank. Dies musste er tun, damit er leben durfte, denn wenn er sogleich zu den unreinen Wohnungen der Menschen gegangen wäre, hätte er nach der Misshandlung, die er durchgemacht hatte, alsbald sterben müssen.

Während der ganzen Zeit, wo Niviatsian in dem kleinen Schneehaus saß, war der Geisterbeschwörer im Dorfe dauernd damit beschäftigt, seine Frau und seine alte Mutter zu reinigen, die im Beisein aller Leute ihre Tabubrüche bekennen mussten, um die Mächte, die über Leben und Tod verfügen, zufriedenzustellen. Niviatsian erholte sich im Verlauf dreier Tage und war dann ein großer Schamane. Das Walross, das nicht vermocht hatte, ihn zu töten, wurde sein erster Hilfsgeist. Das war der Anfang.

Ein anderes Mal auf der Rentierjagd lief er gerade in den Bau eines Vielfraßes. Der Vielfraß hatte Junge und stürzte sich deshalb wie rasend auf ihn. Er rang mit ihm den ganzen Tag und die ganze Nacht und ließ ihn erst fahren, als die Sonne an derselben Stelle stand, wie als sie begannen. Trotz seiner scharfen Zähne und Klauen hatte der Vielfraß ihm doch kein einziges Loch in den Körper beißen können und ihm nur ein wenig Haut abgeschürft. So wurde der Vielfraß sein Hilfsgeist.

Sein dritter Hilfsgeist wurde Amajorjuk, eine Riesin mit einem gewaltigen Tragbeutel auf dem Rücken, in den sie die Menschen legt, die sie raubt. Sie kam so plötzlich über ihn, dass er sich bereits im Tragbeutel befand, ehe er noch irgendetwas unternehmen konnte. Die Öffnung schloss sich sogleich über ihm, und er war eingesperrt. Aber er hatte sein Messer um den Hals hängen, und mit diesem stach er der Riesin gleich hinterm Schulterblatt in den Rücken, sodass sie tot umfiel. Der Tragbeutel war dick wie Walrosshaut, und er brauchte lange Zeit, um sich herauszuschneiden und ins Freie zu gelangen. Aber da entdeckte er, dass er vollständig nackt war. Wann er ausgezogen worden war, ahnte er nicht, auch nicht, wo dies vor sich gegangen war, nur dass es weit, weit landeinwärts gewesen sein musste. Erst in der Nähe des Meeres fand er seine Kleider wieder und gelangte wohlbehalten nach Hause. Aber er hatte einen hässlichen Gestank von verrottetem Tang über dem ganzen Körper, und dieser Geruch setzte sich in seinem Hause fest. Es dauerte ein halbes Jahr, bis er wieder verschwand. Auch dieses Riesenweib wurde sein Hilfsgeist, und er wurde seitdem als der größte Schamane unter den Menschen angesehen.

Es gab also – nach Aua – zwei Arten, Geisterbeschwörer zu werden: Entweder suchte man die Geister in der Einsamkeit, oder sie kamen von selbst zum Menschen, und zwar auf eine rätselhafte und gewaltsame Art, und gerade die plötzliche Angst war es, die ihn sehend machte. Am gefürchtetsten von allen Hilfsgeistern war das Hermelin des Meeres. Dies war ebenso beschaffen wie das Hermelin der Erde, nur schlanker, geschmeidiger und schneller, und es konnte so plötzlich aus dem Meere emporschießen, dass es unmöglich war, sich zu wehren. Es hatte eine schwarze, blanke Haut und keine Haare, ausgenommen ein wenig an der Schwanzspitze und den Ohrläppchen. Wenn ein Mann mit einem Kajak draußen war, tauchte es oft blitzschnell aus der Tiefe auf und schlüpfte in seinen Ärmel; während es über seinen nackten Körper hinlief, erfüllte es ihn mit solchem Entsetzen, dass er beinahe das Bewusstsein verlor.

Es war die Aufgabe des ausgebildeten Geisterbeschwörers, Kranke zu heilen, zum Lande der Toten hinabzufahren und nach verlorenen Seelen zu suchen, zur Mutter der Seetiere hinabzufahren, um Fangtiere herbeizuschaffen, wunderbare Kunststücke auszuführen, die die Menschen verblüfften und von den abenteuerlichen Fähigkeiten der Schamanen überzeugten.

Der Grund zu beinahe allen Krankheiten war Raub von Seelen. Er konnte von feindlich gesinnten Schamanen ausgehen oder von Leuten, die sich besonders mit Zauberei abgaben. Solche gerieten leicht in Zorn und bekamen durch ihre böse Wallung die Kraft, die Seele aus dem Körper zu pressen. Wurde die Seele nicht zurückgeholt, musste der Kranke sterben. Die Krankheiten kleiner Kinder rührten in der Regel von Tabubrüchen her, die von der Mutter begangen worden waren, und es war Sache des Schamanen, herauszufinden, worin der Verstoß bestand.

Wir fürchten

Mehrere Abende hindurch hatten wir Lebensregeln und Tabubrüche erörtert, ohne über eine lange und umständliche Aufzählung dessen hinauszukommen, was erlaubt und was verboten war. Alle wussten genau, was in einem gegebenen Falle zu tun sei, aber jedesmal, wenn ich mit einem »warum« oder »wozu« kam, blieben sie mir die Antwort schuldig. Es erschien ihnen recht unbillig, dass ich nicht nur einen Bericht, sondern eine Begründung ihrer religiösen Vorstellungen haben wollte.

»Alle unsere Bräuche kommen vom Leben und gehen zum Leben, wir erklären nichts, wir glauben nichts, aber in dem, was ich dir jetzt gezeigt habe, liegt unsere ganze Antwort«, sagte Aua, der wie gewöhnlich das Wort führte.

»Wir fürchten das Wetter der Erde, mit dem wir kämpfen müssen, um dem Lande und dem Meere Nahrung zu entreißen.

Wir fürchten Not und Hunger in der kalten Schneehütte.

Wir fürchten die Krankheit, die wir täglich rings um uns erleben; nicht den Tod, sondern das Leiden.

Wir fürchten tote Menschen und die Seelen der getöteten Tiere. Wir fürchten die Geister der Erde und der Luft.

Deshalb haben unsere Väter von ihren Vätern her sich mit den alten Lebensregeln gewappnet, die auf der Erfahrung und der Lebensweisheit von Geschlechtern aufgebaut sind. Wir wissen nicht, wieso, wir ahnen nicht, warum, aber wir befolgen sie, um sorglos leben zu dürfen. Und so unwissend sind wir trotz aller Zauberer, dass wir alles fürchten, was wir nicht kennen. Wir fürchten das, was wir um uns sehen, und wir fürchten das, was wir aus den Erzählungen und Mythen der Vorväter kennen. Darum haben wir unsere Bräuche, und darum befolgen wir unser Tabu.«

Dies war Auas Erklärung. Wie immer war er klar in seinen Gedanken, und ich will nun versuchen, die heidnische Botschaft des Zauberers zusammenzuknüpfen.

Alles Tabu und die damit verbundenen Lebensregeln scheiden grundlegend zwischen Landwild und Seetieren. Und zwar deswegen, weil jedes von diesen seine besondere Aufgabe hat. Deshalb müssen sie voneinander getrennt gehalten werden, denn man ist des Glaubens, dass sie sich gegenseitig beflecken und damit dem Menschen Unheil bringen.

Die eingekreiste Figur stellt die Mutter der Seetiere dar, die unten auf dem Grunde des Meeres sitzt und über das Schicksal der Menschen brütet. Die andere Zeichnung soll Putuleq darstellen oder den »Geist der vielen Löcher«. Dieser schoss eines Tages, als der Zeichner beim Lachsfang war, aus der Tiefe des Sees hervor. Er wollte gern einem Menschen dienen und sein Hilfsgeist werden. Spezialität: Geburtshelfer. Denn die vielen Löcher wirken ermunternd auf das Kind, welches leichter aus dem Leibe der Mutter kommt, wenn es sie gewahrt. (Zeichnung von Arnaqaoq)

Da ist die Mutter der Seetiere, die auf den Grund des Meeres sank, weil ihr Vater ihr die Fingerglieder abhackte, als sie in die See geworfen wurde und aus Angst vor dem Ertrinken sich fest an den Rand des Bootes klammerte. Aus ihren abgehackten Fingergliedern entstanden die Seetiere, die kleinen Seehunde, die großen Bartrobben, die Walrosse und die Wale; und um sich an den Menschen zu rächen, die schuld an ihrem Tode waren, heischte sie seitdem verwickelte Tabubräuche von allen, die vom Meere leben mussten. Und weiter ist da die Mutter der Rentiere. Aua gab die Mythe in folgenden Worten wieder:

Man erzählt, dass damals, als die Seetiere entstanden, noch kein Rentier auf der Erde lebte. Aber da wanderte eine alte Frau ins Land hinein und schuf sie. Ihr Fell machte sie aus ihren eigenen Hosen, sodass die Zeichnung der Haarlage auf die gleiche Art wechselte wie das Muster ihrer Hosen. Aber das Rentier bekam Zähne wie andere Tiere. Und ursprünglich hatte es sogar Stoßzähne. Es war ein gefährliches Tier, und es dauerte denn auch nicht lange, bis ein Mann auf der Jagd getötet wurde. Da wurde dem alten Weib bange, es ging wieder ins Land hinein und sammelte die Rentiere, die sie geschaffen hatte. Die Stoßzähne schuf sie zum Gehörn um, die Vorderzähne schlug sie aus, und als sie das getan hatte, sagte sie zu ihnen: »Landtiere wie ihr sollen sich fern von den Menschen halten und furchtsam sein!« Dann gab sie ihnen einen Tritt gegen die Stirne, und daher kommt die Vertiefung, die man in der Stirn aller Rentiere sehen kann. Die Rentiere sprangen davon und waren seitdem sehr scheu.

Es zeigte sich aber bald, dass sie allzu schnell waren. Kein Mensch konnte sie jagen, und wiederum musste das alte Weib sie einfangen. Diesmal schuf sie den Haarstrich um, sodass nicht alle Haare dieselbe Richtung hatten. Jetzt zeigten die Bughaare, die Haare unter dem Hals und unter den Flanken nach verschiedenen Richtungen. Dann wurden die Tiere wieder losgelassen. Zwar war das Rentier noch hurtig, aber es spaltete die Luft nicht mehr so leicht, und die Menschen konnten es einholen und töten. Später nahm das alte Weib Land unter den Rentieren, und nun wird sie die Mutter der Rentiere genannt.

Auf diese Weise erhielten sowohl die Seetiere als auch die Rentiere ihre Mutter, und deshalb dürfen sie niemals gleichzeitig behandelt werden. Noch ein anderer Grund gibt Anlass zu großer Vorsicht. Alle lebenden Wesen besitzen Kräfte, welche sie besonders empfindlich gegenüber den Lebensregeln machen, die einmal von den Menschen angenommen sind. Diese Kräfte sind in den Seelen und in den Namen niedergelegt.

Die Seele oder Inusia ist das, was allem Lebenden gerade das Aussehen gibt, das es hat. Es ist in Wirklichkeit beim Menschen ein ganz kleiner Mensch, beim Rentier ein winziges Rentier und so bei allen Tieren ein verkleinertes Abbild des Trägers und sitzt mitten in einer luftgefüllten Blase in der Leiste. Von ihm kommt Aussehen, kommen Gedanken, Kraft und Leben. Es macht den Menschen zum Menschen, das Rentier zum Rentier, das Walross zum Walross, den Hund zum Hund und so weiter. Wird gegen diese Seele Gewalt geübt oder wird sie durch einen Tabubruch verletzt, so wird sie zu einem bösen Geist, der Unglück und Tod bringt. Aua drückte sich mit folgenden Worten aus:

»Die größte Gefahr des Lebens liegt darin, dass die Nahrung des Menschen aus lauter Seelen besteht.«

Das bedeutet, dass man auf jedes Fangtier, welches man erlegt oder weiter zur Kleidung und Nahrung ausnutzt, ganz besondere Rücksicht nehmen muss, denn jedes hat eine Seele.

Aber außer der Seele verlangt auch der Name besondere Rücksicht, und dies wird folgendermaßen erklärt: Bei der Namengebung bekommt jeder die Stärke und Fähigkeit seines verstorbenen Namens. Da aber alle Wesen mit gemeinsamen Namen dieselben mystischen Lebensquellen haben, erbt man auch die körperlichen und geistigen Eigenschaften von denen, die viel früher, in grauer Vorzeit, den gleichen Namen getragen haben. Hinter jedem Menschen geht ein mächtiger Zug von Geistern, der hilft und stützt, solange man die Lebensregeln pünktlich befolgt. Bricht man aber sein Tabu oder tut man etwas, was den Toten ungemäß ist, so wenden alle diese unsichtbaren Freunde sich gegen einen, und man ist rettungslos verloren.

Ein buntscheckiger Wirrwarr von religiösen Regeln geht nun unmerklich und beinahe automatisch als ein Glied in die

Kette des täglichen Lebens ein, und es ist oft schwierig, sie zu erfassen. Sie tauchen auf oder verschwinden, wie man sie gerade braucht, und lassen sich nicht ohne weiteres aufzählen, bloß weil man fragt. Es verursachte daher Aua und mir große Mühe, sie auf solche Weise zusammenzustellen, dass sie einen wirklichen Begriff darüber geben konnten, wie sie in Wahrheit in alles eingreifen.

Der Kampf gegen die Seelen toter Menschen und Tiere

Im Sommer gegen den Monat Juli, wenn sich das Wintereis nicht mehr für den Robbenfang eignet, wird alles Eigentum in einem großen Versteck an der Küste gesammelt, und man zieht landeinwärts, um die Rentierjagd zu beginnen. Die Rentiere bei der Melville-Halbinsel kommen als Vortrupp des großen Vorstoßes aus den Wäldern in den Barren Grounds. Aber zu der Zeit, wo sie sich auf dem Wege nach Norden befinden, sind ihre Felle wertlos wegen der Haarung; erst im Sommer, im Juli, August und September, erhalten sie das Fell, das für gute warme Winteranzüge nötig ist. Die ganz dünnhaarigen Felle aus dem Juli und Anfang August werden als Unterkleidung unmittelbar auf dem Körper gebraucht, während die mehr dickhaarigen Felle später zu Pelzkleidern verwendet werden. Das Klima des Landes ist ja derart, dass warme Kleider eine unbedingte Voraussetzung für das Leben sind. Alte Traditionen erzählen nun, dass die Seele der Rentiere alles scheue, was mit dem Salzwasser und mit den Tieren des Salzwassers zu tun hat, und deshalb wird alles, was speziell auf Seetierfang berechnet ist, an der Küste zurückgelassen. Doch darf man späterhin auch auf dem Meereise kein Fußzeug brauchen, welches bei der Rentierjagd benutzt worden ist. Was eine Fußspur auf dem Lande gab, darf keine Fußspur auf dem Eise geben. Das Folgende wird, soweit möglich, in der Form wiedergegeben, in der Aua und Orulo es mir erzählten.

Man glaubt, dass die Rentiere besonders empfindlich gegen alles sind, was mit der Frau zusammenhängt, denn die Unreinheit, die mit der Menstruation und den Geburten in Verbindung steht, bleibt immer über der Frau. Eine Frau tritt unter das Tabu von dem Tage ab, wo sie ihre erste Blutung gehabt hat. Deswegen hat man als das erste und größte Gebot Tabu für alle Frauen während der Zeit eingeführt, wo Rentiere gejagt werden. Die Frauen dürfen von dem Augenblick an, wo man aufs Land geht (Juli), bis zu dem Tage, wo die ersten Schneewehen sich bilden (November), keine Bearbeitung von Robbenfell und keine Näharbeit daran vornehmen, denn diese sind absolut Tabu. Eine Ausnahme bilden die Frauen, die keine kleinen Kinder haben. Diese dürfen Fußzeug von Robbenfell nähen, wenn die Häute nur zugeschnitten waren, bevor man die Küste verließ. Doch darf diese Näharbeit nicht in den Zelten ausgeführt werden, sondern nur immer im Freien in einigem Abstand vom Lager. Diese Frauen können auch die alten Kleider flicken, wenn es unbedingt nötig ist. Doch dürfen sie niemals Felle von einem in der gleichen Jahreszeit geschossenen Tiere benutzen. Geschieht dies, so werden alle Rentiere verschwinden.

Wenn ein Rentier getötet worden ist, muss man wohl darauf achten, dass kein Knochen gebrochen wird. Das Fell soll auf die Art abgezogen werden, dass schmale Streifen um die Augen und die Genitalien des Tieres sitzen bleiben, denn wenn das Fell einmal von einer Frau getrocknet und behandelt wird, würde das Rentier sehr gekränkt sein, wenn sie an diese Stellen rührte, die unmittelbar auf den genannten Körperteilen gesessen haben. Nach der Abhäutung wird ein kleines Stück Talg und ein Stück

Fleisch unter einen Stein in der Nähe der Abschussstelle gelegt. Dies ist ein Opfer für die Toten. Man wünscht, dass sie essen und dass sie die Mahlzeiten, die man ihnen auf diese Weise gibt, dadurch entgelten, dass sie die Rentiere zu den Jagdgründen locken. Die Seelen der Toten haben ebenso Macht zu nützen wie zu schaden.

Man muss peinlich dafür Sorge tragen, dass die Hunde während der Jagdzeit nicht an Rentierknochen nagen. Es würde die Seele des Rentieres schmerzen und man würde keine weiteren Rentiere bekommen. Erst im Herbst, wenn die Jagden vorbei sind und Schnee aufs Land gefallen ist, sodass man das Zelt verlassen und ein Schneehaus bauen kann, darf man die neuen Kleider nähen, die für den kommenden Winter gebraucht werden.

Seetiere teilt man ein in gefährliche, die eine besondere Rücksicht erfordern, und ungefährliche, die man nur tötet und verzehrt. Zu jenen gehört der Wal, die Bartrobbe und der Bär.

Gewöhnliche Seehunde gehören zu den ungefährlichen Tieren, und doch hängen mit ihnen nicht gerade wenig Taburegeln zusammen. Sobald man ein Schneehaus gebaut und den Fang begonnen hat, muss man, besonders in der ersten Zeit, sehr früh am Morgen aufstehen. Dies ist notwendig, um dem Seehunde zu zeigen, dass man sich nach ihm sehnt, sonst kommt er nicht zu den Atemlöchern. Wenn ein Seehund ins Haus gebracht wird, muss Folgendes beobachtet werden, bis er geflenst ist: Der Reif darf von der Eisscheibe, die das Fenster bildet, nicht abgekratzt werden. Die geflochtenen Weidenruten, die eine Unterlage für die Schlaffelle bilden, dürfen nicht angerührt werden. Die Schlafdecken aus Rentierfell dürfen nicht über den Fußboden geschüttelt werden. Die Männer müssen alle Arbeiten mit Steinen, Holz oder Eisen einstellen. Die Frauen dürfen ihre Haare nicht kämmen, ihr Angesicht nicht waschen noch ihre Schuhe zum Trocknen aufhängen. In demselben Augenblick, wo ein Seehund auf den Platz gelegt wird, wo er geflenst werden soll, taucht man ein Stück Schnee in den Wassereimer und lässt es dann in den Mund des Seehundes hinabtropfen. Das Tier, das im Salzwasser lebt, ist immer durstig, und auf diese Weise löscht man den Durst des Seehundes. Wenn er dann wieder zum Seehund wird, lässt er sich gern wiederum von dem Jäger töten, der ihm Wasser gab. Ist es Sommer, so stellt eine Frau immer eine mit Wasser gefüllte Holztasse an den Strand, wenn ihr Mann zum ersten Male mit einem neu bezogenen Kajak fährt. Das ist Wasser für die dürstenden Seehunde.

Wenn der Seehund dann abgespeckt ist, wird ein frisches Stück Schnee auf die Stelle getan, wo sein Kopf gelegen hat, und dieser neue Schnee wird festgetreten. Denn die Seele hat es nicht gern, wenn unreine Menschen auf die Stelle treten, wo der Kopf gelegen hat.

Nach dem Seehundfang wird die Harpune und die Harpunenspitze im Hause neben die Lampe hingestellt und bleibt dort die Nacht hindurch. So lange bleibt die Seele an der Harpunenspitze hängen, und während dieser Zeit schätzt sie Wärme sehr.

An dem Tage, wo ein Junge seinen ersten Seehund erlegt hat, darf er unter keinen Umständen den Schnee von seinem Anzug abklopfen. Das würde seine zukünftigen Fangtiere verscheuchen.

Bei Neumond sollen alle kleinen Jungen ein Stück vom Hause fortlaufen, wo der Schnee rein und ohne Fußspur ist. Hier sollen sie ein Stück Schnee aufheben, zum Monde hinaufrufen: »Du sollst mir Fangtiere bringen!«, ins Haus laufen und den Schnee in einen Wasserbehälter legen.

Wenn das Auge eines Knaben, der noch im Rückenbeutel getragen wird, das erste Mal auf den Mond fällt, muss die Mutter Wasser in die Richtung des Mondes spritzen, das gibt guten Fang.

Zieht man nach neuen Jagdgründen um, so soll man die Schädel der erlegten Seehunde so hinlegen, dass die Augenhöhlen in die Richtung des Reiseweges zeigen. Dann werden die Seelen der Robben, die man schon gefangen hat, mitfolgen, und man wird sie im neuen Jagdgrund wiederum fangen.

Wenn die Menschen geboren werden

Ein furchtsames Weib soll immer geschwind aus Haus und Zelt laufen, wenn sie gerufen wird, dann wird sie leicht gebären. Ebenso soll sie immer Eifer zeigen, anderen zu helfen. Dann wird auch das Kind, das sie gebären soll, ein hilfsbereiter Mensch werden. Aus dem Holzgriff eines Fellschabers, der einem Toten gehört hat, soll sie zwei kleine Puppen ausschneiden und sie als Amulette in ihrem Unterpelz anbringen, eine bei jeder Achselhöhle. Dann wird die Leibesfrucht leicht zu tragen sein. Wenn sie zum ersten Male spürt, dass das Kind lebt, muss sie ihre Flechten lösen und das Haar im Nacken sammeln, damit es lose herunterhängt. Damit soll sie drei Tage gehen, das wird ihr eine schnelle Geburt geben. Eine lebende Biene wird über ihren nackten Rücken gerollt und dort verborgen. Wenn das Neugeborene diese Biene mit einem Haarband festgemacht als Amulett erhält, wird es ein langes Leben haben.

Sobald die Geburtswehen sich melden, muss sie in aller Eile ihre Hausgenossen verlassen, damit sie in der Einsamkeit gebären kann. Niemand darf ihr helfen. Ist es Sommer, wird ein kleines Zelt aufgerichtet, und ist es Winter, baut man ein Schneehaus, welches das Gebärhaus genannt wird. Hier gebiert sie, entweder halb auf der Seite liegend mit einem Schneeblock unter jedem Arm, um die Ellbogen darauf zu stützen, oder sie liegt auf den Knien und hat ebenfalls einen Schneeblock, um die Arme dagegen zu stemmen. Unter ihr wird im Winter im Schnee, im Sommer unter der Erde eine Vertiefung ausgehoben. In diese Vertiefung gleitet das Kind. Bei einer langsamen Geburt wird ein Riemen stramm um ihren Leib gebunden. Selbst bei schweren Geburten darf sie keine Hilfe in Anspruch nehmen. Doch ist es gestattet, einen Schamanen um die Abhaltung einer Geisterbeschwörung im Wohnhaus zu ersuchen. Dieser wird dafür mit Fanggeräten und einem Hunde vom Manne bezahlt. Unmittelbar nach der Geburt muss sie ihren Körper mit Schnee reinigen und dann ins Wochenhaus flüchten, ein großes Schneehaus, das eigens für sie gebaut ist und das sie ein bis zwei Monate allein bewohnen muss. Während dieser Zeit wird sie als unrein angesehen, muss immer ihren Kopf bedeckt haben, wenn sie ausgeht, und darf sich nicht nach Fangtieren umschauen. Es ist ihr gestattet, Besuch zu empfangen, aber streng verboten, selbst fremde Häuser zu betreten.

Wenn die Zeit im Wochenhaus vorüber ist, muss die Frau alle ihre Dorfgenossen besuchen. Sie muss einen kleinen Holzschöpfer mitbringen, den sie für ihre Töpfe braucht, und in ihn soll in jedem Hause ein Stück Fleisch gelegt werden, das sie mit nach Hause nehmen und kochen soll. Sobald sie dies gegessen hat, darf sie ihren Durst mit kaltem Wasser löschen und kann sich nun endlich frei unter Menschen bewegen.

Wenn die Menschen sterben

Wenn ein Mensch sich dem Tode nähert, werden alle Schlafdecken und Rentierfelle, die den Bewohnern des Hauses gehören, herausgenommen und im Hausgang niedergelegt. Denn der Tod befleckt alles. Wenn der Sterbende dann seinen Geist aushauchen will, ruft man: »Nun ist es bald vorbei mit ihm!«, und alle brechen in laute Wehklagen aus. Der Tote wird in Leichentracht gekleidet, die aus Unterpelz, Unterhosen und Strümpfen besteht, und in seine Unterbetten eingeschnürt. Wenn es ein Mann ist, bleibt die Seele drei Tage im Körper, bei einer Frau vier Tage. Während dieser Zeit darf keine Arbeit ausgeführt werden, und die Angehörigen des Toten müssen sich bei der Leiche in der Schneehütte aufhalten. Darauf wird die Leiche aus dem Schneehaus gebracht, und zwar wenn es ein Mann ist, durch den gewöhnlichen Hausgang, wenn es eine Frau ist, durch ein Loch in der Seitenmauer. Im Winter wird die Leiche an einem Bande, das um den Fußspann gebunden ist, zu ihrer letzten Ruhestätte geschleppt. Im Sommer wird sie durch die Seitenwand des Zeltes gehoben, und einer der Angehörigen trägt sie auf dem Rücken fort. Während der drei oder vier Tage, wo die Seele sich im Körper aufhält, herrscht das Todestabu. Um dies nicht zu verletzen, muss man große Vorsicht anwenden. Wenn das Dorf Fleisch genug hat, darf niemand auf Jagd gehen. Ist man in Not, so kann man auf die Jagd gehen, aber nur zu Fuß. Denn der Lärm der Schlitten und Hunde vertreibt die Seele.

Wenn zur Zeit des Todesfalles Robbenfleisch im Hause war, darf dieses Fleisch zwar gegessen werden, aber das Fell dieser Robben darf nicht für Kleider verwendet werden. Die Männer oder Frauen, die die Leiche angerührt haben, dürfen keine Fleischstücke in die Töpfe schneiden. Dazu müssen Nachbarn hineinkommen und helfen. Selbst der friedlichste Mensch kann eine Seele haben, die nach seinem Tode gefährlich wird. Die Leute des Dorfes müssen daher während der Dauer des Todestabus mit ihren Amuletten unter dem Kopf schlafen. In diesen Tagen muss jede Art von Lärm vermieden werden. Es dürfen in den anderen Schneehütten keine Sängerfeste abgehalten werden, und niemand darf die Hunde füttern. Man muss auch mit seinem Körper sehr vorsichtig sein, niemand darf sich waschen, sich kämmen oder seine Nägel schneiden.

Wenn das Todestabu vorbei ist, wird ein Hundeexkrement genommen und im Schneehaus nach allen Richtungen getragen, wobei man sagt:

»Tu–tu–tu!« Ist der Todesfall in einem Zelt geschehen, so reinigt man die Luft, indem man Funken aus einem Feuerstein schlägt. Danach müssen sich alle waschen, sich die Haare kämmen und die Nägel schneiden, und indem man die Nägel gegeneinander knipst, muss man murmeln: »Umh – umh – umh!« Dann erst kann die Leiche nach dem Platze gebracht werden, den man ausgesucht hat. Hier umschreitet man sie einmal, wobei man mit der Decke, die das Antlitz des Toten bedeckt hat, in der Richtung der Sonne fächelt. Dann schenkt der Tote den Hinterbliebenen gutes Wetter. Gleichzeitig werden die Schnüre, womit die Leichendecken zusammengehalten waren, durchschnitten, und zum Dorfe zurückkehrend, bricht man in laute Wehklagen aus. Der Tote wird niemals in einer Steinkammer niedergelegt, sondern frei auf offenem Felde, mit einigen losen Steinen auf Kopf, Schulter und Füßen. Doch wird im Winter ein kleines Schutzdach aus Schnee und Eis gebaut.

Bevor man die Leiche zur letzten Ruhe bestattet, stellt man alles das in Verkleinerung her, was der Mensch benutzte, als er das Licht noch sah: Kajak, Schlitten, Hund, Bogen, Harpune, wenn es ein Mann ist: Tasse, Töpfe, Lampe, Kochkessel, Nähnadel, Fingerhut, wenn es eine Frau ist. Diese Miniaturgeräte werden bei den Füßen niedergelegt und sollen im Leben der Toten gebraucht werden.

Es darf niemals Besuch in einem Hause sein, wenn jemand seinen Geist aufgibt. Die Fremden müssen im Augenblick des Todes in den Hausgang treten. Wenn ein kleines Kind stirbt, kann die Mutter es unmittelbar vor dem Verscheiden aus dem Hause tragen. Das Todestabu trifft dann nur die Mutter, während die Hausgenossen frei ausgehen und weder mit den Fellen noch den Kleidern, die im Hause sind, Beschwer haben.

Leute, die des Lebens müde sind und sich durch Erhängen zu töten wünschen, müssen dies im Hause tun, während sie allein sind, und müssen sich an der Stütze des Trockengerüstes aufhängen; damit der Eintretende sie sofort sehen kann, dürfen sie die Lampe nicht auslöschen.

Ein Mann verliert den Verstand, wenn eine unreine Frau von seinem Fang gegessen hat. Verliert eine Frau den Verstand, so deswegen, weil sie ein wichtiges Tabu gebrochen hat oder auch weil sie einmal Berggeister gesehen hat, die Jerqat genannt werden, oder eine Wöchnerin besucht hat. Das duldet der Jerqat nicht.

Eine Frau gilt ein ganzes Jahr, nachdem sie einen Angehörigen verloren hat, für unrein. Während dieser Zeit darf sie nicht an Rentierfellen arbeiten und darf die Fangtiere nur in der besonderen Sprache der Schamanen bezeichnen. Sie darf nicht auf Fangtiere deuten oder ihre Freude über den Fang äußern. Ein Mann darf im ersten Jahr nach dem Verlust seiner Frau seine Hunde weder schlagen noch mit ihnen fahren. Alle Frauen gelten während der Zeit, wo sie unwohl sind, für unrein. Dies müssen sie immer im Dorfe mitteilen, auch dürfen sie sich nicht frei unter Männern bewegen. Es würde diesen auf der Jagd schaden. Sie dürfen auch weder nähen noch mit Rentierfellen arbeiten oder Speck für die Lampe klopfen.

Die einzige Art, auf die ein Tabubruch unschädlich gemacht werden kann, ist ein schnelles Bekenntnis vor allen Dorfbewohnern. Aber die meisten schämen sich davor, außerdem sind in der Art und Weise der Bestimmung dessen, was man tun oder nicht tun darf, so viele Fallgruben, dass manche oft gar nicht wissen, dass sie etwas Unrechtes begangen haben. Die Gefahr besteht darin, dass Übertretungen, die augenscheinlich ganz unbedeutend sind, oft die verhängnisvollsten Folgen haben, die dann über nichts ahnende Unschuldige kommen können. Darum sind die Menschen immer in Gefahr, und es ist Sache der Schamanen, diese abzuwehren.

Amulette, Geister- und Zauberworte

Aber es genügt nicht, das Unglück durch Gehorsam gegen die alten Gesetze abzuwehren. Man schafft damit zwar Ruhe um sein Schicksal, aber keinen Fortschritt. Man muss die Hand nach dem Glück ausstrecken, dazu hat man Amulette und Zauberworte.

Als Amulette werden bestimmte Teile gewisser Tiere verwendet, die in den Kleidern festgenäht werden. Die Igdluliker gebrauchen im Gegensatz zu den Netsilikern sehr wenig Amulette, aber die Auffassung von der Art ihrer Wirkung ist die gleiche. Im Übrigen trägt man sie, ohne über die Wunderkräfte, die sie ausstrahlen, weiter nachzudenken. Es war deswegen nicht leicht, dieser Frage auf den Grund zu kommen. Folgendes ist das Resultat unserer Unterhaltung.

Nicht das Amulett selbst, sondern die Seele des Tieres, von dem das Amulett genommen ist, hat helfende, wirkende Kraft. Es ist jedoch nicht gleichgültig, was vom Tiere man nimmt. Es soll im Gegenteil ein ganz bestimmter Teil sein. Zum Beispiel soll eine Frau im Wochenhaus als Schnalle an dem Riemen, der ihren Amaut (Tragbeutel für das Kind) unten zusammenhält, eine Rabenkralle gebrauchen. Das Kind bekommt die Klaue dann als Amulett, welches ihm Lebenskraft und glücklichen Fang gibt. Aber wenn auch diese heilbringenden Kräfte nicht von der Klaue selbst kommen, sondern von der Seele des Raben, so würde ein Amulett aus einem anderen Körperteil des Raben doch keine Wirkung haben. Das Amulett wirkt mystisch und ist deshalb durchaus nicht ausschließlich an die Person gebunden, die es trägt. Es kann an einem anderen wirksam werden, jedoch so, dass die magische Kraft nur unter der Bedingung an den neuen Besitzer übergeht, dass er ein Gegengeschenk gibt. Deswegen kann man sein Amulett zwar verlieren, doch dessen Kraft bewahren. Bei den Rentiereskimos musste man seine Amulette von fern wohnenden Leuten haben. Hier durften sie von den Leuten desselben Dorfes stammen, wenn man nur dafür bezahlte. Verbreitet ist auch die

Sitte, dass man von einem Manne, der zu alt ist, um auf die Jagd zu gehen, eine Harpunenspitze bekommt. Das Jagdglück, das mit dem alten Manne verbunden ist, geht dann an den neuen Besitzer der Fanggeräte über. Es gibt gewisse Geräte, von denen die Seehunde sich gerne töten lassen. Sogar mit Kleidern kann Glück verbunden sein. Bei Igdlulik kaufte man Ärmelbunde von einem abgelebten, früher sehr tüchtigen Rentierjäger für einen Knaben, dessen Vater immer Unglück auf der Rentierjagd gehabt hatte. Ja es war ihm überhaupt niemals geglückt, ein Tier zu bekommen, weil sich keines von ihm töten lassen wollte. Sein Sohn bekam nun die Ärmelbunde des guten Jägers an seine Ärmel genäht, und jedesmal, wenn er einen neuen Pelz bekam, folgten die alten zerschlissenen und fettigen Ärmelbunde mit, und – er wurde ein gewaltiger Rentierjäger.

Von den Amuletten, die besonders charakteristisch für die Igdluliker sind, können folgende genannt werden:

Das Exkrement eines neugeborenen Hermelins. Es wird in die Strümpfe gelegt, sodass es die Haut des Fußes berührt. Man wird dann ein guter Fußgänger und bekommt niemals Schmerzen in den Füßen.

Auf die Schulterstücke des Unterpelzes werden einige weiße Streifen vom Bauchfell des Rentieres genäht. Sie werden Wärmer genannt. Wer sie trägt, wird nicht frieren.

Ein Stück getrockneter Nabelschnur auf den Unterpelz genäht, beschützt gegen böse Geister.

Eine Fuchsmilz auf den Strumpfspann eines Knaben genäht, beschützt ihn davor, durch das Dünneis zu fallen.

Eine Hasenzitze wird über langsamem Feuer geräuchert und in den Brustteil des Unterpelzes einer Frau genäht. Das gibt reichliche und fette Milch.

Ein Stück Haut von einem Rentiergeweih an die Haube genäht, gibt langes Haar. Langes Haar gibt eine starke Seele. Wer sein Haar schneidet, schneidet einen Teil seiner Seele weg.

In den Steven eines Kajaks wird der Balg einer Schnepfe gelegt. Dadurch wird der Kajak seetüchtig und bei hartem Seegang nicht kentern.

Eine kleine Puppe aus der äußersten harten Knochenspitze eines Walrossgeschlechtsteiles wird kunstfertig geschnitzt und, mit Armen und Beinen versehen, dann auf dem Unterpelz eines Knaben festgenäht. Er wird dann auf den einsamen Rentierjagden den gefährlichen Berggeistern entgehen, die Jerqat genannt werden.

Lampentran, der im Hausgang und rund ums Haus verspritzt wird, schützt gegen böse Geister.

Unter bösen Geistern versteht man nicht nur Fabeltiere und Berggeister, die sich in der Natur aufhalten, sondern auch die Wiederkehr toter Seelen kann, wie früher erwähnt, gefährlich werden, wenn das Todestabu nicht genau eingehalten worden ist. Sie müssen dann von Schamanen unschädlich gemacht werden, die sich für diesen Kampf mit einer Walrossharpune oder einem Schneemesser aus Walrosszahn bewaffnen. Am häufigsten wird vom Jerqat gesprochen, dem Augentroll. Er trägt diesen Namen, weil er seltsam schräg aus den Augen blinzelt. Er raubt Kinder und Erwachsene, die er zu seiner Wohnung tief in den Felsspalten bringt. Er ist ein gewaltiger Läufer und macht die Menschen, die er fängt, zu ebenso gewaltigen Läufern, indem er ihre Beine so lange in Salzwasser hält, bis sie von den Garnelen bis auf die Knochen abgenagt sind. Hier folgt Auas Bericht über ihn:

Mein Vater befand sich auf der Rentierjagd und war gerade dabei, vier Rentiere zu flensen, als er etwas gewahrte, das seine Aufmerksamkeit gefangen nahm. Es war in der Dämmerung. Vier Gestalten bewegten sich über einen Hügelkamm in scharfer Silhouette gegen den Himmel. Erst meinte er, es seien Rentiere, aber als sie näher kamen, entdeckte er, dass es Augentrolle waren. Sie waren wie gewöhnliche Menschen geschaffen, nur die Augen blinzelten so seltsam. Sie hatten Nasenlöcher wie Rentiere. Es schienen zwei Männer mit ihren Söhnen zu sein, alle groß und kräftig. Der älteste der Männer war sehr erregt und warf sich auf Vater, wobei er die Hände gegen seine Brust stemmte. Vater blieb ruhig stehen. Er war sehr stark und ließ sich nicht von der Stelle drücken. Da sagte der zornige Mann: »Hast du Böses im Sinne?« »Du hast nichts von mir zu fürchten«, antwortete Vater.

Da ließ der Troll ihn los und schlug vor, man solle sich auf einen Stein setzen und miteinander schwatzen. Währenddessen könnten seine Söhne Vaters Rentiere flensen. Die jungen Leute zogen das Fell mit den bloßen Fäusten ab, als ob es sich um Lemminge handele, und das ging viel schneller, als wenn wir mit unseren Messern arbeiten. Währenddessen setzten die anderen sich nieder und schwatzten miteinander. Sie erzählten Vater, dass sie aus der Gegend von Piling kämen, wo sie von Rentierjagd lebten. Sie hatten eine kleine Tasche in ihrem Pelz, und darin hatten sie zwei kleine Steine. Sie pflegten den Rentieren nachzulaufen und sie mit diesen Steinen zu erschlagen. Der alte Mann, der vorher Vater angegriffen hatte, war unterwegs, um einen Sohn zu suchen, den er verloren hatte. Er glaubte, dass Vater ihn getötet habe. Aber als Vater erzählt hatte, dass er niemals seines Sohnes Gesicht gesehen habe, wurde er ruhig und ging zusammen mit den anderen seines Weges. Als sie ein Stück gegangen waren, schienen sie etwas zu gewahren. Sie begannen zu laufen, und so schnell waren sie verschwunden, dass sie aussahen wie Felle, die vom Sturme fortgeblasen werden.

Von allen Kraftquellen kann man sich der Zauberworte am schwersten bemächtigen. Es sind von den Vorvätern ererbte Bruchstücke alter Lieder. Man kann sie um einen hohen Preis kaufen oder von einem Sterbenden als Erbe erhalten. Aber kein anderer Mensch darf sie hören als der, der sie brauchen soll, sonst verlieren sie ihre Kraft. An dem Tage, wo man Hilfe im Zauberwort sucht, darf man keinerlei Eingeweide von Tieren speisen. Wenn ein Mann sie hersagt, muss er die Haube über dem Kopfe tragen. Ist es ein Weib, so muss sie die Haube ganz übers Gesicht ziehen.

Aua hatte in frühester Jugend die folgenden Zauberworte von einer alten Frau namens Qeqertuanak gelernt. Sie war sehr alt, ihr Geschlecht hatte die Worte von Generation zu Generation vererbt. Es galt, sie wortgetreu im Gedächtnis zu behalten, sonst hatten sie keinen Wert. Als Dank für diese kostbare Lehre hatte Aua Queqertuanak für den Rest ihres Lebens gekleidet und unterhalten. Jedesmal, wenn er die Worte hersagen wollte, musste er erst den Namen der Geberin nennen, denn nur dadurch hatten sie Kraft. Wie Geheimnisse, die man der Luft anvertraut, so sollten sie geflüstert werden.

Ein Wort, welches das Schwere leicht macht

Über einen schwer geladenen Schlitten zu sagen. Man stellt sich an der Schlittenspitze auf und spricht nach vorn gegen das Geschirr zu. Wird auch gebraucht, wenn man auf Langfahrt soll und gern leicht zu Fuß und unermüdlich sein will.

Ich sage es her, indem ich mit Qeqertuanaks Zunge spreche:

»Ich will mit Beinmuskeln gehen, die stärker sind als die Schienbeinsehnen des kleinen Rentierkalbes.

Ich will mit Beinmuskeln gehen, die stärker sind als des kleinen Hasen Schienbeinsehnen.

Ich will mich hüten, der Dunkelheit entgegenzugehen.

Ich will gegen Tag.«

Ein Wort am Morgen, wenn man aufsteht

Herrscht im Dorfe eine Krankheit und ist man selbst nebst den Angehörigen gesund, so nimmt man den Unterpelz eines Kindes, zieht seine Haube über den Kopf, steckt die Arme in die Ärmel des Kinderkleidchens, als ob man es anziehen wollte, und sagt so früh am Morgen, dass noch niemand den Boden betreten hat:

»Ich erhebe mich vom Lager mit dem Morgenlied der grauen Möwe. Ich erhebe mich vom Lager mit dem Morgenlied der grauen Möwe. Ich will mich hüten, gegen die Dunkelheit zu schauen.

Ich richte meinen Blick gen Tag.«

Ein Wort für ein krankes Kind

»Kleines Kind, die Brust deiner Mutter ist voll von Milch. Geh hin und nimm die Brust, geh hin und trink, geh auf den Berg. Vom Gipfel des Berges sollst du Gesundheit suchen, sollst du Leben holen.«

Ein Wort. das Blutungen stillt

»Dieses ist Blut von der Mutter des kleinen Sperlings, trockne es fort. Dieses ist Blut, das von einem Stück Holz floss, trockne es fort.«

Ein Wort. welches Beute aufruft

»Tier des Meeres, komm und biete dich dar am lieben frühen Morgen, Tier der Steppe, komm und biete dich dar am lieben frühen Morgen.«

Diese einfältigen, heidnischen Gebete, die von einer Stelle im Schnee aus, auf die noch kein Fuß seine Spur gesetzt hat, in die Luft hinaus geflüstert werden, sind für den Eskimo heilige Worte, die auf dem Wege des Geheimnisses Hilfe holen. Mögen sie diesem oder jenem kindlich erscheinen, aber wer die Andacht und Schönheit in ihnen nicht sieht, versteht auch nicht, was es heißen will, sich klein vor einer gewaltigen Natur zu fühlen.

Orulos Selbstbiografie

Auas Gattin war eine Frau, die sich ganz für ihr Haus und ihre Umwelt opferte. Sie war nicht einen Augenblick am Tage müßig und konnte das Unglaublichste leisten. Am liebsten nähte sie, aber es musste auch ununterbrochen an all dem Zeug herumgeflickt werden, welches bei den täglichen Jagdausflügen verschlissen wurde. Obendrein riefen sie viele andere Pflichten. Sie musste Schnee zum Schmelzen holen und immer dafür sorgen, dass der Wassereimer gefüllt war. Fleisch sollte aufgetaut auf der Seitenbank liegen, Hundefutter musste zugeschnitten und für die Heimkehr der Männer bereitgehalten werden, Speck sollte gefroren und geklopft werden, damit der Tran dünnflüssig wurde für die Lampe, die mit Kunst gepflegt wurde und niemals qualmen durfte. Wurde es zu warm in der Schneehütte, musste dem Tropfen des Daches mit frischen weißen Schneeklumpen Einhalt getan werden, welche auf die tropfende Stelle geklebt wurden. Taute die Wärme ein Loch durch Dach oder Wand, musste sie hinaus, die Öffnung zurechtschneiden und einen neuen Schneeblock einsetzen, Speck musste von den rohen Robbenhäuten abgeschabt werden, bevor sie zum Trocknen über der Lampe ausgespannt wurden, und das Sohlenleder, das steif wie Holz war, musste weichgekaut werden. Aber all diese häuslichen Pflichten fügten sich in ihren geschäftigen Tag, begleitet vom stillen Summen froher Lieder, und man konnte immer sicher sein, dass das Brotzeln und Brodeln kochender Töpfe sich in den Gesang mischte, wenn die Jäger daheim erwartet wurden.

So verflossen ihre Stunden, und dennoch vergaß sie niemals, einen Blick in die Häuser der Nachbarn zu werfen, um kleinen Sorgen abzuhelfen, bald mit einem Bissen Fleisch, bald mit einem Bröckchen Speck, wenn dort Schmalhans Küchenmeister war. Ich hatte sie oft gebeten, mir ihr Leben zu erzählen, gerade in der Reihenfolge, wie sie sich ihrer Erlebnisse erinnern konnte und der kleinen und großen Ereignisse, die Eindruck auf sie gemacht hatten. Aber sie hatte es immer wie einen Scherz ausgeschlagen, da gebe es nichts zu erzählen. Doch ich ließ ihr keine Ruhe. Endlich, eines Tages, als wir ganz allein zu Hause und die anderen auf der Jagd waren, löste sich ihre Zunge. Sie saß auf ihrem gewohnten Arbeitsplatz hinter der Lampe auf ihren gekreuzten nackten Beinen und nähte ein Paar wasserdichte Stiefel, als sie mich unerwartet in meiner Arbeit unterbrach und ganz ohne Einleitung in ihre alten Erinnerungen sprang.

»Ich heiße Orulo, ›die Beschwerliche‹, aber eigentlich ist mein Name ›das kleine Schneehuhnküken‹.

Ich bin an der Mündung der Admiralitätsförde geboren. Während ich noch ein kleines Kind auf dem Rücken der Mutter war, reisten meine Eltern fort aus Baffinland und nahmen Land bei Igdlulik.

Meine erste Erinnerung ist, dass meine Mutter ganz allein in einem kleinen Schneehaus wohnte. Ich konnte nicht verstehen, warum Vater in einem anderen Hause wohnen sollte. Da erzählte man mir, dies sei deswegen, weil Mutter ein kleines Kind bekommen habe und deshalb unrein sei. Ich durfte sie aber doch besuchen, wenn ich wollte. Kam ich aber zu ihrem Schneehaus, so konnte ich niemals den Eingang finden. Ich war so klein, dass ich nicht über den Schneeblock schauen konnte, über den die anderen hinwegschritten, um hineinzukommen, und dann stand ich draußen und rief: ›Mutter, Mutter, ich will hinein, ich will hinein!‹, bis jemand kam und mich in den Hausgang hob. Und wenn ich dann zur Mutter hineinkam, schien es mir, dass die Schneebank, auf der sie saß, so hoch war, dass ich gar nicht hinaufkommen konnte, ohne dass jemand mich hinaufhob. So klein war ich, als meine Erinnerungen begannen.

Meine nächste Erinnerung stammt von Piling, einem großen Jagdgrund in Baffinland. Ich erinnere mich, dass ich Fleisch von einem großen, großen Vogelbein nagte. Man erzählte mir, dass es von einer Schneegans sei, und da ich nur gewohnt war, Schneehühner zu essen, dachte ich, das müsse ein unermesslich großer Vogel sein.

Dann erlosch alle Erinnerung, bis ich eines Tages gleichsam wieder erwachte. Wir hatten Land auf einer Stelle genommen, die ›der Berg‹ hieß, Vater war krank geworden, alle unsere Nachbarn waren auf Rentierjagd fortgereist, und wir waren allein zurückgeblieben. Vater hatte Schmerzen in der Brust und auf den Lungen und wurde elender und elender. Wir waren ganz allein, Mutter, meine zwei kleinen Brüder und ich. Mutter war sehr unglücklich.

Eines Tages kam ich ins Zelt hineingesprungen und rief: ›Da kommen weiße Männer!‹ Ich hatte etwas gesehen, das ich für weiße Männer hielt. Aber als Vater das hörte, seufzte er tief und sagte: ›Ach, ich glaubte, dass ich noch einige Zeit am Leben bleiben dürfte, aber nun weiß ich, dass ich niemals mehr auf die Jagd gehen soll.‹

Die Männer, die ich gesehen hatte, waren Augentrolle. Damals kamen nie weiße Männer in unser Land, und Vater nahm es als eine Mahnung, dass er bald sterben müsse.

Ohne besonders darüber nachzudenken, machte ich kein Geheimnis aus dem, was ich gesehen hatte. Das tat aber mein kleiner Bruder Sequsu, und er starb kurze Zeit darauf. Man darf niemals eine Geistererscheinung verheimlichen.

Vater wurde immer kränker, und da wir begriffen, dass er es nicht mehr lange machen würde, brachen wir auf und zogen ihn auf einem Schlitten zu einem Nachbardorf, wo ein Mann namens ›Spatzenjunges‹ zusammen mit seiner Frau ›Großinsel‹ wohnte. Hier starb Vater. Ich weiß noch, dass er in ein Fell eingeschnürt und aus dem Dorfe geschleppt wurde. Hier ließen sie ihn auf offenem Felde liegen, das Angesicht nach Westen gewendet. Mutter erklärte mir, dies geschehe deshalb, weil er ein alter Mann sei. Ein solcher müsse immer in die Himmelsrichtung zeigen, aus der die Dunkelheit des Abends komme. Kinder sollen gegen Morgen blicken und junge Menschen dorthin, wo die Sonne am Mittag steht. Hier erfuhr ich zum ersten Male, dass man Furcht vor den Toten hatte und deshalb besondere Bräuche beobachtete. Aber mir war nicht bange vor Vater, der immer gut zu mir gewesen war. Deswegen meinte ich, es wäre schade, dass er ganz unbedeckt daliegen und unter dem offenen Himmel frieren sollte. Aber Mutter erklärte, dass ich mir nun Vater nicht mehr länger in seinem Körper vorstellen dürfe. Seine Seele sei bereits im Lande der Toten, und dort leide er keine Schmerzen mehr.

Nach Vaters Tode siedelten wir in das Haus eines alten Mannes über, der Mutter zur Nebenfrau nahm, und da lebten wir zusammen mit ihm. Kurze Zeit darauf wurde mein Bruder Sequsu krank, er bekam Magenschmerzen, seine Leber schwoll an, und dann starb er, weil er eine Geistererscheinung verheimlicht hatte.

Gegen Herbst, als der erste Schnee gefallen war, beschloss ›Spatzenjunges‹ mit seiner Frau und ihrem Sohn, landeinwärts zu wandern. Mein Bruder sollte ihn begleiten. Ich erinnere mich noch, dass meine Mutter damals sehr böse war, weil sie nicht glaubte, dass der alte Mann, der nur in der Jagd mit Pfeil und Bogen bewandert war, Wild erlegen werde. Aber sie konnte uns nicht selbst ernähren und musste sich damit abfinden, dass er meinen Bruder mit sich nahm.

Da geschah nach einiger Zeit etwas Merkwürdiges. Mutter hatte Walrossrippen gekocht und saß und aß, als der Knochen, an dem sie nagte, plötzlich einen flötenden Laut von sich gab. Sie erschrak so, dass sie sofort zu essen aufhörte und den Knochen von sich warf. Ich weiß noch, dass ihr Gesicht ganz weiß wurde und sie hervorstieß: ›Meinem Sohn ist ein Unglück geschehen.‹ Und richtig, einige Tage später kam ›Spatzenjunges‹ spät am Abend in unser Dorf, und bevor er in unser Haus kam, trat er ans Fenster und rief hinein: ›Liebes kleines Ding, ich bin schuld daran, dass du keinen kleinen Jungen mehr hast.‹ Liebes kleines Ding: das war der Kosename für meine Mutter. Dann kam er herein und erzählte uns, wie es zugegangen war.

Sie hatten kein Jagdglück gehabt und sich tagelang damit begnügen müssen, Rentierlosung zu essen. Sie waren sehr ermattet, und als sie endlich in eine Gegend kamen, wo er

Die ganze Familie ist auf der Reise, bekleidet mit neuen eleganten Wintertrachten. Vor den Hunden geht eine Frau, deren charakteristische Tracht man von der Seite sieht. Dahinter kommt ein Mann und ein kleines Mädchen. Die Zeichnerin, eine Frau aus Igdlulik, hat besonderes Gewicht darauf gelegt, den Schnitt und die Muster der Kleider darzustellen.

während einer früheren Jagd ein Rentier versteckt hatte, konnten sie die Stelle nicht finden. Sie teilten sich in zwei Trupps, die Frau ging in der einen Richtung und ›Spatzenjunges‹ und der Knabe in der anderen. Sie suchten und suchten, konnten aber das Fleischversteck nicht finden. Der erste Schnee war gefallen, es war im Herbst, es blies kalt, und der Schnee stöberte, und sie hatten schlechte Kleider. Da legten sie sich hinter einen Unterschlupf aus Steinen, um sich auszuruhen. Alle waren sehr heruntergekommen. Der Tag war kurz, und die Nacht war sehr lang, und sie mussten warten, bis es hell wurde, um weitersuchen zu können. Unterdessen hatte die Frau das Fleischversteck gefunden, wusste aber nicht, wo sie die anderen suchen sollte; in ihrer Sorge um sie aß sie nur sehr wenig und begnügte sich damit, dem kleinen Kinde, das sie auf dem Rücken trug, ein Stück Fleisch zum Lutschen zu geben. Sie hatte sich ebenso wie die anderen einen Steinschutz gemacht und lag dort und schlummerte vor sich hin, als sie jäh erwachte. Sie hatte von meinem Bruder geträumt. Ganz deutlich hatte sie ihn vor sich gesehen, wie er bleich und zitternd vor Kälte zu ihr sagte: ›Tante, du wirst mich nie mehr wiedersehen. Die Laus der Erde ist zornig auf uns, weil wir ihre Sehnen und ihre Losung gegessen haben, bevor ein Jahr nach dem Tode des Vaters vergangen war.‹ Ich erinnere mich dessen so deutlich, weil ich zum ersten Male verstand, dass man bestimmte Dinge nach einem Todesfalle nicht tun durfte. Die Rentiere heißen in der Sprache der Schamanen ›die Läuse der Erde‹.

Die Frau hatte so lebendig geträumt, dass sie den Rest der Nacht nicht mehr schlief. Mein Bruder war ihr Liebling, und sie pflegte Zauberworte über ihn zu sagen, um ihn stark zu machen. Am nächsten Morgen, als es hell wurde und die Frau aufbrechen wollte, war mein Bruder so schwach, dass er nicht auf den Beinen stehen konnte, und die beiden anderen waren zu ermattet, um ihn zu tragen. Da deckten sie ihn mit einem dünnhaarigen Rentierfell zu und verließen ihn. Später fand man das Fleischversteck, aber zu dem kleinen Bruder kehrte man nicht zurück. Er erfror.

Mein Stiefvater hatte eine alte Mutter. Sie war blind, und ich erinnere mich, dass ich große Angst vor ihr hatte, da sie einmal während einer Hungersnot Menschenfleisch gegessen hatte. Eine Schamanin hatte über sie gezaubert, um ihr das Augenlicht wiederzugeben. Sie hatte auch bereits ein wenig gesehen, aber da hatte sie Speck gegessen, und niemand konnte ihr mehr helfen.

Im nächsten Frühjahr brachen wir auf und reisten nach der Admiralitätsförde. Wir kamen gerade zu der Zeit dorthin, als die Leute ihre Schlitten und ihr Eigentum versteckten, um landeinwärts auf Rentierjagd zu gehen. Da war ein Mann, welcher ›der Schiefe‹ hieß. Sein Weib Kunualuk hatte kurz vorher ein unausgetragenes Kind geboren und durfte deshalb die Jäger nicht begleiten. Meine Mutter trat an ihre Stelle, und ich folgte. Wir blieben den ganzen Sommer im Innern des Landes. Die Männer hatten gute Jagd, und wir halfen ihnen, das Rentierfleisch in Verstecke zusammenzuschleppen, oder wir schnitten das schiere Fleisch in dünnen Scheiben von den Knochen und legten es zum Trocknen auf die Steine. Das war ein lustiges Leben. Wir schwelgten in allen möglichen Leckerbissen, und der Tag verging uns wie im Spiel. Da erinnere ich mich, dass uns eines Tages der Ruf einer Frau aufschreckte, welche vor einem der Zelte stand und rief: ›Seht mal hier, schnell, seht mal hier!‹ Wir liefen hin und sahen nun, wie eine Spinne sich zur Erde herabließ. Wir konnten nicht verstehen, woher sie kam. Es sah aus, als ob sie sich gerade vom Himmel herabließe. Wir sahen es alle, und es wurde still zwischen den Zelten. Denn wenn eine Spinne vom Himmel kommt, so bedeutet das Tod. Und richtig! Als die Leute von der Küste kamen, erfuhren wir, dass vier Männer im Kajak umgekommen waren; unter diesen war mein Stiefvater, und so waren wir wieder verlassen und heimatlos.

Es dauerte jedoch nicht lange, bis meine Mutter sich wieder verheiratete, und zwar mit einem Mann, der viel jünger war als sie selbst. Sie lebten zusammen, bis er sich eine junge Nebenfrau in seinem eigenen Alter hielt. Mutter wurde verstoßen, und wir waren wieder allein. Dann verheiratete sich meine Mutter mit einem Mann, der Aupila (der Rote) hieß, und wir hatten wiederum eine Versorgung. Dieser Aupila wollte zur Pondsförde, um nach weißen Männern zu suchen. Er hatte gehört, dass im Sommer Walfänger dorthin zu kommen pflegten. So reiste er zusammen mit meiner Mutter; ich wurde bei ›Wolf‹ und den Seinen zurückgelassen. Hier blieb ich jedoch nicht lange, denn ›Wolf‹ war der Ansicht, dass er zu viel Mäuler zu füttern habe. Und so kam ich dann zu einer anderen Familie. Hier geschah es dann, dass Aua kam und mich holte, und damit schließen meine Erlebnisse. Denn wer glücklich lebt, erlebt nichts, und wahrlich, ich habe ein glückliches Leben gelebt und sieben Kinder geboren.«

Orulo fiel in tiefe Gedanken, aber ich wollte mehr wissen und sagte: »Erzähle mir einmal deine lustigste Erinnerung!«

»Das war, als ich zum ersten Male nach Baffinland zurückkehrte, nachdem ich mich verheiratet hatte. Ich, die immer arm und elternlos gewesen war, die von Hand zu Hand gegangen war, wurde nun von all meinen früheren Nachbarn festlich empfangen. Mein Mann kam, um einen Kameraden zum Sängerwettstreit herauszufordern, und bei diesem Anlass wurden eine Menge Feste gefeiert, Feste, von denen ich wohl gehört, die ich aber niemals gesehen hatte.«

»Erzähle mir ein wenig von den Festen.«

»Ja, da gab es Tivajuk, das Fest der großen Freude, oder das ›Frauentauschspiel‹. Ein großes Tanzhaus ohne Bänke wird aus Schnee aufgebaut. Mitten auf dem Boden werden zwei Schneeblöcke errichtet, der eine in halber Manneshöhe wird der Springblock genannt, der andere ungefähr in Manneshöhe heißt der Lampenblock. Zwei Männer, welche Diener der Freude sein sollen, verkleiden sich, und zwar der eine von ihnen als Frau. Beide tragen Masken vor dem Gesicht. Die Trachten sollen an all den Stellen, wo sie sonst weit und lose sitzen, eng und festanliegend sein, um durch ihr lächerliches Aussehen alle Zuschauer zum Lachen zu bringen.

Im Innern des Tanzhauses versammeln sich danach alle Frauen und Männer des Dorfes und warten auf das Erscheinen der beiden Maskentänzer. Diese kommen dann plötzlich hereingesprungen, der Mann mit der Hundepeitsche, die Frau mit dem Klopfstock in der Hand. Mit einem gewaltigen Sprung über den Springblock setzend, prügeln sie alle Männer aus dem Hause hinaus, sodass nur die Frauen zurückbleiben. Die Maskentänzer sind stumm. Sie sprechen durch Zeichen mit großen Gebärden, und nur hin und wieder pusten sie mit voller Kraft die Luft aus ihren Lungen. Sie springen leicht und behänd um die Frauen herum und schauen nach, ob niemand von den Männern sich verborgen hat, worauf sie zu den Männern hinauseilen, die vor der Türe versammelt sind. Dort tritt einer der Männer auf sie zu und flüstert lächelnd den Namen der Frau, deren Gunst er wünscht. Augenblicklich springen die zwei Maskentänzer ins Tanzhaus hinein und berühren mit ihrer Hundepeitsche oder ihrem Klopfstock das Weib, dessen Name genannt wurde, unter der Fußsohle. Dann erhebt sich eine große Freude unter den übrigen Weibern darüber, dass eine von ihnen von einem Manne auserwählt worden ist. Die Maskentänzer hopsen jedesmal, wenn sie die Hütte verlassen oder betreten, mit einem langen und lächerlichen Satz über den Springblock. Das auserkorene Weib wird hinausgeführt und kommt unmittelbar danach mit dem Manne, der sie gewählt hat, wieder zurück. Sie darf niemals wissen, wer er ist, wenn sie zu ihm hinausgeht. Sie müssen beide sehr ernsthaft dreinschauen, wenn sie hineintreten, und tun, als ob sie die Lustigkeit der anderen überhaupt nicht bemerkten. Wenn sie mitlachen, so bedeutet das ein kurzes Leben. Alle rufen ununterbrochen ›Ununu – nu – nu – nu!‹ mit verschiedenen Betonungen, damit es nur ja recht spaßig lautet. Der Mann führt darauf die Frau, die er gewählt hat, zweimal um den Lampenblock herum, während alle im Hause dazu singen:

Maskentänzer,
Zappelhampelmaskentänzer,
Wirf dich, dreh dich, tanz dich selig!
Gebt ihm Gaben,
Dürres Moos zum Lampendochte!
Maskentänzer,
Zappelhampelmaskentänzer!

Während dieses Liedes umarmen sich die beiden Maskentänzer, aber wieder in einer komischen Art, sodass alles in Lachen ausbricht.

Dieses Spiel wird fortgesetzt, bis jeder Mann sich eine Frau gewählt hat, und danach geht man nach Hause.

Große Fleischlager und das Zusammenkommen vieler Menschen geben immer Anlass zu frohen Festen. Mit diesen sind oft Sportspiele verbunden, bei denen die Vertreter der verschiedenen Dörfer in Stärke und Schnelligkeit wetteifern. Dort gibt es gymnastische Übungen an ausgespannten Riemen und Balancier-Kunststücke, welche mit Ballspiel, Ringkampf und Fingerhakeln abwechseln. Auf dem Bilde beginnt Pakak aus Baffinland die Einleitung zu einem Sängerwettstreit. Zunächst sieht man die erste Begegnung zwischen den beiden Widersachern, die mit dem Messer in der Hand einander den Willkommenskuss geben. Das zweite Bild zeigt ein Bogenschießen, wo nach dem Abschuss eines jeden Pfeiles auch hinter dem Pfeil her um die Wette gelaufen wird. Im dritten Bilde sieht man die verlierenden Frauen zum Rundkreis hinschreiten, wo sie von den Männern, die sie zu küssen versuchen, eingeschlossen werden. Oben ein Ballspiel.

Ein anderes Fest, welches nur abgehalten wird, wenn viele Menschen versammelt sind, wird Qulungertut genannt. Es beginnt damit, dass zwei Männer sich gegenseitig zu allen Arten von Wettkämpfen unter freiem Himmel herausfordern, und endet schließlich im Festhause. Die zwei Widersacher, die beide ein Messer in der Hand tragen, umarmen und küssen sich. Darauf teilt man die Frauen in zwei Gruppen. Die eine Gruppe singt ein Lied, welches sie immer und immer wiederholt, ein langes, langes Lied. Unterdessen steht die andere Gruppe mit erhobenen Armen und schwingt Möwenflügel, und es kommt darauf an, wer es am längsten aushalten kann. Hier ist ein Stück des Liedes, welches dazu gesungen wird:

Seht sie kommen,
Festlich bunt in neuen Pelzen,
Frauen, Frauen, junge Frauen.
Hoch in ihren Handschuhhändchen
Sehr ihr Möwenflügel fächeln,
Und die langen Kleiderschöße
Wiegen sich im schwankenden Gange.
Frauen sind es, junge Frauen,
Unverkennbar, wenn sie lächelnd
Sich zum Mann herniederneigen,
Der des Wettstreits Lohn erwartet.

Die Frauen der verlierenden Partei schreiten dann zu den anderen hinüber, die sie in einem Rundkreis einschließen, wo die Männer versuchen, sie zu fassen und zu küssen.

Nach diesem Spiel wird Bogenschießen abgehalten. Ein Ziel wird auf einer langen Stange befestigt; wer das Ziel als Erster zehnmal trifft, ist Sieger. Dann folgen Ballspiele und hitzige Faustkämpfe, bis der Tag mit einem Sängerfest abgeschlossen wird, welches die ganze Nacht hindurch dauert. Hier sind einige von Auas Liedern:

Walrossjagd

Ich konnte nicht mehr schlafen.
Das Meer lag allzu blank
Vor meiner Tür.
Ich ruderte hinaus;
Ein Walross tauchte auf,
Plump auf am Rand des Bootes.
Es war zu nah zum Wurf.
Da stach ich die Harpun in seine Weiche,
Und die Fangblase tanzte über die See hin.
Doch schnell kam's wieder hoch
Und stemmte zornig seine Flossen
Wie Ellenbogen auf die Wasserfläche.
Mit zornigen Zähnen zerrt' es an der Blase.
Doch ließ es bald ohnmächtig ab,
Denn Haut vom ungeborenen Lemming
War dem Gerät als Zauber eingenäht.
Mit bösem Prusten sog es neue Kräfte.
Ich ruderte heran
Und stach die Qual des Sterbens mitten durch.
Heran, ihr Männer von den fernen Ufern,
Euch schwillt die Stimme oft im eiligen Selbstlob.
Saugt nun die Lungen voll
Und brecht in Sänge aus
Von fremder Jäger Taten.

Bärenjagd

Einen Bären sah ich
Auf treibendem Eis.
Er war wie ein friedlicher Hund,
Der schnuppernd mir entgegensprang.
Wie gern hätt' er mich gleich gefressen.
Er schnurrte verdrießlich umher.
Da sprang ich geschwind aus dem Weg.
Wir spielten Nachlaufen und Haschen
Vom Morgen bis spät in den Tag.
Und dann verlor er die Lust,
Und müde gab er das Spiel auf,
Und ich rannte den Speer ihm ins Herz.

Rentierjagd

Lautlos kam ich über den Sumpf gekrochen.
Zwischen den Zähnen trug ich Pfeil und Bogen.
Breites Moor und eisiges Wasser,
Keine Deckung weit und breit.
Langsam kroch ich.
Triefend nass, doch ungesehen,
Und kam schussnah.
Sorglos äste Hirsch und Hindin
Rupfend an dem saftigen Moos,
Plötzlich zitterte mein Pfeil tief
In des Hirsches Brust.
Da schlug Schrecken die ahnungslosen Steppenbewohner.
Schnell versprengte das Rudel sich rings.
Im scharfen Trabe entschwanden sie mir
Hinter schützenden Hügeln.«

In tiefem Ernst erzählte mir Orulo von ihrem Leben, und je tiefer sie sich darein versenkte, umso stärker fühlte ich, dass die Erinnerung sie mehr und mehr ergriff und schließlich ganz gefangen nahm. Als sie mit ihrem Bericht zu Ende war, brach sie, wie von großer Trauer überwältigt, in Tränen aus. Ich fragte sie nach dem Grund ihrer Bewegung, und sie antwortete:

»Ich bin heute wieder Kind gewesen, und wie ich dir aus meinem Leben erzählte, lebte ich es noch einmal. Alles, was ich einmal wirklich erlebt habe, sah und fühlte ich heute wiederum in der gleichen Stärke. Wir denken an so vieles nicht eher, als bis es als Erinnerung über uns kommt. Und nun kennst du das Leben einer alten Frau vom ersten Anfang bis zum heutigen Tag. Und ich weine darüber, dass ich so glücklich gewesen bin.«

XIV

Vor dem Aufbruch

März 1923

Die Aussicht vom »Blasebalg« aus über das vorjährige hochgestaute Wintereis.

Die Zeit, die wir der Däneninsel als Hauptquartier noch widmen konnten, war vorüber. Therkel Mathiassen und Jakob Olsen waren von ihrer unfreiwilligen Überwinterung auf der Southamptoninsel zurückgekehrt, und auch ich hatte die gute Zeit der Gespräche mit dem Schamanen Aua an der Lyonförde abgeschlossen. Es galt nun, das helle Frühjahr für die langen Reisen, die bevorstanden, auszunutzen. Laut unseren Plänen sollten einige der Mitglieder bereits am Ende des zweiten Jahres heimkehren. Folgendes waren die Dispositionen, die getroffen wurden, als die Expedition zum ersten Male vollzählig zu einer Besprechung versammelt war:

Therkel Mathiassen, dessen archäologische Untersuchungen bereits so glänzende Resultate ergeben hatten, sollte diese im Anschluss an seine übrigen ethnografischen und kartografischen Arbeiten in Baffinland fortsetzen und mit Hundeschlitten nach der Pondsförde abreisen.

Kaj Birket-Smith, dessen Hauptaufgabe im Gebiet der Rentiereskimos lag, sollte mit Jakob Olsen als Dolmetscher diese aufs Neue besuchen, und zwar in der Gegend von Eskimo Point, und von dort sein Arbeitsgebiet bis zu deren Nachbarn, den Chipevyan-Indianern bei Churchill, ausdehnen.

Peter Freuchen sollte auf der Däneninsel bleiben und im Laufe des Frühjahrs die Sammlungen der Expedition nach der Repulsebucht verfrachten. Von dort sollte er in einem Walboot die alten Karten bis hinunter nach Chesterfield nachprüfen und dort seinen kranken Fuß in ärztliche Behandlung geben.

Noch einen Herbst und den ersten Teil des Frühjahrs sollte der »Blasebalg« Mitglieder der Expedition beherbergen, aber dann war die Geschichte unseres Hauses zu Ende.

In den ersten hellen Wochen von 1924 sollte Freuchen

zusammen mit den Kap Yorkern nach der Pondsförde reisen und von dort aus über den Lancastersund und den Jonessund nach Grönland fahren. Sofern die Eisverhältnisse im Lancastersund zu große Hindernisse in den Weg legen würden, sollten sie dann offenes Wasser in der Pondsförde abwarten, wohin das Expeditionsschiff *Seekönig* unter allen Umständen dirigiert werden würde, um nach ihnen zu sehen. Sobald alle notwendigen Vorbereitungen getroffen waren, wollte ich selbst meine Reise durch die Nordwestpassage antreten, vielleicht schon am 10. März. Helge Bangsted sollte mich bis zur Pellybucht begleiten und dann auf der Vansittart-Insel übersommern, um einige alte Hausruinen auszugraben. Dann sollte er unsere Sammlungen in den Barren Grounds ergänzen und schließlich in Chesterfield die Einschiffung aller Güter der Expedition überwachen, um dann über Churchill und Winnipeg heimzukehren.

Wir standen somit vor der Verwirklichung unserer Wünsche. Die hervorragenden Arbeiten, welche meine Kameraden jeder für sich innerhalb ihres eigenen Gebietes ausgeführt hatten, machten es erwünscht, dass sie den letzten Teil der Expedition mit selbstständigen Reisen zubrachten. Die gewonnenen Erfahrungen und bewiesenen Fähigkeiten machten diesen Plan durchführbar.

Wenn so große und umfassende Reisen sich haben verwirklichen können, so war dies nicht zum wenigsten der hervorragenden Arbeit zu verdanken, welche von unseren Vorgängern in diesen Gebieten vor hundert Jahren ausgeführt worden war. Es waren die zwei englischen Seeoffiziere Parry und Lyon, die im Jahre 1821 mit ihren Schiffen *Fury* und *Hecla* durch die Eismassen des Foxkanals segelten und sich dann nördlich um die

Southamptoninsel an der Küste der Melville-Halbinsel von der Repulsebucht bis nach Igdlulik hindurcharbeiteten, wo sie überwinterten. Niemand hat seitdem, auch nicht in der Zeit der Dampfmaschine, diese Tat wiederholt, eine Tat, welche sie zu einer Zeit ausführten, wo jegliche arktische Navigation sich noch im Anfangsstadium befand – dazu noch mit Segelschiffen, die ohne besondere Einrichtung aus der englischen Flotte genommen worden waren. Ihre Karte bildete die Grundlage für unsere Reise, und die vielen Beobachtungen, die sie auf den verschiedensten wissenschaftlichen Gebieten gemacht hatten, waren eine Hilfe, die uns das Unmögliche möglich machte.

Von der Däneninsel verteilte sich nun die fünfte Thule-Expedition in fünf selbstständigen Expeditionen, eine jede mit einer besonderen Aufgabe, über Kanadas arktische Küste. Jede dieser Reisen wird in einem später zu veröffentlichenden wissenschaftlichen Bericht eine besondere Schilderung erhalten. Der kleine Haushalt, den wir im »Blasebalg« vom 1. Oktober 1921 bis zum März 1923 hatten, sollte nun aufgelöst werden. Wir fühlten alle, dass damit nicht nur eine Zeit der Arbeit abgeschlossen wurde, sondern auch ein Stück Leben, das für jeden Einzelnen von uns seinen Wert besaß. Denn kein Mensch kann sich ein größeres Glück wünschen als dies, sich ungestört und unter günstigen Arbeitsverhältnissen in seine besonderen Interessen vergraben zu dürfen. Die Widerwärtigkeiten, die uns das raue Klima und die Strapazen, welche für jeden in einem unbekannten Lande Reisenden unvermeidlich sind, bereitet hatten, hatten nur wie eine Art Gewürz gewirkt, und was nun, außer den Resultaten, in den Stunden des Aufbruches als etwas Unvergessliches vor uns stand, das war die gute Kameradschaft, die vom ersten bis zum letzten Tage zwischen sämtlichen Mitgliedern der Expedition, den grönländischen wie den dänischen, bestanden hatte. Ich schulde meinen Kameraden Dank dafür, dass wir auf die Zeit im »Blasebalg« als auf eine Zeit zurückblicken können, die nicht einen einzigen Misston barg.

Nun sollte dies kameradschaftlich freie und arbeitsfrohe Zusammenleben zu Ende sein, und es wäre verwunderlich gewesen, wenn wir nicht alle darüber eine gewisse Wehmut gefühlt hätten.

Am liebsten will ich unserer kleinen Lagerheimat in einer Stimmung gedenken, die ich an einem der letzten Abende auf dem Nachhausewege erlebte. Ich kam von einem Ausflug auf das Meereis. In der Dämmerung fuhr ich um die Südspitze, und nun lag der »Blasebalg« vor mir. Das Licht aus den Fenstern glänzte über den Schnee hin und fiel auf die Hunde, die ausgestreckt dalagen und schliefen, als seien sie sich der Stunde der Ruhe schlafend bewusst. Im Scheine der Lichter arbeiteten verschiedene Gruppen an den neuen Schlitten, die nun bald in Gebrauch genommen werden sollten. Der Tag reichte für den geschäftigen Eifer nicht aus, und ohne einen Gedanken an Müdigkeit wurde die im ersten Morgengrauen begonnene Arbeit bis in die Dunkelheit fortgesetzt. Die Hämmer sangen gegen den Stahl der Schienen, und die Hobel strichen taktfest gegen die Kufenbretter.

Der Rhythmus der Freude klang aus diesem Arbeitstempo, und die ganze Schönheit der Winternacht schuf Frieden um die Tätigen. Schwarz gegen die weiße Ebene standen die zwei Hügel, deren Gipfel wir mit Malen der Erinnerung an diejenigen geschmückt hatten, die der Tod an der Schwelle des Aufbruches überrascht hatte. Die Eisfenster der gewölbten Schneehütte blinkten wie Sterne an ihrem Fuß.

In sausender Fahrt stöberte mein Gespann die schlafenden Hunde auf, und als es an der Windmauer anhielt, wo es angebunden zu stehen pflegte, hörte ich oben von einem kleinen See, von dem wir gewöhnlich Eis holten, die Strophen eines Liedes, das gleichsam für uns alle gesungen wurde, die wir bald zu neuen Taten aufbrechen und über alle Küsten verstreut sein sollten:

Nur die luftigen Geister wissen,
Was mich hinterm Berg erwartet.
Trotzdem treib ich meine Hunde
Stets voran,
Stets voran.

Juri Rytchëu im Unionsverlag

»Der große Zauberer des Nordens heißt Juri Rytchëu.« *Crescendo*

»Mit seinem Blick für das Wesentliche, seinem Einfühlungsvermögen in psychologische Vorgänge und seiner unsentimentalen, mit kleinen dramatischen Höhepunkten versetzten Erzählweise schlägt Rytchëu den Leser in seinen Bann und weckt Hochachtung für die Menschen dieser Gegend.« *Deutsches Allgemeines Sonntagsblatt*

Wenn die Wale fortziehen
Teryky
Unter dem Sternbild der Trauer
Die Suche nach der letzten Zahl
Unna
Im Spiegel des Vergessens
Die Reise der Anna Odinzowa
Der letzte Schamane
Der Mondhund
Gold der Tundra
Traum im Polarnebel
Polarfeuer
Alphabet meines Lebens
Die Frau am See
Die Kraft der Schamanen

»Vieles, was über kleine Völker geschrieben wird, ist eine Fantasie von Leuten, die durch ein Fernglas auf das Ufer schauen.« *Juri Rytchëu*

Die Grönland-Saga

Eine Reise ins Herz der Arktis: die große Roman-Saga über die Geschichte Grönlands.

Der Raub der Stammesmutter
Arluks große Reise
Sorés Heimkehr

Weitere Werke

Vor dem Morgen
Eine Inuit-Großmutter und ihr Enkel erleben Traum und Schrecken des Winters auf einer Polarinsel.

Das Haus meiner Väter
Dies ist die Geschichte des Inuit-Jungen Agorajaq, seiner zwei weißen Väter und seiner drei Onkel.

Nicht alle Eisbären halten Winterschlaf
Mit Witz und Poesie erzählt Riel von den Abenteurern, die ihr Glück in Grönland suchen – und finden.

Zu viel Glück auf einmal
So weit die Eiswüste ist, so unerschöpflich ist ihr Schatz an Geschichten.

»Das Wissen, das Jørn Riels Bücher vermitteln, ist eindrücklicher als ein Museumsbesuch. Näher kann man den Ureinwohnern nicht kommen, ihren Sitten und Tabus, ihren Göttern, dem harten Kampf um Nahrung und Wärme und ums Überleben.« *Gazette der Gemeinschaft für Seefahrt*

Kukum

Als Almandas Blick auf den jungen Mann in dem Kanu fällt, beginnt für sie eine neue Zeitrechnung. Sie folgt dem ruhigen, freundlichen Thomas in ein neues Leben, zu seiner Familie und dem Volk der Innu. Geborgen in einer Gemeinschaft, die ganz zu der ihren wird, lernt sie zu jagen, zu lieben und zu überleben. Der Rhythmus des Waldes und die Wege des Flusses bestimmen die Schritte der Innu, doch nach und nach beanspruchen immer mehr Siedler das Land für sich. Die Sägewerke vernichten die Wälder, die Flößerei verstopft die Flüsse, und die Innu werden in eine Welt gezwungen, in der sie sich nicht zurechtfinden. Einfühlsam erzählt Michel Jean die Geschichte seiner eigenen Urgroßmutter, seiner Kukum, und die Geschichte der Ersten Völker, die in den offiziellen Berichten nicht vorkommt.

»Wir lauschen der Stimme dieser fast hundertjährigen Frau, als ob wir ebenfalls im Herzen des Waldes um ein Lagerfeuer sitzen.« *Un Dernier Livre*

»Anhand des Schicksals dieser starken, freiheitsliebenden Frau beschreibt Michel Jean auch das Ende der traditionellen Lebensweise der Nomadenvölker im Nordosten Amerikas.« *Falter*

»Ein überraschend warmer Roman. Er breitet sich zunächst aus wie die Tannenzweige im Zelt, die den weichen Boden zum Schlafen bilden. Michel Jean erzählt plastisch von der Schönheit und der Feindseligkeit der Natur.« *Kurier*

Weiße Rentierflechte

Aljoschka träumt von seinem ganz persönlichen Glück, von jener Frau, der er sich versprochen hat. Doch die ist fortgegangen, und im Schnee und Eis Nordsibiriens gebietet die Tradition der Nenzen, die Gemeinschaft über alles zu stellen. Er muss heiraten, eine andere. In dem kleinen Lager mitten in der Tundra, umgeben von Rentierherden, kämpft nicht nur Aljoschka mit seinem Schicksal. Da ist der alte Petko, den seine Tochter verlassen hat, und Wanu, hilflos angesichts der Trauer seines Freundes. Und doch finden sie alle Trost in unerwarteten Momenten, Halt in der Wärme des Feuers, im Schnauben der Tiere und in einem ruhigen Gespräch.
Der erste übersetzte Roman einer nenzischen Autorin erzählt von der Suche nach dem Sinn, der Last des Schnees und von einer zarten, tragischen Liebe.

»Nerkagi liefert faszinierende Einblicke in den Alltag ihres besonderen Volkes. Poetisch erzählt sie vom tragischen Generationenkonflikt, dem Sohn, der ausbrechen will, seiner großen Liebe in die Stadt folgen, während die Mutter alles daransetzt, ihn zu halten und nach den Traditionen zu leben.« *Süddeutsche Zeitung*

»Nerkagi schildert das Leben der Nenzen im Norden Russlands und fragt nach den Kosten der Moderne. Ein sehr anschaulicher Roman.« *Frankfurter Allgemeine Zeitung*

»Voller Verweise auf den lebendigen Naturglauben der Nenzen. *Weiße Rentierflechte* erzählt über große Gefühle am Rande des ewigen Eises, über das Warten und die Hoffnung, über Schweigen und Sprachlosigkeit, über Mitgefühl und Liebe.« *SWR*